NOUVELLES DE COLOMBIE

Miniatures
Collection produite par Marc Wiltz, dirigée par Pierre Astier

DANS LA MÊME COLLECTION :
- NOUVELLES D'HAÏTI
- NOUVELLES DE L'ÎLE MAURICE
- NOUVELLES DU BENGALE
- NOUVELLES DU LIBAN
- NOUVELLES D'ISRAËL
- NOUVELLES DU MALI
- NOUVELLES DE CORSE
- NOUVELLES DE TURQUIE
- NOUVELLES DU MEXIQUE
- NOUVELLES DE GUADELOUPE
- NOUVELLES DU SOUDAN
- NOUVELLES D'ALGÉRIE
- NOUVELLES DE CATALOGNE
- NOUVELLES DU SÉNÉGAL
- NOUVELLES D'ARGENTINE
- NOUVELLES DE MADAGASCAR
- INDÉPENDANCES CHA, CHA (HORS-SÉRIE)
- NOUVELLES DU CAMEROUN
- NOUVELLES D'ISLANDE
- NOUVELLES DU MAROC
- NOUVELLES DE SERBIE
- NOUVELLES D'UKRAINE
- NOUVELLES DE TUNISIE
- NOUVELLES DE LA RÉUNION
- NOUVELLES DE SINGAPOUR
- NOUVELLES DE CÔTE D'IVOIRE
- NOUVELLES D'ÉGYPTE
- NOUVELLES DE NOUVELLE-CALÉDONIE
- NOUVELLES DE CORÉE
- NOUVELLES DE MALAISIE
- NOUVELLES DE CUBA
- NOUVELLES DU CONGO
- NOUVELLES DE BRETAGNE
- NOUVELLES DE COLOMBIE
- NOUVELLES DE HONGRIE

Volume réalisé avec le concours des élèves de l'EMI-CFD

MINIATURES

NOUVELLES DE COLOMBIE

MAGELLAN & CIE

Nouvelles de Colombie

Avant-propos

Les écrivains américains, en général, sont des raconteurs d'histoires, des « storytellers ». Les écrivains latino-américains en particulier. Les *cuentos* y tiennent donc une place de premier plan dans la littérature et dans l'histoire du « boom latino-américain », qui a donné au monde tant de géants. Preuve, s'il en est, que dans les processus d'écriture de fiction, et même de fiction au long cours, la nouvelle joue un rôle essentiel.

Les conditions politico-économiques d'un pays ont fréquemment favorisé l'écriture de ces formats courts : la pauvreté, la censure, l'absence de maisons d'édition pouvant l'expliquer… Sous les dictatures, la nouvelle se porte généralement assez bien car la littérature se réfugie dans l'écriture de textes brefs mais denses. Du nord au sud de l'Amérique latine, on est à l'aise avec cette forme d'expression. Pour l'écrire et pour la lire. La Colombie ne déroge pas à cette règle.

Les Français disent souvent, et cela date de Maupassant et de Marcel Aymé, qu'une bonne nouvelle est une nouvelle qui a une bonne chute. Ce n'est pas faux, mais peut-être aussi qu'une bonne nouvelle est un texte qui déploie le potentiel d'un univers de roman. Dans la densité des personnages et des décors mis en scène, dans l'action qui s'y déroule.

Quand on évoque ce grand pays hispanique, latino et caribéen de quarante-huit millions d'âmes, qu'est la Colombie, auquel le navigateur Christophe Colomb a donné son nom bien malgré lui, on pense pauvreté, violence, narcotrafic, enlèvements, FARC, etc. On peut d'ailleurs saluer comme il se doit l'accord historique signé en 2016 entre les autorités colombiennes et les FARC qui met fin à cinquante-deux ans de conflit (!) et qui a valu au président Juan Manuel Santos l'attribution du prix Nobel de la paix. On pense moins spontanément à une nation littéraire, terre par exemple du prix Nobel de littérature (1982) Gabriel García Márquez, l'auteur de l'inoubliable *Cent ans de solitude* (1967) que tout amateur de littérature se devrait d'avoir lu, ou de Álvaro Mutis, romancier et poète qui a obtenu le prix Médicis étranger en 1989 pour *La Neige de l'amiral*. On ne pense pas non plus au festival international de poésie de Medelín ou au festival de littérature de Carthagène qui a mis les lettres françaises à l'honneur en janvier 2017…

La complexité ethnique (un mélange de peuples autochtones dont les descendants des Muiscas, Quimbayas et Tayronas se sont mêlés aux Espagnols arrivés en 1499, puis aux descendants d'esclaves africains), la diversité culturelle (au temps où elle s'appelait la Nouvelle-Grenade, la Colombie englobait l'actuelle Colombie, le Venezuela, l'Équateur, le Panama et le nord du Brésil) et l'engagement politique font le miel littéraire de ce pays qui redécouvre une certaine normalité sur le plan international et suscite un nouvel engouement. Sans oublier l'incontournable et durable héritage espagnol dont la courte nouvelle de Juan Esteban Constaín Croce, située pendant la bataille de Lépante et où apparaît le personnage de Cervantès, est une illustration. Dans une certaine mesure, elle peut faire écho à la dispute provoquée entre les deux pays par la découverte en décembre 2015 de l'épave du galion espagnol le *San José*, coulé en 1708 dans la péninsule idyllique de Baru, et de sa fabuleuse cargaison dont la valeur totale dépasserait le milliard d'euros. Le président colombien l'a qualifiée de « trésor le plus important jamais découvert dans l'histoire de l'humanité », alors que l'Espagne en réclame sa part.

Souhaitons que la découverte proposée ici de la littérature colombienne contemporaine s'inspire d'un tel enthousiasme. Univers de romans, densité des personnages et des décors, intrigue forte et puissante : on retrouve un peu tout cela dans les six nouvelles colombiennes, exclusivement d'auteurs masculins… successeurs assumés de leurs grands aînés, sélectionnées avec Marianne Millon dont nous tenons à souligner ici l'apport important à la collection « Miniatures » pour tous les titres hispaniques déjà parus. Un jour, peut-être, publierons-nous un titre 100 % féminin…

Pierre Astier

À Dieu, pour tout ce pour quoi il n'a jamais cessé de m'aider et de me protéger... en dépit de qui je suis et de ce que je suis.

Le coffre de tes misères

par Andrés Candela

traduit de l'espagnol (Colombie) par Marianne Millon

Ma petite-fille : avant de t'expliquer ma décision de ne pas entrer dans un lieu aussi beau, j'aimerais tout d'abord te raconter ce qui est arrivé, ce qui arrive et ce qui arrivera sans le temps qui vient de loin et passe son chemin en accumulant nos conditionnels pathétiques : « Si on avait… si j'avais… si tu avais… » Je ne sais pas si tu me comprends, c'est très difficile à exprimer, mais en ce qui me concerne, mon temps s'est écoulé, je n'ai même plus un conditionnel me permettant de réparer au moins la partie imaginaire de tout ce temps qui est derrière moi.

J'ai suivi différentes pistes si exactes qu'elles m'ont même fait croire que mon destin, c'étaient les chemins étroits des lettres et la prose érudite, que je n'ai pourtant jamais explorés. Certaines pistes furent à leur époque trop précises et ont fini par se volatiliser dans ma tête car elles étaient trop complexes dans le monde des vivants ; d'autres fois, je les ai écartées en une seconde puis, capricieuses, elles sont revenues, défilant comme l'argument idéal qui incarnerait le meilleur mot de n'importe quel commencement et elles ont réussi à me faire croire que je dénouerais enfin ce nœud dans ma gorge avec mon discours si souvent sublimé pour pouvoir tout déballer d'une traite et… parler, parler, parler, T-E-P-A-R-L-E-R, ma petite-fille ! J'ai besoin du pardon du ciel. Toute cette misère ne peut continuer à se répandre comme la malédiction d'une lapine sans que le nombre immense de mes petits-enfants n'en perçoive le mal ! Après, Chepe, ton grand-père paternel, avide d'une patience de franciscain, lève la tête sans perdre contenance, cesse de contempler son dernier coup, remarque mon enthousiasme modéré, menace mon roi, un cavalier, une tour, et me demande…

– Nano, tu es sûr que c'est la meilleure façon de commencer à lui dire tout ce que tu veux ?

Le saut du cavalier dans ce jeu sera toujours un casse-tête et j'ai du mal à concevoir plus de cinq mouvements hypothétiques ; la tour est une tornade dotée d'un grand élan, comme celui d'une révolution, mais avec des coups de frein comme ceux de toute inflation. Je préférerai toujours sauver un cavalier ; et puis, mon roi est en échec et Chepe me fait pour la énième fois douter absolument de tout ce que je viens de lui exposer. Je fixe du regard cette table branlante à trois pattes qui a dû être confisquée à un médium repenti à son dernier soupir avant son ultime passage à la douane, mais je reconnais qu'elle nous a servi à soutenir notre échiquier pour une partie dont j'ai même oublié à quel moment elle a commencé. Je déplace ma tour pour protéger mon roi et je sauve mon cavalier, mais il décide de poursuivre la partie dans un autre quadrant, je ne sais pas si c'est par pitié ou simplement pour faire durer cette stupéfiante absence de temps et ainsi, pour que nous décidions enfin, sans nous lever, de te parler ; ou mieux, quand on pourra, quand on nous le permettra…

– Ne t'inquiète pas, Nano, on trouvera bien la meilleure façon. De ce côté de la famille, il y a beaucoup de gens à prévenir même si tu ne le crois pas, me dit-il sans se troubler.

Je lui demande d'un air fâché :

– Et si on trouve la façon de lui parler, mais qu'on nous l'interdit ?

– Ils nous laisseront faire, Nano, à un moment donné, ils nous permettront de lui parler, répond-il avec cette paix disproportionnée propre à ce qui n'est pas humain.

Je le défie d'un regard qu'il esquive pour se concentrer sur sa reine menacée. Je crois être enfin très sûr d'une chose : ton grand-père paternel a dû être un monsieur dès l'enfance, son allure irréprochable a dû naître avec lui, aucune personne saine d'esprit ne devient un saint comme ça. Sa transparence et sa capacité à faire tant de choses m'avaient toujours semblé perturbantes et humiliantes devant le si pauvre inventaire de mes fragiles volontés, de mes capacités manuelles limitées et de mes vertus évanouies. Je me rappelle aussi que la première fois où on me parla de l'origine de ton père, j'ai pensé : « une de ces canailles libérales » et j'ai imaginé toute sa famille sur le même modèle … Comme je me trompais ! Aujourd'hui… Quel jour est-on aujourd'hui, ma petite ?! Bon… quelle importance quand le jour n'existe plus, quand, à la fin de ce début étouffant, on s'aperçoit que les misères sont également un sujet permanent ?!

***

Nano, depuis que j'ai appris à interpréter le miroir familial, je lui ai toujours dit que tout ce que toi et Chepe nous avez donné n'est qu'un chapelet de tribulations même si cela n'a jamais été la véritable intention, et tout ce dont j'ai hérité, je ne sais en vertu de quoi ou de qui, a été une volonté hallucinée qui m'utilise aujourd'hui comme interprète de cette foutue histoire. Ne t'offusque pas, mon cher Nano ; ou plutôt, comme je sais que tu dois être avec Chepe en ce moment, je vous demande de ne pas mal interpréter ces lignes !

Nano, en utilisant ton droit authentique de grand-père dépourvu de responsabilités, tu me laissais faire ce que je voulais quand tu pouvais, et j'adorais ça. Impossible d'oublier une si excellente humeur dans cette mer d'amertume qu'était malheureusement le caractère de grand-mère. Tu es le seul grand-père que la vie m'a permis de connaître et de me rappeler, et puis tu as toujours apaisé en cachette de tous les autres mon inextinguible soif. Supplice qui a traversé la mer avec moi, tapi en moi avant ma gestation et qui s'est révélé dans toute sa fureur quand ma jeune humanité a été emmenée vers la chaude Medellín des années 1980. Maintenant, Nano, tu sais très bien tout ce que je pense de notre pittoresque famille et de son lourd collier héréditaire : bourreaux impitoyables de premier rang quand il s'agit d'exécuter à tout-va sans s'apercevoir que pour de pires fautes la hache n'arrêterait pas de s'abattre sur leurs cous ; hypocrites à forte répétition, faible dévotion et sans aucune introspection vis-à-vis de Dieu ou de leur propre conscience ; ça, oui, hérauts d'une religiosité oppressante capable de condamner au feu biblique pour un dimanche sans communion. « Hypocrites, aveugles par caprice démesuré, menteurs à la double morale et chasseurs des insignifiantes fautes d'autrui ! », fut ma première sentence. Cependant, je commis la même erreur sans m'en rendre compte et répétai alors les lignes soulignées de notre rance scénario familial : le jugement, la critique, et à la fin, la condamnation. Je les ai fait venir un par un sur ma propre estrade de justice mentale. Je les ai critiqués effrontément et j'ai cassé du sucre sur leur dos. Enfin, impitoyable, sans miséricorde ni crainte de Dieu, je les ai condamnés de la même façon et sans appel ! Parvenu à la fin d'un si vindicatif jugement mental, j'ai fini par comprendre que je présentais moi aussi, en pire, les mêmes péchés, les incorrigibles vices génétiques. Devant une vérité aussi irréfutable, il ne me restait pas d'autre solution que de les gracier, me pardonner, les observer, garder le silence, me regarder, afin d'ouvrir les yeux une fois pour toutes et, de la sorte, pouvoir me connaître. Vous savez, Nano, Chepe, tout a été plus facile dans ce massacre mental contre les miens et il serait tout à fait insensé de nier que j'en ai aussi bien profité en me considérant provisoirement, grâce à quelques réussites, comme au-dessus d'eux ; ensuite, quand j'ai voulu leur pardonner et me pardonner, le plus grand trouble s'est déclaré en moi. J'ai un ennemi qui attaque et vient de très loin à l'intérieur, luttant pour sortir par des victoires qui se mesurent à la charge de conscience de chaque tribulation ; après, quand l'excès d'erreurs finissait par m'anesthésier, je m'abandonnais entièrement aux fautes sans aucune jérémiade et ce fut ainsi, dans ce puits si doux, que j'aperçus l'infortune de ce qui avait si souvent été répété le dimanche à la messe tandis que mes yeux se perdaient en comptant les briques au plafond de l'église.

Je parle de cet adagio inlassablement ratifié, analogie infiniment répétée, toujours écoutée par tous mais jamais comprise et que la Bible, dans la Genèse, a intitulée pour moi, comme la meilleure de toutes ses allégories : « le péché originel ». Moi, de mon côté, fervent croyant et pécheur sans religion, je l'appellerai... Génétique ! Une charge dont je me suis aperçu à de multiples occasions qu'elle représentait un poids considérable à porter, tenter de s'en libérer revient à s'écorcher et devient de surcroît une brutale condamnation quand on la démantèle, mais aucun membre de la famille n'a fait le moindre effort pour changer ou régénérer un tel mal... Ou si, Nano, qu'en sais-tu ?! « Si tu vis sans la découvrir, tu es sauvé parce que tu es rustre, sot, aveugle, stupide et dans la lune ! Mais si tu la découvres par amour de Dieu, oisif, curieux, investigateur, observateur, et que le désordre perdure, démerde-toi, t'es foutu et tu vas brûler dans la cave du monde ! », c'est comme ça que je l'ai interprété pendant de nombreuses années jusqu'à ce que, grâce à Dieu en personne, arrive un ami en col romain et qu'il aie la bonté de mieux me l'expliquer : « Dieu ne nous aime pas pour qui nous sommes ou pour ce que nous sommes, il nous aime malgré ce que nous sommes », me dit-il lors d'une de nos interminables conversations.

« Tout revient alors au cycle initial avec un pardon de Dieu démesuré, mais il est vital de le faire changer pour progresser, s'améliorer et dormir en paix », en déduisis-je amèrement, ébranlé de découvrir alors ce qu'étaient les limites et les frontières marécageuses d'un autre sujet délicat : « le libre arbitre. »

***

– D'où sort cette lettre, Nano ?!

– C'est son frère qui l'a écrite.

– Quand te l'a-t-il remise, comment as-tu fait pour l'apporter ? me demanda Chepe, complètement désarçonné.

– Peu importe comment j'ai fait, Chepe, lui répondis-je. Il me l'a donnée peu après s'être aperçu que personne, dans aucune des deux familles, n'avait l'autorité morale pour le stigmatiser comme l'avaient fait les miens à son époque supposée « rebelle ». Une époque de discernement absolu, Chepe, de profonde réflexion et d'observation… Du moins sur ce plan, vis-à-vis de lui et des autres petits-enfants, j'ai la conscience tranquille. Je ne les ai jamais emmerdés en ressassant des sermons. De plus, il est très clair que j'avais besoin d'extensions de conscience afin d'archiver toutes mes fautes. Et j'aurais pété les plombs si j'avais revêtu de fausses toges d'intégrité devant mes propres petits-enfants. Échec ! Tu ne l'as pas vu venir, mon cher Chepe...

– Tu sais ce que je pense en ce moment et ce que je pense de cette lettre, Nano ?

– Tu as perdu, Chepe...

– Je sais ! me répondit-il offusqué pour la première fois, les bras croisés. Il m'est arrivé une chose semblable, soupira-t-il avant de poursuivre. Je faisais littéralement des miracles avec la charpenterie et les paris au billard pour nourrir onze bouches. Je demandais au ciel un miracle fugitif, un changement, à la vie un trou par où mettre la tête et par lequel je pourrais m'occuper de faire passer le corps avec une famille entière. Le miracle se produisit et se répéta inlassablement toutes les fois où je le redemandai, Nano...

« Un jour, mon frère, déjà ordonné prêtre et impeccable, vint nous voir. Son inquiétude était latente, mais pas plus profonde que ma honte devant lui ; plus… Dieu seul sait que je me tuais au travail et que je me creusais la cervelle tous les matins en me demandant ce que j'allais rapporter à manger ! Il a dû penser que neuf bouches, c'était exagéré dans une telle situation et que l'appétit marital devait s'éteindre. Il ne m'a jamais fait ce genre de reproche, je l'ai déduit moi-même. Il est revenu en ville. Quelque temps plus tard, j'ai reçu la lettre et l'argent pour aller me présenter dans une entreprise où il avait parlé pour moi. J'ai été charpentier, très pauvre et humble, Nano, mais jamais pauvre d'esprit ni désireux de dépassement, et je lisais toutes les nuits des revues ou des journaux qu'on m'offrait et cela, j'en suis sûr, m'a beaucoup servi quand j'ai été nommé aide-comptable aux Molinos de la Concepción. Les chiffres m'ont assailli sans pitié, je sentais mon cerveau gonflé par l'effort et le besoin, mais je ne pliais pas, je ne m'autorisais pas à me rendre et à envisager de retourner au village, comme les petits-enfants qui traversent la mer pour accomplir le cycle total ; c'était parfaitement inimaginable et mentalement interdit. Deux mois plus tard, le miracle se reproduisit : la famille arriva au grand complet et nous nous installâmes tout d'abord à l'arrière d'une vieille usine de briques. C'était tout un commencement, un début inconnu et gracieux dans un autre lieu loin des coupes de flanelle avec des langues couvertes de mouches qui sortaient de la gorge des morts inertes. Ces grotesques et invisibles frontières établies entre libéraux et conservateurs de minuscules villages restaient en arrière elles aussi. Mais plus personne ne s'en soucie désormais, Nano…

– Bien sûr que si, Chepe. Poursuis, s'il te plaît, lui demandai-je.

– Après l'usine, nous avons obtenu un prêt pour le premier versement destiné à l'achat d'une maison et, comme le père lui-même avec son pouvoir sur les eaux, il nous aida par un don pour la maison et un marché qu'il reçut en mains propres …

– « Le père avec son pouvoir sur les eaux », qui c'était, celui-là ?!

– Mon Dieu, Nano ! Le père Rafael García-Herreros. On disait qu'il avait un pouvoir sur les eaux et qu'il faisait pleuvoir quand il le voulait là où les paysans le lui demandaient. Je crois que tu n'as jamais compris qu'il y avait un monde au-delà des disques de tango et des réunions dans les cafés.

– N'exagère pas, Chepe ! Bien sûr, que je me souviens du petit curé, mais je n'avais aucune idée de ce pouvoir dont tu parles. N'oublie pas non plus que je t'ai mis en échec, lui rappelai-je.

– … Peu à peu, j'en appris beaucoup plus sur ce plaisant métier, la prospérité arriva, je devins chef-comptable de l'entreprise et comptable public assermenté jusqu'à la retraite. En même temps, les plus grands grandirent avec obéissance, firent des études, voyagèrent et engendrèrent des petits-enfants dans d'autres patries ; les plus jeunes… semblent avoir regardé aussi dans les yeux certains de mes petits-enfants, parmi eux, notre petit-fils commun. Celui que tu appelles le « rebelle ».

– Quand ta famille a respiré la prospérité, ma fortune est devenue une fatalité, une ruine noire comme une aile de corbeau.

On nous appelle pour entrer, Chepe, mais je n'entrerai pas. Je préfère rester ici, lui dis-je à ce moment et sans y avoir réfléchi.

– Tu es fou, Nano ?! Tu ne peux pas rester ici ! Si tu veux, on commencera une nouvelle partie quand on sera à l'intérieur, mais on ne peut pas rester ici plus longtemps.

– Je vais te dire pourquoi je n'entrerai pas ; c'est-à-dire que je vais le lui dire à elle aussi…

Un immense désir d'entrer et de me reposer me saisit. Je sais très bien que si je franchis cette porte, le vaste monde restera derrière moi, si loin que c'est quelque chose qui ne reviendra jamais, mais je ne peux pas, Chepe. Avant de partir, elle a parfaitement le droit de savoir ce qui l'attend. On me punira peut-être en ne me laissant pas entrer pour l'avoir fait, cependant, c'est une façon sensée d'obtenir que beaucoup d'autres puissent entrer.

Les portes du ciel sont devant moi. J'ai beaucoup souffert avant de mourir, Chepe, beaucoup plus que toi ! Je te le jure. Sans doute, quand il ne restera personne d'autre dans cet endroit, j'aurai des problèmes avec les sorcières qui se cachent sous les cendres et fument dans le rêve des autres, mais ma petite-fille, notre petite-fille, Chepe, je veux la prévenir. Il faut que je lui dise qu'elle ne doit pas partir de chez elle sans savoir que les histoires sont cycliques et récurrentes dans le sang, sans se soucier non plus de savoir là où nous emportera le destin. Le sien veut manifestement l'envoyer au pays où tout commence ; celui où Dieu a mis tes ancêtres, Chepe, et les miens. Là où elle a décidé de s'établir parce que sa capricieuse providence a décidé de fermer les cercles de cette famille avec sa génération dans ce monde : devant nous et nos parents, aujourd'hui étranger, suspect mais très tentant pour beaucoup d'entre eux. Les nouveaux cercles s'ouvriront avec ces enfants ou petits-enfants qui reviendront ou exploreront le monde dont elle est sortie. Tels sont la roulette divine et les yeux du ciel qui surveille le cycle des vivants avec nos coffres remplis de misères.

La planète boiteuse

par Juan Diego Mejía

traduit de l'espagnol (Colombie) par Anne Casterman

Estefanía a des jambes bien plus longues que celles de n'importe quelle autre femme qui vaut la peine qu'on se souvienne d'elle. Elle a de longs bras aussi. À la voir, on se dit « ces quatre ailes sont bien du même moulin ». Elle est toute en harmonie. Son cou la fait paraître plus grande qu'elle n'est en réalité. Elle a des cheveux drus et, quand elle les coiffe, elle doit les discipliner en fines nattes que quelqu'un, Dieu sait qui, doit patiemment lui tresser.

Estefanía est de l'Urabá. Les gens de là-bas sont pleins d'entrain et elle danse sur la piste quand elle n'est pas occupée à courir ou à reprendre son souffle. Elle a des dents longues et blanches, comme celles d'une jument. Elle bavarde avec d'autres qui doivent aussi être de l'Urabá. Ils pourraient être de n'importe quel endroit où les habitants ont la peau foncée, d'une couleur café parfois presque bleue. Mais ces gens-là semblent parler de la mer, de la pluie qui tombe du ciel pendant des journées entières, de plantations de bananiers qui peignent les terres en vert jusqu'au recoin le plus caché. Les gens de là-bas disent des choses comme « camawâde, bânane, lé bon le wri », ils parlent de la « tite Lu' » et de « missié Palacio' » et, quand ils marchent, leurs fesses se balancent comme si le vent les berçait.

Estefanía a les yeux verts. Je l'ai vue de près un jour, et ils brillaient comme de petits éclats d'émeraude. Elle a aussi les yeux bleus. Je l'ai su la fois où nous nous sommes croisés, elle et moi, à l'entrée du stade. Moi j'entrais et elle sortait avec les Noirs de l'Urabá. Parfois, elle a aussi les yeux couleur café, si j'en juge par la photographie parue dans la presse après le championnat départemental d'athlétisme. Estefanía est notre promesse nationale. Elle court comme une gazelle et je voudrais que mon cœur s'arrête quand je la vois prendre des mètres d'avance sur les coureuses qui la suivent, au bord de la syncope.

Elle ne remarque pas que je me rends sur la piste chaque fois qu'elle s'entraîne. Je porte un short noir, des baskets flanqués de bandes orange fluorescentes, un tee-shirt parfois bleu, d'autres fois jaune, vert ou rouge. Moi aussi, je change de couleur, comme les yeux d'Estefanía. J'attends tranquillement le moment où nous, les amateurs, nous pouvons courir sur le couloir le plus extérieur, sans déranger les Noirs qui gagnent toujours les compétitions nationales. Elle ne me voit pas, alors que mon tee-shirt brille à l'autre bout de la piste. Je la regarde toujours passer comme un éclair noir suivie d'une file de concurrentes.

Apparemment, Estefanía ne se souvient pas de moi ou, du moins, elle affiche une totale indifférence. C'est comme si elle ne m'avait jamais vu. En revanche, moi je me souviens d'elle depuis le moment où je suis arrivé dans cette région pour y faire mon service militaire. Quand je l'ai vue pour la première fois sur la prairie qui sert de piste dans son village en Urabá, c'était une jeune pouliche au long cou et aux foulées désordonnées. Ses pieds se heurtaient parfois et ses bras ressemblaient à ceux de pantins désarticulés. Sa tête bien droite ressortait dans la file des coureuses. Je la connais depuis longtemps et j'ai couru plusieurs fois près d'elle quand je la croisais alors que je rejoignais mon régiment. Je les voyais arriver. Une file de petites Noires plus maigres les unes que les autres, et Estefanía toujours devant. La tête des autres ballotait en tous sens tandis qu'elle se tenait droite comme un *i*. Je les suivais de près sur le côté opposé de la route, en réalité un tapis de *majagua*, ces feuilles qui poussent sur la tige des plants de bananiers et dont on utilise les fibres comme ceinture pour tenir les pantalons aussi bien que pour assembler des yuccas et les charger sur la bicyclette, renforcer des portes toute branlantes, pendre des régimes de bananes au plafond de la cuisine ou même ligoter des personnes séquestrées. Moi aussi, j'avais de longues jambes. À présent, je n'en ai plus qu'une parce que l'autre est restée en Urabá la fois où nous étions partis en virée dans un véhicule privé pour faire la fête à Necoclí et mes compagnons d'arme n'avaient pas pu ramasser tous les fragments d'os. Quand ils s'étaient approchés de moi pour me tirer de là, je leur avais dit :

« Laissez cette patte là-bas, espèces de couillons, et sortez-moi au plus vite de ce merdier ». Ensuite, je m'étais évanoui.

Avant, je courais autant qu'Estefanía. Après l'explosion de la mine, j'ai cessé de courir. On m'a emmené à Medellin pour m'opérer et c'est là que ma vie s'est arrêtée. Pendant que je m'habituais à vivre sans ma jambe droite, je fumais, regardais la télévision et pleurais parfois. Je m'en fichais que l'on me voie triste et qu'on montre ma jambe amputée. Comme je ne pouvais pas courir, j'avais beaucoup de temps libre et j'en profitais pour faire des mots-croisés, regarder du porno sur l'ordinateur de mon petit frère, et je m'ennuyais ferme. Je pense que c'est pendant cette période qu'Estefanía m'a oublié.

Avec une jambe en moins, on réfléchit mieux qu'avec les deux. Et quand je m'asseyais pour fumer et penser, c'était toujours le même prénom qui revenait : Estefanía. J'ai organisé dans ma tête tout ce que je savais d'elle et cela m'a aidé à conserver intact son souvenir jusqu'au moment où je pourrais la revoir. Je sais qu'elle s'appelle ainsi parce que son grand-père lisait des romans de cowboys que l'on vendait dans les rues de

Turbo[1]. Les petits livres de Marcial Lafuente Estefanía. Ça sonne bien, Estefanía et c'est un prénom de femme, pas d'homme. C'est pourquoi on le lui a laissé : Estefanía. J'ai su que je n'étais pas le seul qui allait sur la prairie-piste la voir courir. Des gars d'en haut descendaient au village pour se bourrer la gueule et se pressaient pour mater de jolies petites jambes et de jolies fesses sur le terrain où les filles s'entraînaient. C'est Estefanía qu'ils regardaient le plus. Elle faisait d'innombrables tours de piste et, quand elle passait à côté d'eux, ils lui lançaient : « Et pour qui c'est qu'tu gardes tout ça ma chérie ? » en s'esclaffant, ou : « Moi, j'attends que tu aies fini de grandir, mon chou ! » en se donnant de bonnes tapes dans le dos. Mais la petite Noire, très sérieuse, ne leur jetait pas même un regard. C'étaient des guérilleros qui descendaient régulièrement de la montagne pour tenter de soulager leur existence. On ne peut que les comprendre car à force de bouffer des singes et des serpents, de cuisiner sans sel et sans sucre, de

1. Ville située sur la côte Caraïbe, dans le département d'Antioquia. (N.d.É.)

dormir dans l'humidité, de vivre tout le temps dans la forêt avec les animaux, on en devient un soi-même. Mais en pire. Bien pire… Car les animaux ne savent pas que dehors il y a un autre monde, rempli de jolies Noires comme Estefanía, et le savoir rend la solitude moite plus difficile à supporter sans céder au désespoir. Ils sortaient par groupe de trois maximum. C'était toujours ainsi que ceux du front descendaient, à tour de rôle. Le seul qui restait là-haut dans sa montagne, c'était le bandit noir en chef ou le bandit en chef noir ou ce foutu fils de pute noir qui recevait sûrement les rapports de ces gars à leur retour du village où ils avaient passé trois jours à boire et à aller aux putes. Il n'y avait que les nouvelles d'Estefanía qui l'intéressaient. À se demander ce qui avait bien pu le traumatiser à ce point pendant l'enfance pour qu'il soit aussi obsédé par les exploits des jambes d'une si petite Noire. Eh oui ! Apparemment, de façon très convenable, il s'est mis d'abord à envoyer des colis de nourriture chez Estefanía. De la part du commandant. Comme si n'importe qui pouvait être commandant ! Commandant, c'est mon capitaine qui s'y connaît, lui, en matière militaire.

Mais ce Noir, il était juste le chef de rien du tout. Chef de bandits, point final. Commandant, c'est pour quelqu'un qui a étudié et en a bavé pour apprendre à mener la troupe. Ben oui ! Ensuite, il lui a envoyé des poules qu'il volait à d'autres encore plus pauvres, des boucs attrapés dans la montagne, des porcs et toutes sortes de produits mal acquis. Puis il est passé à la vitesse supérieure. Il l'a fait appeler pour qu'elle coure contre de grosses guérilleras et les humilie en deux tours de campement. Après, il lui a demandé de danser pour lui un danzón[2] cubain qu'il aimait beaucoup. Cette fois-là, il l'a renvoyée chez elle les bras chargés de viande pour toute la famille. « Apporte tout cela à mes beaux-parents », lui avait-il sans doute dit au moment de la déposer sur le maigre cheval qui devait la ramener à son village. Estefanía n'a peur de rien. Elle rentrait tranquillement en serrant le colis de viande contre elle et en pensant à Dieu sait quoi, avançant au rythme insufflé par le guérillero qui

2. Genre musical et danse inspirés de la contredanse « française » en vogue sous la monarchie et réinterprétée par les esclaves d'Amérique latine. (N.d.É.)

menait l'animal, et elle n'a même pas bronché quand elle nous a vus apparaître dans un virage. On aurait dit qu'elle se fichait de ce qui pouvait lui arriver, elle serrait juste avec force son paquet de viande et a laissé le bandit s'enfuir en courant tandis que nous nous approchions pour lui demander d'où elle venait et ce qu'elle faisait avec ce type. « Je viens d'en haut et je ne sais rien du *missié* qui s'est enfui en courant. » Cette fois-là, elle m'a vu de face quand je me suis approché d'elle et lui ai dit qu'à présent elle était sous la protection de l'armée nationale. Mais pour elle, cela revenait au même d'être entre nos mains ou entre celles de ce Noir. Par contre, le fait de l'avoir tenue si près de moi a changé ma vie. Je raconte cela maintenant, après avoir eu longuement le temps d'y penser pendant que je m'habituais à regarder ma jambe amputée. D'abord, elle ne m'a paru en rien semblable à la gamine qui l'emportait invariablement sur ses concurrentes dans toutes les courses. C'est une petite chose noire de peau, au regard éteint, que j'ai rencontrée dans ce coin perdu au milieu des broussailles. En la voyant, je me suis rappelé une opération que nous avions menée sur un chalutier battant pavillon vénézuélien, en face de Turbo. On nous avait envoyés arrêter le capitaine parce qu'il se livrait au transport de petites filles prostituées qu'il avait embarquées à Carthagène des Indes. Quelqu'un l'avait dénoncé. Un matelot avait cafardé ou bien un souteneur s'était senti arnaqué dans ce trafic et avait décidé de le balancer aux autorités. J'étais monté à bord avec mes soldats tout émoustillés qui se pressaient pour être les premiers à gravir l'échelle. Ils étaient très excités à l'idée de sauver des petites prostituées en pleine mer, mais mon commandant a dit : « Le premier qui en touche une, je le fais passer devant le conseil de guerre. » On s'est tous calmés et on est montés les chercher. Comme je vous le dis ! On les a trouvées dans la cuisine. Les unes épluchaient des pommes de terre et les autres se balançaient dans des hamacs suspendus au plafond. Je leur ai dit de se mettre en file puis de se compter. Elles se sont alignées très docilement les unes à côté des autres mais ont été incapables de se compter. Du coup, c'est moi qui ai crié une, deux, trois jusqu'à huit. La huitième était une petite souris noire à peine capable de se tenir debout et qui semblait sur le point de perdre connaissance. Les marins passaient à côté d'elles en rigolant. J'ai eu envie de les flinguer tous à bout portant. Je ne sais pas pourquoi mais c'est ce souvenir qui m'est revenu quand je me suis approché d'une Estefanía toute décoiffée et sentant la montagne. C'est la dernière fois que je l'ai vue en Urabá.

Tout le reste, je l'ai su parce qu'on me l'a raconté et pas parce que je l'aurais vu de mes propres yeux qui ont échappé à la mort grâce à mes chers compagnons d'armes : ils m'ont sorti de là et m'ont emmené au poste de secours d'où l'on m'a ensuite embarqué à bord d'un avion de la Satena[3]. J'ai déjà dit que mes soldats et moi nous nous rendions à Necoclí dans une voiture privée, et pas dans un véhicule officiel parce que nous allions faire la bringue. Ils chantaient tout ce qui passait à la radio tandis que moi je regardais les filles qui se promenaient par là. Je nourrissais l'espoir que l'une d'entre elles serait Estefanía et qu'elle me saluerait. Elle se souviendrait sûrement de moi, du soldat sur ses deux jambes intactes qui trottait non loin d'elle, de l'autre côté

---

3. Compagnie aérienne colombienne. (N.d.É.)

de la route, en ne la quittant pas des yeux. Colorado, le gars de Guarne, m'a dit alors :

« Eh toi, soldat ! Rends-moi service et va m'acheter un demi-litre d'eau-de-vie à cette boutique.

– Celle-là ?

– Oui, là-bas, de l'autre côté du ruisseau, ça m'évitera de faire demi-tour avec la voiture. On t'attend ici.

– D'accord, mais alors je ne mets pas de billets dans le pot commun, moi.

– Pas de problème, on t'invite, mais vas-y car les poulettes, elles vont pas nous attendre longtemps. »

En descendant du véhicule, j'ai senti le vent balayer mon visage et je me suis dit qu'il allait m'arriver quelque chose. Sur ces chemins, il y a peu d'air, et quand il y en a, c'est parce que le diable est dans les parages. J'ai marché jusqu'à la boutique, comme me l'avait demandé Colorado, et je me suis retourné pour les regarder dans la voiture. À ce moment-là, la terre s'est soulevée et tout a volé en éclats. Je savais bien que quelque chose allait m'arriver. J'ai eu envie de pleurer parce que ma guibole avait volé avec tout ce merdier. Le reste, je l'ai déjà dit. Quand je me suis réveillé à l'hôpital, je n'arrêtais pas de penser à ce foutu Noir qui avait sûrement posé la mine et à Estefanía toute seule dans cette zone à la merci de ces bandits. Puis je me suis fourré dans la tête que ma jambe perdue avait un lien avec le destin de cette petite Noire. Ben oui ! Le bandit qui se fait appeler « commandant » l'avait à nouveau enlevée, mais, cette fois, ça a été bien pire. Une nuit, pendant que, de mon côté, je pleurais sur mon sort, des types ont débarqué pour la faire sortir de chez elle. Ils ont attaché ses parents avec des *majagua*, l'ont ligotée elle aussi pour qu'elle ne leur échappe pas et l'ont emmenée. Ils l'ont fait monter à bord d'une Jeep qui a disparu à travers les plantations de bananiers, et, à mesure qu'ils avançaient, le paysage se refermait sur eux. Personne n'a rien dit. Pas même ses parents quand les voisins les ont détachés. Ils se sont assis à attendre les ordres de ce commandant de merde, et ce n'est qu'au bout d'un mois environ que la petite Noire est revenue, transformée en une autre femme bien différente de celle qui était partie.

Moi, je devais être à l'hôpital en train de m'habituer à voir une jambe bien différente de celle que je sentais encore entière du genou à la pointe du pied. Elle n'était plus qu'un moignon enveloppé dans de la gaze qui ne savait pas comment réagir quand le reste du corps voulait marcher. C'était comme si elle disait : « Arrêtez de me harceler ! Fichez-moi la paix ! » J'ai déjà dit que je pleurais beaucoup sans me soucier que les gens me voient. Il faut dire que nous, les soldats, nous pleurions tous beaucoup dans ces pavillons. La nuit, on n'entendait que plaintes, gémissements et cris. Mais quand l'aube se levait, personne ne voulait en parler. Tout le monde se taisait comme si notre langue avait elle aussi été écrasée par une mine coupe-jambe. Et pendant que nous, les soldats amputés, nous consolions en regardant passer les jolies infirmières, Estefanía emballait ses vêtements dans un sac en plastique et prenait congé de ses parents. Ils ont cru que le bandit noir l'attendait dehors, mais non, pas du tout, elle est montée dans un bus pour Medellín et a dit adieu à ce village de merde et à tous ses guérilleros.

Eh bien, moi, je l'ai recréée mentalement, avec des bribes de souvenirs. Dans ma tête, elle faisait des tours sur la prairie-piste, et moi je la suivais sans me soucier de n'avoir plus qu'une jambe. C'est pour ça que j'ai accepté qu'à l'hôpital on me pose une prothèse qui m'entaillait le moignon en diable et le faisait saigner. Je m'en fous, je la suis jusqu'au bout du monde, pensais-je quand m'apparaissait la petite Noire en pleine course. J'ai appris à utiliser la prothèse comme si c'était une vraie jambe et j'en arrivais à rêver que personne ne se rendait compte qu'elle était fausse. J'ai arrêté de regarder du porno sur l'ordinateur de mon petit frère et j'ai commencé à sortir dans la rue pour jouer au football avec les voisins. À force de m'entraîner avec eux au ballon sur les pavés, une couche dure s'est formée sur le moignon et il a cessé de saigner. Je courais, je feintais, j'attaquais, mais je n'arrivais pas à sauter. Là, je restais comme collé au sol et j'ai donc préféré retourner courir pour le cas où je tomberais un jour sur Estefanía. On a toujours besoin de quelqu'un à qui penser. À l'hôpital, dès que je posais la tête sur l'oreiller et fermais les yeux, j'égrenais les souvenirs. Je me rappelais les infirmières qui s'étaient occupées de moi pendant la journée, je cherchais leurs lèvres et sentais à nouveau l'odeur de l'antiseptique. J'évoquais même ces chères bonnes sœurs. Mais cela ne me suffisait pas. Mon esprit retournait en Urabá. Je parcourais ces champs semés de vert, je contournais des rivières, je traversais des plantations, je marchais sur les sentiers, je sentais la musique et j'entendais les femmes occupées à laver le linge chanter dans les ruisseaux. Je marchais sur des chemins connus et, finalement, elle apparaissait. Elle passait comme le vent sur mon lit et me rendait heureux. Ce n'est qu'ainsi que je pouvais m'endormir tranquillement. Toutes ces choses, c'est le destin qui les veut. Ce n'était la faute de personne si je ne pensais qu'à elle.

J'ai demandé aux soldats de mon régiment de se renseigner, et ils m'ont dit qu'au stade, à côté de l'endroit où des Rouges et des Verts jouaient au football, il y avait une nouvelle piste d'athlétisme et qu'en fin d'après-midi, de joyeuses petites Noires s'y entrainaient. Je suis allé les voir, la chercher parmi les métisses aux shorts bien moulants qui fendaient leurs petites fesses pour notre plus grand plaisir. Pressé contre le grillage, je les ai regardées passer une première fois, puis une deuxième jusqu'à ce qu'enfin je l'aperçoive. Elle était là. Bien droite, rapide, telle la fille de la prairie-piste, et j'ai senti mon cœur battre à cent à l'heure.

J'ai commencé à y aller tous les jours et à attendre qu'un couloir soit ouvert pour les gens ordinaires comme vous et moi. J'entrais là, moi et mon moignon. Au début, les gens me regardaient mais après ils m'oubliaient et me laissaient courir en paix. Estefanía continuait de s'entraîner, piquant des sprints impressionnants grâce auxquels elle écrasait les autres coureuses et les laissait le nez collé dans la poussière. Elle ne me regardait pas quand je passais sur le couloir 8, le plus à l'extérieur. Depuis le couloir un, elle ne se rendait pas compte que tout en moi, jusqu'à ma fausse jambe, tremblait d'émotion en la voyant sur le stade plongé dans la pénombre. Je me plaçais dans ces ombres laissées par les projecteurs éteints et je réapparaissais en dessous de ceux qui étaient restés allumés. J'arrivais toujours à l'heure où elle et ses amies avaient déjà terminé leur entraînement. J'avais alors la chance de la voir danser au milieu des autres qui l'encerclaient. Je restais jusqu'au moment où je ne pouvais plus faire un pas de plus ou lorsque que l'on éteignait toutes les lumières.

Maintenant, j'ai plus endurance. Je ne sens plus mon moignon qui me laisse courir en paix et je peux me concentrer sur Estefanía qui file sur le couloir un. Elle est le soleil et je suis une planète. Tous les deux nous gardons la même trajectoire sans en dévier, ne serait-ce qu'un instant. Les planètes sont condamnées à tourner autour du soleil. Elle est mon soleil, brillante et rapide, et je suis sa planète boiteuse. Je ne parviendrai jamais à être plus près d'elle. Le plus près de moi que je puisse l'avoir, c'est à la distance d'un tir de fusil depuis mon couloir, mais je ne pourrai pas m'en approcher davantage. Ce que j'ai vu me suffit pour savoir qu'elle a changé. Ses os sont plus solides, ses fesses larges et fermes, ses cuisses épaisses. C'est sûrement de là que lui vient cette force à l'heure de se propulser sur la piste pour laisser tout le monde derrière elle.

Eh oui ! Estefanía est aujourd'hui une Noire plantureuse que l'on voit encore de loin comme la jeune pouliche que j'ai connue il y a quelques années. Les femmes épaississent quand elles ont des enfants mais elles gardent les mêmes gestes. Elle court comme si elle était encore dans son village et, apparemment, elle n'est pas une maman terrifiée. C'est impossible qu'Estefanía soit toujours unie à ce bandit depuis l'époque où j'étais un soldat intact. Mon corps mutilé ne peut se faire à l'idée qu'elle ait eu un enfant de cet animal et qu'à tout moment il pourrait envoyer quelqu'un l'enlever et la ramener une fois de plus dans la montagne. Si les guérilleros osent s'approcher, je serai prêt à la défendre. De six heures à dix heures du soir, tant que je suis là, ils ne pourront poser ne serait-ce qu'un doigt sur elle. J'ai un avantage sur eux parce qu'ils ne se méfient pas du boiteux qui vient toujours faire des tours sur ce stade. Ils ne savent pas que je suis un soldat de la glorieuse armée nationale. Ils n'imaginent pas tout ce que je suis prêt à faire pour la protéger. Ils ne savent pas que je suis maintenant un expert des douleurs et des solitudes. Je peux attendre. Entretemps, je m'entraîne et je suis chaque jour un peu plus un coureur. Je fais déjà partie du paysage de la piste. Personne ne s'offusque de me voir entrer avec mon barda. Personne ne s'effraie quand je baisse mon pantalon et laisse voir cette jambe de pantin. Rien. Tout est normal. On m'accepte. Même Estefanía m'accepte sans savoir qui je suis. Elle feint peut-être de ne pas me connaître. Elle a l'air très tranquille quand elle passe à mes côtés. En revanche, moi je tremble comme un adolescent et je dois inspirer profondément pour ne pas m'étouffer. Ensuite, je me reprends et je continue à patrouiller sur mon couloir 8. Je cours aux côtés de gros employés de bureau, d'étudiants binoclards, de bonnes femmes qui parlent de tout et de rien. Personne ne s'arrête, personne ne se demande ce qui m'anime, personne ne sait que je suis juste une planète boiteuse qui tourne autour de son soleil.

L'HABIT FAIT LE MOINE

par Juan Esteban Constaín Croce

traduit de l'espagnol (Colombie) par Marie Jammot

Les premières lueurs de l'aube se brisèrent en éclats sur les arêtes abruptes des rochers du golfe. L'ensemble, prisonnier de l'eau et de l'airain, s'érigeait au-dessus de la mer tel un moignon aux parois encroûtées. Et c'en était peut-être un car la flotte chrétienne se tenait déjà prête, les canons abondamment huilés, les voiles hissées : les unes dépourvues des armoiries de l'alliance pour désorienter l'adversaire et le persuader qu'il s'agissait d'une simple affaire de commerce ; les autres, les cordages bien tendus, arborant les bannières de la Castille et de la République de Venise, afin de bien rappeler aux hérétiques, et à eux tous, la grandeur divine. Don Juan d'Autriche s'appuya sur la rampe du balcon de proue de la réale et, avec la dague qu'il venait d'utiliser pour se raser, il guida les yeux de ses hommes vers l'un des bateaux de la flotte turque, un canot qui ondulait à distance et tentait de disparaître derrière les rochers.

« C'est celui-là ! », lança avec son éternelle sécheresse le frère naturel du roi Philippe, avant de rappeler à ses troupes que ce n'était pas la victoire qu'il venait chercher sur les plages grecques mais bien la destruction de cette frêle embarcation qui, malgré sa taille, et peut-être pour cette raison même, se distinguait parmi les hordes ennemies. « Vite, un noble lettré ! », ordonna aussitôt Don Juan, et suite à cette injonction, le soldat Cervantès apparut pour retranscrire avec exactitude les mots du commandant – Grand Capitaine de toutes les mers et Connétable, selon ses titres – de l'Armada chrétienne.

Lorsque le Grand Capitaine et son secrétaire se furent enfermés dans la salle de commandement de la réale, don Juan déboutonna sa chemise et confessa à Cervantès, « pour sauver mon âme des flammes de l'enfer », que sur le canot se trouvait une femme âgée qui, sans que personne ne le sût ou presque, était la véritable coupable du désastre impérial. C'était il y a bien longtemps, à l'époque où son père Charles de Gand, ou Charles V comme le désignaient les Allemands et les sujets de l'empire, s'était retiré. Le grand roi, qui avait fini par s'ennuyer du monde et de ses intrigants, s'était alors réfugié pour toujours, tel un ermite, dans le monastère de Yuste[1], où seules les âmes pieuses, les docteurs en théologie et autres confesseurs pouvaient lui rendre visite après avoir frappé à sa porte. L'un de ces hôtes, enveloppé dans des habits de moine, venait chaque mois avec une régularité sans failles et se faisait conduire jusqu'à la chambre du vieil empereur. Une fois à l'intérieur, le religieux se débarrassait de sa vêture et le fourreau monastique laissait alors émerger une splendeur brune, turque, qui rampait tel un serpent sur les chairs du souverain en susurrant à chacun de ses pores les miracles de la tentation. Charles se rebiffait, croyant que c'était un appel du démon,

1. Couvent espagnol situé en Estrémadure, proche du Portugal. (N.d.T.)

mais la voix seule de cette femme le faisait succomber : sûrement une missionnaire des hérétiques d'Allah, rongée par une syphilis qui aurait tôt fait de le consumer lui aussi. Il mourut ainsi dans la félicité et la gloire de Dieu, c'est certain ; le bruit courut d'ailleurs qu'il avait souffert d'une « cruelle maladie », la goutte, entouré des plus grands saints hommes des Espagne[2]. Jamais auparavant le monarque flamand, père de Philippe et de don Juan, champion de la foi, n'avait été aussi heureux.

Ils étaient donc là pour ça, acheva le Grand Capitaine devant le regard attentif du secrétaire : pour venger, enfin, après tant d'années, la mort du plus grand des souverains espagnols. Sur l'embarcation se trouvait ce moine pervers et fourbe qui, pour les Turcs, était un héros ; malgré le temps, il dissimulait encore sous son habit les miracles de la chair et de la tentation ainsi que sa longue chevelure. Don Juan avait passé presque trois décennies sur les traces de cette vipère.

2. L'Espagne était alors composée de différents royaumes. Le roi était en fait roi des royaumes d'Espagne ou roi des Espagne. (N.d.T.)

L'après-midi de ce même jour, la flotte chrétienne se lança à l'assaut des bateaux turcs et les réduisit en morceaux. Au milieu du nuage de fumée produit par les boulets de canon, on distinguait le fer des dagues que les Espagnols agitaient à l'aveuglette, jusqu'à laisser derrière eux une bonne partie de leurs ennemis, et même de leurs alliés vénitiens, la gorge tranchée. On apercevait encore les reflets du soleil, qui battait en retraite, sur les rochers de Lépante, ainsi que l'ombre d'un canot qui parvint à se sauver de la bataille, prestement conduit par un moine.

À Susie, ma mère

Portrait-robot

par Mauricio Vargas Linares

traduit de l'espagnol (Colombie) par Marianne Millon

En sortant de la cabine à la fin du journal de midi, je consultai la pendule aux chiffres rouges placée face à la grande table pourvue de micros afin d'être vue en permanence des présentateurs et des journalistes, qui, avec ses restrictions de temps, imposait son rythme à l'émission. Treize heures précises, enfin une trêve, pensai-je. Je levai la main droite pour dire au revoir au contrôle et aux producteurs, qui me répondirent de l'autre côté de la baie vitrée, le visage souriant devant le devoir accompli. Juste après avoir refermé la lourde porte isolante, je vis que ma secrétaire m'attendait. Elle arborait son air annonciateur des mauvaises nouvelles.

– Vous avez une visite, m'annonça-t-elle à voix basse. Je n'aime pas ce type : il n'a pas voulu donner son nom et il s'est introduit dans votre bureau sans demander la permission.

J'acquiesçai d'un air insouciant, elle exagère toujours. En me dirigeant vers mon petit cabinet, à l'autre bout de la salle de rédaction, dans un coin du grand hangar qu'occupait la station dans la zone industrielle, je fus tenté d'aller aux toilettes et d'y décharger en une minute les tensions d'une journée, qui, si le visiteur inattendu me le permettait, m'offrait une pause déjeuner.

Mais la curiosité fut la plus forte. Je passai mon chemin et, après une douzaine de pas, j'étais devant mon bureau. Il me suffit d'un coup d'œil rapide à l'envahisseur pour constater que le front soucieux de ma secrétaire était justifié. J'entrai et refermai la porte. Je n'allais pas tarder à m'en repentir.

L'homme était vêtu de blanc, et, tout comme ses vêtements, il avait besoin d'une bonne toilette à l'eau et au savon. Il était trahi par un parfum rance et légèrement douceâtre qui avait envahi la pièce étroite, rendue plus exiguë que jamais par les miasmes, et les taches sombres sur son col et ses poignets de chemise qui se répétaient, plus marquées encore, sur les bords renforcés des poches avant de son pantalon. L'ensemble avait un jour été immaculé.

Je le saluai et sentis à peine la pression de sa main moite et molle sur la mienne. Assis devant ma table de travail, je relâchai mon nœud de cravate, levai la tête et examinai le visage de l'apparition qui prétendait perturber la seule respiration dans ma journée de quatorze heures à la radio. À l'exception de ses yeux couleur café, assez clairs, son visage me semblait familier.

– Dites-moi en quoi je peux vous aider ? demandai-je sur un ton à peine poli.

– Permettez-moi de vous parler franchement.

– Je n'en attends pas moins.

– Vous êtes un homme important…

– Quelqu'un qui se lève à quatre heures du matin pour rester jusqu'à la nuit dans l'attente des nouvelles pour en parler à la radio ne mérite pas d'être considéré comme important, l'interrompis-je.

– Vous êtes un des journalistes les plus respectés de ce pays.

– Plutôt tombé en disgrâce. Vous savez, ce gouvernement…

– Inutile de m'expliquer, me coupa-t-il.

Un spasme à la vessie, presque douloureux, me fit regretter de ne pas m'être arrêté aux toilettes.

– Revenons à nos moutons : en quoi puis-je vous aider ?

– Vous vous trompez.

Malgré le regard délavé, presque humble, le ton était tranchant.

– C'est moi, qui suis venu vous donner un coup de main.

Le téléphone sonna. La voix de ma secrétaire résonnait presque aussi fort dans le combiné qu'en direct malgré la porte close de mon bureau aux minces cloisons modulaires. Nous l'entendîmes tous les deux, clairement : « Ça y est, le ministre des Finances est en ligne. »

– Je ne peux pas le prendre pour l'instant, lui répondis-je.

– Ce matin, vous m'avez dit que c'était urgent.

– Les priorités varient.

Je raccrochai. Le visiteur souriait.

– Vous faites bien de ne pas vous arrêter, nous n'avons pas beaucoup de temps.

Je le fixai en silence et, d'un signe de la main, l'invitai à poursuivre.

– Vous avez beaucoup d'ennemis.

– Oui, je sais.

– Il y a des gens très dangereux qui vous détestent.

– Je le sais aussi.

– Il s'agit d'une haine très forte, mêlée de rage, vous avez dû leur faire quelque chose.

– Moi ? Rien, je me suis contenté de communiquer des informations, ce sont eux, qui ont fait des choses terribles, dis-je sur un ton las.

– Toujours est-il qu'ils vous détestent.

– S'ils savaient ce je pense d'eux, ils me détesteraient encore plus, rétorquai-je avec un sourire forcé.

Il fit une pause, embarrassé par mon attitude.

– Ils ont décidé votre mort.

Je marquai moi aussi une pause, tentant de garder le contrôle, de me montrer détendu, peu intéressé, comme si on me parlait d'un livre que je ne comptais pas lire.

– Comment le savez-vous ?

– Ils ont payé à l'avance, fait une collecte et mis beaucoup d'argent dans la tirelire : plus de dix millions de pesos[1], me dit-il tranquillement,

1. Environ trois mille euros. (N.d.T.)

comme s'il priait à mi-voix. Le dernier versement aura lieu après le travail. Tout s'est décidé au cours d'un déjeuner aux Arrieros[2] sur la route de Tunja.

– Je vais vous expliquer, lui répondis-je, sur un ton à la fois contrarié et suffisant. J'ai subi plusieurs tentatives d'assassinat, la guérilla, les paramilitaires et une fois Pablo Escobar, qui m'a envoyé un message peu amical m'incitant à quitter le pays si je ne voulais pas me réveiller avec des mouches plein la bouche, vous voyez le genre. Et puis il est mort, et moi je suis là, à travailler comme une mule, mais je respire.

– Cette fois, c'est différent, tout est prêt. Votre travail facilite les choses, car vous sortez de chez vous tous les jours à la même heure, à cinq heures vingt, et vous repartez d'ici à dix-neuf heures précises.

Sur ce point, il avait raison. Je le laissai poursuivre.

– C'est une question d'heures avant que l'ordre ne soit exécuté.

– Comment connaissez-vous l'existence de ce plan ?

---

2. Muletiers. (N.d.T.)

– Parce qu'on m'a engagé pour le faire.

– Comment ça ?

– Comprenez-moi bien, on m'a payé à l'avance pour vous tuer, me dit-il en élevant légèrement le ton.

***

Il s'est écoulé vingt ans depuis cette sombre période de 1997, quand un gouvernement acculé par les scandales était capable d'inciter les pires voyous à étouffer les critiques. Il avaient réussi à me faire virer de la revue que je dirigeais depuis presque cinq ans, et si le Président n'était pas tombé, c'était moi qu'on aurait défenestré.

Le vieux Yamit, plutôt pro-gouvernement, quel paradoxe, m'avait offert un refuge dans sa nouvelle station de radio qui entendait diffuser des nouvelles, rien que des nouvelles, 24 heures sur 24, 7 jours sur 7.

– Avec toi, personne ne pourra dire qu'on est au service du Palais, m'avait-il dit tout simplement.

Écrasé chaque mois davantage par le crédit de mon nouvel appartement, devant la naissance imminente de mon second enfant, je ne pouvais pas envisager de rester au chômage. Le vieux me sauvait la mise, il le savait et me le fit payer avec les intérêts. Ce travail m'épuisait et m'occupait tout à la fois, sans me laisser le temps de penser que, précisément en raison de ma survie professionnelle, l'ennemi était toujours aux aguets.

Ni le passage de deux décennies, ni le fait que je mène aujourd'hui une vie tranquille de préretraité, me consacrant à donner des conférences, à écrire ma rubrique hebdomadaire dans le journal et à me lancer dans des romans historiques, du bureau de mon studio donnant sur une vaste vue sur la mer des Caraïbes – il ne fait pas de doute que tout va mieux –, n'ont effacé le souvenir de la goutte de sueur presque congelée qui coula de la base de ma nuque tout au long de mon dos, comme si un mince ongle me griffait légèrement et traçait une ligne droite, parallèle à la colonne vertébrale, tandis que j'entendais l'écho des paroles de ce visiteur insolite.

– … pour vous tuer.

Je me levai, quittai la pièce, demandai deux

cafés à ma secrétaire et me dirigeai en hâte vers les toilettes, non seulement pour soulager ma vessie mais surtout pour m'assurer quelques minutes de réflexion.

– Du calme, la tête froide, pas d'émotion, me dis-je en me lavant les mains, et je découvris dans le miroir que mon front brillait et que ma chemise jaune était trempée au niveau des aisselles.

– À qui ressemble-t-il ? me demandai-je, j'ai l'impression de le connaître, on dirait, du moins en photo, j'en suis sûr. J'en étais là de mes méditations quand je regagnai mon bureau. L'arôme du café récemment préparé par ma secrétaire avec la cafetière que j'avais apportée quelques mois plus tôt pour échapper au calvaire de l'encre réchauffée dans un gros bidon métallique atténuait l'odeur de sueur sèche qui avait envahi la pièce.

– Je peux vous l'expliquer plus précisément si vous me prêtez un stylo et une feuille de papier, me dit-il en me remerciant pour le café, avant de quitter la pièce un instant pour demander du sucre à ma secrétaire.

– Excusez-moi, je ne sucre pas, lui expliquai-je au vu de son air indifférent.

Je plaçai devant lui un bloc aux feuilles lignées jaunies, format correspondance, et un stylo bleu. Il était gaucher et, avec la main du diable – le moment était bien choisi pour me rappeler que c'était le nom que lui donnait ma grand-mère –, il commença à tracer un plan des rues, plusieurs pâtés de maisons, un quartier tout entier. Il dessinait avec soin, d'une main délicate mais ferme, avec des lignes droites et des angles bien nets, jusqu'à remplir la feuille. Sur un côté, au bout d'une impasse, il désigna d'un X une maison et y ajouta un garage.

– Là, c'est la Mazda contenant les explosifs, qui m'attend.

Je le laissai poursuivre en me mordant la langue pour ne pas lui avouer que j'éprouvais un certain orgueil à mériter une voiture piégée, au lieu d'un simple tireur assis à califourchon sur le porte-bagages d'une moto.

– Comme nous vous suivons depuis plusieurs semaines, nous pourrions faire le boulot ce soir-même. Et vous n'arriveriez pas chez vous, dans ce quartier de la montagne, avec tous ces arbres, sur la 145 au nord de la septième.

– Je ne rentre pas toujours directement à la

maison, dis-je pour chasser de mon visage la terreur d'apprendre qu'ils avaient repéré mon domicile.

– Tout droit chez vous, toujours, du lundi au vendredi ces trois dernières semaines, m'interrompit-il avec un léger sourire.

– Je peux changer.

– Alors ce ne serait pas ce soir mais demain, à l'aube, et vous n'arriveriez pas à la station, ou demain soir, jeudi ou la semaine prochaine.

Il se remit à travailler sur la carte. Il ajouta une église devant une petite place, les numéros de quelques rues et routes, et une flèche pointant vers l'autoroute.

– Je vais vous le laisser, annonça-t-il après avoir repoussé le stylo, retourné le bloc et placé le dessin sous mes yeux.

Je l'examinai et constatai que, dans le garage de la maison marquée d'un X, il avait dessiné une voiture vue de dessus.

– J'ai besoin que vous me laissiez une marge…

– Je ne comprends pas.

– Oui, quelques heures pour disparaître avant de prévenir vos amis des services secrets.

– Il m'en reste très peu.

– Il vous reste le plus important, le colonel... Celui qui est venu vous rendre visite ici-même la semaine dernière.

Plus rien ne me surprenait : il était évident qu'ils m'avaient suivi et que le type en savait assez sur moi pour me tuer dès le soir-même.

– Comment ça, disparaître ?

– À vos yeux et à ceux de mes commanditaires.

Il s'arrêta.

– Je ne veux pas exécuter cet ordre.

– Pourquoi ?

– On voit que vous êtes quelqu'un de bien.

– Et c'est important, pour des types comme vous ?

Ma voix trahissait la rage et j'aurais voulu ravaler mes paroles.

– Remerciez celui qui est là-haut, lui, il est vraiment important pour moi, me pria-t-il en embrassant le crucifix pendant à la chaîne en or qu'il portait autour du cou.

– Je ne comprends toujours pas, mais ce n'est pas moi qui vais vous convaincre de poursuivre votre travail.

– Avec un peu de chance, à la gare routière, je peux trouver un bus qui me permettra de me réveiller à Pasto et de passer en Équateur. Une de mes sœurs y vit, son mari dirige une pépinière et peut me donner du travail sans faire trop de paperasses.

– Je n'ai pas besoin d'en entendre davantage.

– Ce n'est pas utile.

– Eh bien je vous en remercie, et vous souhaite bonne chance.

Il ne manifesta pas l'intention de se lever. Une journaliste entra dans le bureau après avoir frappé légèrement à la porte, et parla d'une conférence de presse au ministère des Mines. Je lui suggérai un thème à creuser et le notai sur ma liste de gros-titres pour le bulletin d'informations de la fin de la journée du lendemain. Le visiteur examinait le bureau. Il ne semblait guère pressé de s'enfuir en Équateur.

– Vous avez reçu de nombreux prix, remarqua-t-il en regardant mes diplômes encadrés dans mon dos.

Je ne lui répondis pas.

– Combien y en a-t-il ?

– Quoi ?

– Les prix, combien en avez-vous obtenu ?

– Une demi-douzaine depuis 1983, lui répondis-je, mal à l'aise. Ça n'a rien d'exceptionnel, ils en donnent beaucoup chaque année.

– Peu importe, docteur, mes félicitations.

– Malgré ces diplômes, je ne suis docteur en rien.

– Vous n'avez jamais obtenu votre diplôme de fin d'études ?

– Je ne suis jamais allé à l'université ; à dix-huit ans, j'étais déjà dans une salle de rédaction, et c'est là que j'ai fait mon apprentissage.

– Eh bien, comme moi.

– Dans des métiers différents, avec votre permission.

– Tous les métiers se ressemblent, voyez le nombre d'ennemis que nous avons, vous et moi.

J'avais envie qu'il parte. Après tout, il m'en avait dit suffisamment et je voulais appeler le colonel.

– Moi, j'ai reçu plus d'une douzaine de prix, beaucoup plus.

– Vous voulez parler de…

Je me retins.

– J'ai arrêté de compter à partir de vingt.

– Et vous dormez bien ?

– Non, mais vous non plus, certainement.

– Comment cela a-t-il commencé ? m'enquis-je, résigné.

– Je viens de la vallée moyenne du Magdalena[3], Doradal pour être précis, les bandits des Farc me cherchaient.

– Motif ?

– On en avait ras-le-bol d'eux, et j'ai remis aux groupes d'auto-défense la liste des contacts de la guérilla dans le village, une dénonciation en bonne et due forme.

– Et les contacts ont bien sûr été tués.

– Peut-être pas tous. Quand je suis arrivé, ils en avaient déjà descendu plusieurs, mais au moins l'un d'eux m'a menacé de me couper la langue et de me l'enfoncer par derrière avant de balancer mon corps dans un fossé, la tête fendue en deux comme une papaye chez un primeur.

– Vous avez bien fait de partir.

– On m'a donné du travail dans des carrières près de Cajicá, une couverture pour justifier l'achat d'explosifs pour la bande de don José.

– Pourquoi ce nom me dit-il quelque chose ?

– Vous avez écrit un article sur le sujet, à cause

3. Le Magdalena est le fleuve le plus important de Colombie. Il coule dans une large vallée entre les cordillères centrale et orientale des Andes colombiennes, en direction du nord à travers tout le pays. (N.d.É.)

du bus piégé qui a détruit l'immeuble du DAS[4] en 1989.

– C'est exact.

Alors il se leva et je repris espoir.

– Vous pouvez m'indiquer les toilettes ? demanda-t-il à ma secrétaire après avoir ouvert la porte.

Il revint quelques minutes plus tard et regagna sa place. J'avais compris pourquoi il ne partait pas.

– Attendez-moi ici.

Je sortis dans la salle de rédaction. J'observai le contenu de mon portefeuille : il contenait soixante mille pesos[5].

– J'ai besoin de fric pour un type qui m'a apporté une information très délicate et précieuse, dis-je à Aristizábal. Il n'a pas un rond et il doit prendre l'avion pour l'Équateur.

– Ici, tout le monde est fauché, on ne touche la paie bi-hebdomadaire qu'après-demain.

– Ils l'ont engagé pour me descendre.

– Merde, chef, dit-il en ouvrant les yeux. Je m'en charge.

---

4. Renseignements généraux. (N.d.T.)

5. Environ vingt euros. (N.d.T.)

Je retournai au bureau avec près d'un demi-million de pesos[6]. Je sortis une enveloppe blanche du tiroir, mis les billets dedans et la lui remis.

– Il y a quatre cent quatre-vingt mille pesos[7], je n'ai pas pu obtenir davantage.

– Je ne vous ai rien demandé.

– C'est vrai, mais même si on ne peut pas comparer avec la somme que vous attendez de toucher, y renoncer nécessite une compensation.

– Cela me sera très utile, pour acheter les tickets de bus et ne pas arriver fauché chez ma sœur.

– Et l'avance ?

– Je l'ai déposée sur un compte-épargne de ma mère.

– Elle est au courant ?

– De quoi ?

– De la raison…

– Qu'est-ce que vous croyez ?

Je cessai de poser des questions. L'histoire n'était pas parfaite, mais laquelle l'était ? Cette

6. Environ cent soixante euros. (N.d.T.)

7. Environ cinquante-sept euros. (N.d.T.)

fissure démontre qu'il ne s'agit pas d'une invention, pensai-je, car les inventions sont souvent parfaites, contrairement à la réalité. Je l'accompagnai à la réception, nous nous serrâmes la main et quand je le vis franchir la porte, je me sentis soudain démuni. Si tout était vrai, l'homme qui venait de partir m'avait sauvé la vie. Je le suivis, il se dirigeait vers l'avenue.

– Allez, allez, une dernière question.

– Tout ce que vous voudrez, me dit-il en se rapprochant.

– Pourquoi vous êtes-vous ravisé ? Pourquoi n'avez-vous pas voulu exécuter cette commande ? Je ne crois pas que vous me trouviez sympathique.

– Croyez-le, c'est le cas, mais j'en ai descendu d'autres que je trouvais sympathiques eux aussi.

– Et alors ?

– Je ne me suis pas occupé de la voiture.

– Je ne comprends pas.

– J'ai une règle : je ne conduis jamais une voiture piégée si je ne m'en suis pas occupé moi-même, avec ces mains, et il me les montra, paumes ouvertes, propres. Je n'ai pas confiance.

Il héla un taxi, l'arrêta et y monta sans

m'adresser un regard. Je ne le revis pas. Je rentrai dans la station pour me rendre directement aux toilettes. Je venais d'entendre une chose familière, une règle des sicaires.

– C'est comme les parachutistes qui plient leur propre parachute, m'avait raconté le colonel deux ans plus tôt.

Dans les toilettes, je tentai de me soulager. La braguette ouverte et sur le point d'évacuer, je me mis à tousser comme si j'allais cracher mes poumons. Je ne pouvais pas m'arrêter et finis par expectorer une bave blanche tout en évitant de me faire pincer le scrotum par la fermeture-éclair. J'en étais là quand Aristizábal entra. Je retins mes convulsions comme je pus, me repris et remontai ma braguette.

– Ouh, j'ai cru que vous étiez à l'agonie, votre toux s'entend jusqu'à l'intérieur de la cabine, exagéra-t-il.

– Je vais bien, ne vous inquiétez, mentis-je.

Il me laissa seul. Je ressentis la première nausée et courus à nouveau aux toilettes.

***

Le colonel arriva moins d'une heure après le départ du visiteur. Il était en civil, tenue qu'il affectionnait pour souligner sa condition de membre des services secrets. Je dévorais une salade et une tranche de fromage, car parmi les nombreux maux de ces jours-ci, j'avais décidé de me mettre au régime. Je lui expliquai le tout en un quart d'heure.

– Pourriez-vous partir quinze jours à Miami ? s'enquit-il tout en consultant le plan.

– Je ne suis ici que depuis quelques mois, mon colonel, je n'ai pas encore trouvé mon rythme de croisière et, si je m'absente quelques jours, je ne pense pas retrouver mon poste à mon retour.

Le reste, il le savait : mon deuxième enfant en route et mes dettes qui ne me permettaient pas de prendre des libertés avec mon seul emploi possible sous ce gouvernement.

– Ces types ne plaisantent pas, celui qui est venu est un tueur à gages expérimenté, et tout ce qu'il raconte coïncide avec des informations que nous avons recueillies depuis des mois.

– Mais je l'ai déjà envoyé en Équateur…

– La seule chose certaine est qu'il est sorti d'ici avec presque un demi-million de pesos, paracheva le colonel, et il eut du mal à retenir un sourire.

– Je suis un imbécile.

Le colonel eut un silence approbateur. Ses hommes vérifiaient l'emplacement de la maison où devait se trouver la voiture piégée. D'autres se dirigeaient vers le restaurant où avait eu lieu la collecte, en quête de témoignages et d'identifications. Il avait prévenu la gare routière et le principal poste frontière avec l'Équateur.

– Je ne veux pas qu'on le descende, ce type m'a sauvé la vie, le prévins-je.

– Laissez-moi faire, répondit-il.

Le colonel continuait à passer des appels. Certains ne me concernaient pas : l'année 1997 passerait à la postérité comme l'une des plus violentes, avec la guérilla qui tenait sous sa férule la moitié du pays et les paramilitaires qui consolidaient à coups de massacres leur pouvoir dans le nord, dans les vallées et à l'est.

Vingt minutes plus tard, un homme aux cheveux grisonnants, le front sillonné de rides, entra dans mon bureau. Il fit un salut très formel, s'assit et commença à me poser des questions sur les traits du visiteur.

– Guillermo est notre meilleur portraitiste, me dit le colonel.

– Dites-moi ce qui vous a le plus frappé dans son visage, fit le nouveau venu.

– C'est ce que j'ai vu de plus ressemblant à un portrait-robot, répondis-je soudain, sans réfléchir.

– Il n'y en a pas deux pareils, répondit-il, contrarié.

– Excusez-moi, je n'ai pas voulu vous manquer de respect ni minimiser votre travail, mais c'est la première piste qui me vient à l'esprit : le visage de cet homme m'a fait penser aux portraits-robots, qui me paraissent tous identiques.

– Je suis là pour détecter les différences, si vous m'aidez...

Le colonel se taisait. Il connaissait mes emportements irrévérencieux, en particulier quand la nervosité active mon cynisme. Il me regarda : c'était une prière pour que je collabore.

Le visage carré, la mâchoire droite, le front plutôt large, les cheveux châtain foncé, lisses, récemment coupés, une mèche rebelle en haut du front, les oreilles dégagées, sans lunettes, le nez quelconque.

– Les yeux clairs, me lançai-je. Et les sourcils peu fournis.

– Écartés ?

– Quoi ?

– Les yeux…

– Non, puisque vous me posez la question, je dirais que son regard était collé à son nez.

Il n'arrêtait pas de dessiner sur la tablette en contreplaqué. Soudain, il faisait une pause, me regardait et m'interrogeait de nouveau. Je sentis que je ne lui étais pas d'une grande aide. Je fis un effort.

– Le nez m'a paru mince, fin comme celui d'un enfant.

– Des grains de beauté ?

– Aucun.

– Des cicatrices ?

– Oui, une en forme de triangle au-dessus du sourcil droit.

– Droit pour vous ?

– Droit pour lui, gauche pour moi, répondis-je en m'aidant avec les mains.

– Les dents ?

– Tachées et mal brossées, les mêmes revers sombres sur la chemise et les poches du pantalon.

– Je travaille juste sur le visage.

Il continuait à dessiner. Il prenait son élan, travaillait rapidement avec quelques traits puis s'arrêtait. Il réfléchissait, posait une question puis reprenait son élan.

– Il sentait très mauvais.

– Ça, je ne peux pas le dessiner.

– Dommage, c'était incontestable.

Le portraitiste sourit enfin.

– Le lobe des oreilles, décollé ?

– Aucune idée, je suis bon pour les dates et les noms, mais pas pour les visages, et encore moins pour les oreilles.

– Ça, on le saura d'ici une minute.

Il traça encore quelques lignes et ajouta une ombre sur un détail.

– C'est ressemblant ? me demanda-t-il après m'avoir mis le dessin sous le nez.

– Oui, vous le connaissez ? demandai-je en me levant, tout content.

– Non, mais je l'ai peut-être déjà dessiné.

– Je suis surpris, c'est lui, ne vous ai-je pas dit qu'il ressemblait à un portrait-robot ?

Il me regarda. Il ne savait pas s'il devait sourire ou se fâcher devant mon humour répétitif.

– Regardez bien et dites-moi ce qu'on peut ajouter, tout peut nous être utile.

Je parcourus le dessin du regard. Il manquait quelque chose.

– Je sais, les joues, elles étaient rouges, mais cela ne vous servira pas puisque vous dessinez en noir et blanc.

Il reprit la tablette et, en une minute, apporta quelques retouches au portrait. Quand il me le rendit, je constatai que les ombres sur les joues, quoique grises, avaient la texture du rougissement.

– Il y a autre chose.

– Je vous écoute.

– Je ne sais pas comment cela m'est revenu, mais les lobes des oreilles étaient décollés, comme ça, lui montrai-je en tirant sur les miens avec les mains.

Il se remit au travail, satisfait. Le colonel allait et venait, enchaînant les appels sur son portable.

– La maison est inoccupée, il n'y a pas de traces du véhicule, mais les voisins ne nous sont d'aucune aide : certains disent que c'est comme ça depuis plusieurs semaines, d'autres qu'il y a eu du mouvement ces jours-ci.

– C'est-à-dire que…

– Que la voiture peut se trouver là-bas.

Il emprunta le fax et envoya le dessin à son bureau, avant de donner ses instructions au portraitiste.

– Prenez l'original, vous savez que le fax déforme parfois les visages, lui ordonna-t-il.

Nous nous retrouvâmes seuls.

– Je savais que ces gens étaient de retour, se plaignit-il en ajustant son nœud de cravate. J'ai prévenu le général, mais on ne nous a apporté aucun soutien, au gouvernement, tout le monde se méfie de notre action, ils nous trouvent trop proches de l'opposition, ils croient qu'on leur tend des pièges, qu'on leur ment pour leur faire peur ; moi, un de ces jours, ils vont me renvoyer à la maison.

Je connaissais sa situation. Nous nous étions tenu compagnie ces derniers mois, après que le Président avait survécu au pré-jugement au Congrès et, renforcé dans sa position, avait lancé la contre-attaque. Mais le colonel en savait trop et retenait une bonne partie de l'information. Au Palais, ils en étaient conscients et préféraient en fin de compte ne pas toucher à lui. Du moins l'espérions-nous.

***

Le temps passa. Je cachai à mon épouse ce qui était arrivé, avant d'en apprendre davantage. Dans la mesure du possible, je modifiai mes habitudes. Je sortais parfois une demi-heure plus tôt de chez moi, ce qui m'obligeait à me lever encore plus tôt. Et je quittais parfois mon bureau plus tard, ce qui supposait d'arriver à la maison quand ma fille de trois ans dormait déjà. Je me maudissais, mais je n'avais pas le choix.

Le colonel organisa une surveillance sur mes trajets, aussi bien à l'aube qu'à la tombée du jour, et l'un de ses hommes était en planque en permanence aux abords de la station.

– Je ne peux pas vous proposer davantage, ni escorte, ni blindé, s'excusa-t-il. On ne me le permettrait pas.

Trois semaines s'écoulèrent, peut-être deux seulement, ou quelques jours à peine. Mais elles semblèrent éternelles. Chaque déplacement était un martyre. Je surveillais en permanence les rétroviseurs latéraux et le rétroviseur intérieur. Je rétrogradais à l'approche d'un feu rouge, dans l'attente qu'il passe au vert pour éviter de m'arrêter. Je tournais d'un coup et faisais un détour, même s'il s'avérait être un rallongement du parcours. Je prenais mon téléphone portable et disais que je passais par un autre endroit que celui que je traversais, au cas où la ligne soit sur écoute, pour les envoyer sur une fausse piste.

J'inventai des excuses pour ne pas emmener ma fille à son cours de musique, le samedi matin. Qu'ils me tuent, pensais-je, mais pas devant elle. En revanche, je l'emmenais se promener dans l'espace clos et bien surveillé, sur les hauteurs situées à l'est, près de l'appartement. Il y avait une colline au-dessus des courts de tennis, couronnée par un enclos électrique.

– Je vais te faire découvrir la montagne, lui dis-je un dimanche matin.

Et nous gravîmes la butte, serpentant entre les fougères et les petits rochers, sa frêle main serrant fermement la mienne. Nous nous assîmes sur la roche la plus élevée, à quelques pas de la clôture, pour contempler la ville. Quelque part, plus bas, se trouvent les assassins, songeai-je. Je soulevai ma fille et la fis asseoir entre mes jambes. Elle regardait la ville tandis que je m'efforçais de retenir mes larmes.

***

Le large sourire du colonel dominait sa silhouette dans l'encadrement de la porte de mon bureau. Il s'excusa d'arriver sans prévenir et, quand je me levai pour le saluer, il posa la main sur mon épaule. Nous avions presque la même taille, même s'il dépassait le mètre quatre-vingt-dix. Je le fixai et il dut remarquer l'épuisement dans mon regard.

– Le danger est passé, dit-il, satisfait.

Et il me raconta ce qu'il savait.

– On a eu du mal à l'identifier car le portrait ressemblait à celui de deux autres suspects, et ça nous a fait perdre quelques jours.

– J'insiste, ils se ressemblent tous.

– Il s'appelle José Libardo Ramírez, trente-huit ans, m'annonça-t-il avant de me montrer une photo.

C'était lui, plus jeune et avec une moustache qu'il n'avait pas le jour où il était venu me voir.

– Un individu très dangereux, ajouta le colonel avec le même sourire, maintenant moins encourageant. Il a tué plus de trente personnes et il est impliqué dans la préparation de plusieurs massacres dans la vallée moyenne du Magdalena. Et presque tout ce qu'il a dit est vrai, y compris le fait qu'il est venu à Bogotá et qu'il a rejoint la bande de don José, celle des explosifs.

– Je ne comprends pas, pourquoi le danger est-il passé ?

– Il n'y a jamais eu de danger.

Ma secrétaire nous apporta du café. Le colonel demanda du sucre et, pendant qu'il faisait tourner sa petite cuillère, il regardait la tasse, souriait et faisait des signes de dénégation de la tête.

– On aurait dû le comprendre dès le début.

– Quoi ? demandai-je avec impatience. Comment ça, tout est exact mais le danger est passé ?

– Presque tout, pas tout. Il est faux qu'ils l'aient engagé pour vous exécuter, Mauricio.

– Comment le savez-vous ?

– Parce qu'il ne tue plus personne, il a pris sa retraite. Quand le cartel a été dissous, il s'est retrouvé au chômage, il a gardé deux millions de pesos[8] de la bande de don José et c'est lui qu'ils recherchent pour récupérer le fric.

8. Environ six cent cinquante euros. (N.d.T.)

– Je ne comprends pas.

– Moi non plus, au début, je ne comprenais pas, mais le film se passe à peu près comme ça…

Il but une gorgée avant de parler.

– À un moment donné de ces deux ou trois dernières années, il s'est aperçu que les contrats se faisaient rares, et l'argent a commencé à manquer. Il a escroqué la bande qui était en pleine confusion depuis qu'on avait retrouvé don José, privé de tête, dans un fossé du côté de Guaymaral. Identifié grâce à ses empreintes digitales.

– Et alors ?

– Alors il a décidé de gagner sa vie autrement.

– Comment ?

– En allant voir des gens connus comme vous, en leur racontant qu'il avait été engagé pour les assassiner…

– Et c'est comme ça qu'il nous soutirait de l'argent.

– Vous avez eu de la chance : il a piqué trois millions[9] au président du Congrès.

– C'était donc moi le plus radin…

9. Environ neuf cent soixante euros. (N.d.T.)

– Ou le plus pauvre, dit-il en partant d'un éclat de rire sonore.

– À qui a-t-il soutiré le plus d'argent ?

– À une demi-douzaine de personnes, mais je dois garder le silence sur les autres. Ne parlez pas du président du Congrès, je vous en prie.

– Je ne compte pas le faire, pas avant des années.

– En fin de compte, il est parti en Équateur et a emporté environ quinze millions[10].

– Pas mal du tout, lui répondis-je avant de sourire moi aussi.

L'année suivante, j'éprouvai un sentiment proche de la tristesse en apprenant sa mort. Il était revenu en Colombie pour la semaine sainte en 1998 afin de voir sa mère, qui était au plus mal. Ses ennemis, ce qu'il restait de la bande de don José, surveillaient la vieille, convaincus que José Libardo Ramirez viendrait la voir un jour. Ce fut le cas. Ils apprirent par un de ses frères qu'il arrivait. Il se fit descendre à San Vicente, dès qu'il eut mis le pied hors du bus. Il n'eut pas le temps de dire au revoir à sa mère. Elle mourut une semaine plus tard.

10. Environ quatre mille huit cents euros. (N.d.T.)

Ce fut le colonel qui me le raconta dans un restaurant du Centre international où il m'invita à déjeuner pour m'annoncer qu'il avait été promu. Le Président, dont le mandat touchait à son terme, avait échoué dans sa tentative d'imposer un successeur à sa hauteur. Je ne travaillais plus à la station. Je dirigeais maintenant un journal télévisé mieux payé et avec des horaires plus pratiques. Les choses allaient donc beaucoup mieux pour le colonel et pour moi. Nous avions survécu aux années les plus sombres. Pas le tueur à gages, en revanche. Il est facile de dire qu'il est mort comme il a vécu. Mais ce qui est certain, c'est qu'il est tombé juste au moment où il essayait de laisser sa vie passée derrière lui.

RÉSIDENCE 101

par Ricardo Silva Romero

traduit de l'espagnol (Colombie) par André Gabastou

Si vous me le permettez, monsieur le gérant, quelle nuit de dingues à la Résidence 101 ! Ou plutôt, si vous me le demandez et que vous n'êtes pas pressé, dans les neuf appartements – il vaudrait mieux dire dans tous –, il s'est passé des choses mystérieuses dont je ne sais pas ce que vous allez en penser. D'abord, assemblée des copropriétaires, ici, dans le hall : elle les dérange beaucoup parce qu'il paraît que la fumée monte jusqu'au dernier étage et qu'ils s'asphyxient, moi je descends au sous-sol fumer mon Pielroja[1] pour chasser le froid du petit matin ; le gros flemmard du troisième, brebis galeuse d'un banquier, n'a pas voulu aligner un sou, ils n'ont aucune raison de

1. Marque de cigarrillos colombienne. (N.d.É.)

nous augmenter, même pas juste un peu au-dessus du minimum, parce que la vie est aussi chère pour tous ; un jour, quand ils n'auront plus d'argent pour payer le syndic, nous les gardiens, on sera remplacés par une porte électronique comme il y en a à Paris. Résultat : un pays de robots.

Le hall s'est vidé à 21 h 35, monsieur le gérant, à peine le temps de passer la serpillière, quand madame Marina, celle du neuvième étage, a fini par m'accuser parce que les caméras de sécurité des étages n'allaient pas partout : « Ah, don Luis, je ne sais pas où vous avez la tête ! » J'ai haussé les épaules et je lui ai répondu : « Si vous êtes concernée, c'est à vous de parler au syndic » et, pour ne pas en rester là, comme si elle voulait, je crois, se donner un air humain, elle m'a demandé si ma fille avait fini par avoir son diplôme, c'est la meilleure ! Je lui ai répondu ce que vous savez déjà : elle est partie de la maison, parce que chez nous, on n'aime pas les gens qui sèment le vice. Il n'y avait plus personne, pas un chat. J'ai allumé la petite télévision pour voir les nouvelles en noir et blanc : l'averse de grêle à Bogotá, les points forts de la guérilla, les enfants qui meurent de faim à La Guajira, quelle vie de chien !

Moi, je vous le dis, monsieur le gérant, le jour du Jugement dernier ne va pas tarder à arriver. Non seulement parce qu'il se passe ce qui se passe dans cette résidence, autant de péchés qui se paient en enfer, mais aussi à cause de cette pauvreté impitoyable provoquée par ces mêmes fils de putes qui nous ont tout pris depuis l'époque où j'étais un enfant qui faisait briller des souliers sur la place de Santander, sans oublier ces orages électriques que je n'avais jamais vus en mars : vous verrez, monsieur le gérant, que dans peu, si le déluge promis par la Bible ne nous enterre pas ou que la terre ne nous avale pas par une brèche qui s'ouvrira à cet endroit même, alors un fou de quelque résidence – un de ces vigiles de nuit qui meurent de froid, le revolver à la main – nous fusillera les uns après les autres comme ces psychopathes bossus qui se servent d'enfants qui n'ont rien fait de mal à part être des hommes, pour faire justice, voilà ce que vous allez voir.

Mais ce qui est important, monsieur le gérant, c'est que l'assemblée des copropriétaires finie, la résidence est devenue comme plus lourde, comme un quartier où les gens ont perdu la main en buvant des coups à Noël ou le jour de la fête des mères : comme s'il y avait de la brume mais qu'on pouvait y voir, et que les locataires étaient à l'affût, changés en bêtes féroces, les gens prêts à se taper sur la gueule avec une machette et une bouteille cassée. Sur ce, il devait être déjà 10 heures à ma montre, je suis allé d'un appartement à l'autre, au cas où, monsieur le gérant. J'ai mis mon arme en sécurité, bien sûr. J'ai remarqué que les parkings étaient pleins et que tous étaient déjà rentrés dans leurs grottes. J'ai collé mon oreille à chaque porte au cas où on aurait besoin de moi, au cas où il se passerait quelque chose de pire.

Je peux vous certifier que la jeune María Alejandra du premier étage s'est mise au lit avec son amie tatouée pour regarder les séries que tout le monde suit maintenant sur l'ordinateur, mais qu'elles ont tout à coup commencé à se crier des obscénités – non pas qu'elles soient méchantes ou pécheresses, mais parce que ces filles de vingt ans d'aujourd'hui ne connaissent pas Dieu, mais dites-moi, qui va leur en parler ? –, l'une disant à l'autre qu'elle savait qu'elle la faisait cocue avec je ne sais quelle camarade de l'université, il paraît que, maintenant, elles sont toutes lesbiennes et qu'elles nous trouvent, nous les hommes, les garçons, les mâles, ridicules, quelle vie de chien ! Moi, je n'ai pas frappé, je n'ai pas sonné, rien de tout ça, parce que si elles veulent se mettre ensemble en petites culottes, ça les regarde, mais je me suis dit : « Ce qui va arriver avec cette bagarre de chattes, c'est qu'elles vont se retrouver dans une ambulance… »

Puis je suis monté chez De Narváez, le publiciste qui a toujours les cheveux mouillés et qui, en cachette de son ex-femme et de sa petite amie, a mis chez lui une femme qui, entre nous, me semblait au début être une prostituée. Je crois maintenant qu'il n'y avait pas que l'échauffement, les femmes sont portées sur les intrigues qui finissent toujours mal : il n'empêche qu'ils crient comme deux animaux quand ils s'y mettent. « Vas-y ! vas-y ! » et elle, elle lui braille des cochonneries. Excusez-moi, monsieur le gérant, du genre : « Mets-la moi à fond ! », « Vas-y, pousse ! », « Frappe-moi ! », si bien qu'on se demande où elles apprennent toutes ces choses alors qu'elles ne supportent plus la moindre colique ; autrefois, elles se contentaient de gémissements quand elles étaient seules, seules avec leur mari.

J'ai continué jusque chez le gros fils de pute, vous savez, monsieur le gérant, c'est comme ça que mon compagnon et moi on appelle le flemmard du troisième parce qu'on l'a à la bonne, j'aime bien aller le voir parce qu'on a toujours l'impression qu'il va mourir dans la nuit d'un infarctus foudroyant comme on dit, car combien de côtelettes de porc, de barils de bière, de boîtes de chocolat, de tonnes, si ce n'est plus, de graisse peut supporter un corps – et un feignant de cette espèce qui ne fait rien dans la vie à part manger – avant de quitter tout d'un coup sa famille ? Je ne sais pas, monsieur le gérant, mais ce gros fils de pute va se retrouver raide comme un poulet un de ces quatre, et à qui dire que c'est ce qui va se passer, que dire au papa archimillionnaire quand il sort : « Ah, don Luis, on voit ici que tout l'or du monde ne peut acheter la paix pour aucun cœur. »

À un moment, j'ai entendu l'interphone se mettre à crier, ceux qui l'avaient réparé ne l'ont pas empêché de hurler comme un monstre diabolique, alors je suis descendu répondre parce qu'on ne sait jamais s'il ne se passe pas quelque chose qui met la vie en danger, mais voilà, la demoiselle du premier étage et sa petite amie à tête de souris entendaient des bruits bizarres sous leur porte. Je vous ai dit que je venais de passer par là juste un instant plus tôt et que je n'avais ni vu ni entendu ni rien senti de bizarre. Pourtant, j'ai juré sur ma propre dignité – capable de virer une fille de la maison parce qu'elle touchait aux drogues – que le seul danger présent dans la Résidence 101 à cette heure – 11 heures du soir –, c'était moi : « Pas de souci, mademoiselle, votre amie et vous, vous pouvez dormir tranquilles… », ah, ah ah !

J'ai grimpé l'escalier jusqu'au quatrième étage, pourtant je suis essoufflé et mes genoux me font mal à cause des problèmes que j'ai eus aux poumons. Il faisait noir comme dans un tunnel, on n'entendait aucun ronronnement, parce que c'est là qu'est le couple Cortés qui économise tant qu'il peut – jamais d'étrennes – et ce sont ceux qui se battent le plus pour que les charges baissent ; deux radins – parce qu'ils vivent tous les deux de leur pension, et ils ne sont d'accord que sur un point, l'avarice, parce qu'en plus de tout le reste, ils ne se sont pas parlé une seule fois depuis que je suis ici, c'est-à-dire depuis le début de siècle. Ces deux trognons ne sourient même pas, monsieur le gérant, ils ne se paient même pas une femme de ménage et, hier soir, le silence était pire que d'habitude, si on collait de temps en temps son oreille à la porte, on entendait l'un demander à l'autre, d'une chambre à celle d'à côté : « Vous avez entendu ce bruit… ? »

Au cinquième étage, j'ai cherché s'il n'y avait pas un chien errant ou un oiseau de nuit, de ceux qui se posent parfois sur les fils électriques, ici, en face, comme s'ils disaient : « Attendez-vous à ce que rien de tout ça n'échappe au châtiment », et, à vrai dire, je n'ai rien vu, monsieur le gérant. J'ai juste entendu l'aîné, Beto, gronder son petit frère, Tito, parce que le premier passe sa vie à travailler et à étudier ce qu'il doit apprendre (architecture, je crois), alors que le second passe son temps dans cet appartement à dormir, traîner ses savates et parler au téléphone avec une petite amie qui, bien sûr, ne lui rend même pas visite : c'est que la maman est riche, elle leur paie le loyer qui dans le coin n'est pas de la rigolade, comme si c'étaient des gars de la côte.

Tito a dit à Beto : « Mon vieux, il m'a semblé voir une ombre bizarre... », mais je n'ai pas pu en entendre davantage parce que, juste à ce moment-là, l'interphone s'est remis à hurler.

Alors je suis monté au sixième étage, parce que quand on est seul la nuit, il faut soit monter soit descendre, voir si la vieille fille au chien qui n'aboie pas – mademoiselle Pérez, ha ha ha !, qui travaille dans je ne sais quel journal et change de mâle comme un homme de femelle – entendait ce que les autres entendaient, mais j'ai vu qu'elle avait mis un disque de salsa dans sa chambre et qu'elle faisait des pas et des sauts comme si elle dansait toute seule, et c'est seule que va se retrouver cette fille de pute si elle continue à écrire et à faire des choses contre Dieu (le mariage des pédés, merveilleux ! avorter, ce n'est pas un truc de feignantes...), et si elle continue à regarder les gens avec son air hautain de chienne pleine aux as, excusez mon langage, monsieur le gérant.

Quand j'ai vu qu'on entendait même de la musique dans l'appartement de la vieille fille, je suis allé où j'aurais dû aller tout au début, au septième étage, parce que c'est dans cet appartement que vit Torres, le veuf, avec les trois enfants qui ont survécu à la mort de son épouse, mais ce monsieur, dont mon compagnon dit qu'il a fait de la prison pour avoir commandé des troupes dans les plaines, passe son temps à piétiner des choses, à crier après eux comme un damné, à tant frapper la porte qu'un jour elle va se casser. Imaginez ma surprise quand je me suis rendu compte qu'ils étaient tous les quatre en train de murmurer autour d'une table près de la porte. Peut-être qu'ils étaient en train de jouer. Peut-être qu'ils savaient quoi ou quelle personne flanquait la trouille à la résidence à une heure pareille, cinq minutes après minuit, et qu'ils étaient en train de mijoter un plan pour partir en chasse.

En bas, l'interphone sonnait, ah !, il y en avait sûrement un qui allait me dire : « Don Luis, on entend des bruits », mais moi, j'ai continué, j'ai continué à monter parce que je me suis dit : « Et si ceux du septième font quelque chose à ceux du huitième… ? » Il y a des cas pires dans les journaux en ce moment : le jeune qu'ont tué et balancé à l'égout ses camarades d'université au petit matin d'un Halloween, l'homme qui a jeté par la fenêtre son voisin venu protester parce que la musique à plein volume ne leur avait pas laissé fermer l'œil de la nuit, le frère qui a tué son frère le jour de la fête des mères parce qu'il ne le laissait pas garer sa voiture dans le garage de maman, mon Dieu !, c'est à cause de choses comme ça, chef, que je dis que le monde court à sa perte.

Monsieur Valdivieso, le vieux beau du huitième étage, qui vit maintenant avec une gamine, une vraie sauterelle, pour qui il a quitté la femme avec qui il avait partagé toute sa vie, a demandé : « Qui est ici à une heure pareille ? » Je lui ai répondu : « Personne, monsieur » pour le rassurer et j'ai vu à ma montre qu'il était une heure du matin, mais ce malotru a bien mérité la peur qui le pousse à aller voir si quelqu'un en a après lui et à sortir de l'appartement. Qui l'a obligé à garder l'argent de centaines et de centaines de chrétiens ambitieux ? Qui l'a obligé à prendre la tête de cette pyramide de riches pour se retrouver au milieu des idiots plus pauvres que Job ? Et qui dit qu'il va s'en tirer, comme s'en tirent tous les voleurs à col blanc, les falsificateurs et les semeurs de troubles qui vivent dans ces résidences si luxueuses que personne n'est surpris quand des bandits viennent les dévaliser ?

J'aurais peut-être dû descendre répondre à l'interphone, mais j'ai préféré faire une apparition au neuvième étage, glacé, glacé, je ne sais pas pourquoi. « Don Luis, mais où avez-vous la tête ? m'a demandé madame Marina de derrière sa porte. Il y a une heure que je vous appelle. » Je lui ai répondu : « Je vous prie de m'excuser, madame, mais tout le monde dit qu'il se passe quelque chose de bizarre ici, dans cette résidence, et moi, j'ai vérifié à tous les étages parce que les caméras ne vont pas partout et que de la loge, on ne voit rien… » À ma grande surprise, elle m'a dit : « Il se trouve que depuis que j'ai viré mon mari d'ici, j'ai tout le temps peur… » Et moi qui sais que cette femme est une traîtresse, parce que j'ai vu comment elle dépouillait son mari tout en le faisant cocu avec l'ambassadeur d'Italie et qui maintenant vient se plaindre de vieillir comme une vieille riche, je lui ai répondu : « Eh bien moi, je ne vois rien de bizarre… »

Puis, vers 3 heures du matin, tout s'est calmé, tout s'est éteint. Quelle vie de chien ! Il est clair qu'il y a quelque chose de pourri ici. Il est clair que c'est une bombe à retardement parce que moi, je n'accepte pas la saleté, pas même chez ma propre fille. Un de ces jours, le soleil ne se lèvera pas, une de ces nuits, quelqu'un, n'importe qui, va faire quelque chose de mal, monsieur le gérant. Moi, de 3 heures à 7 heures du matin, j'ai regardé les enregistrements des caméras et, à vrai dire, je n'ai rien vu de suspect, monsieur le gérant. Je n'ai vu aucun monstre avancer, expulser de la fumée, gratter les portes, effrayer les propriétaires : ici, il n'y a que moi qui monte l'escalier, un point c'est tout ! Mais il est vrai que les caméras ne vont pas partout. Quand je suis descendu répondre par l'interphone aux uns et aux autres, je leur ai dit : « Je ne pars pas d'ici tant que ce n'est pas fini », tout en pensant, le revolver en main, qu'il allait y avoir un crime.

Moi, je ne sais pas ce qui s'est passé, hier, monsieur le gérant, regardez les enregistrements si le cœur vous en dit, mais je tiens à vous faire remarquer que, cette nuit, il va à coup sûr se passer quelque chose de très grave. Je ne pars pas d'ici tant que je n'aurais pas remis cet endroit d'aplomb.

soit, et malgré l'apparente fermeté de ses convictions, il commença à se peigner vers l'avant, avec l'intention vouée à l'échec de cacher sa calvitie, et il n'en résulta que quelque duvet clairsemé, raide de gomina et séparé par une raie au milieu qui donnait à sa tête l'aspect impudique d'un sexe de femme venant de se baigner. Le soir où il alla jusqu'à dire que le crâne pelé est la fenêtre de l'âme, « car les yeux n'en sont que le miroir », ses amis d'alors pensèrent sérieusement qu'il devenait fou.

Avant ses quarante ans, il avait été maire de la ville coloniale, professeur de dessin technique de la vénérable université et gouverneur de l'immense province. En conséquence, il s'habitua à une vie heureuse, riche en événements agréables, et aux louanges quotidiennes de tous ceux qui cherchaient des faveurs. « La vie ne donne rien gratuitement », pensait-il aujourd'hui lorsqu'il se sentait abattu dans ses pires moments de mélancolie.

Ils n'eurent pas d'enfant car, les premières années, María del Pilar dit que la grossesse abîmerait sa silhouette et la sveltesse de sa taille ; lorsqu'ils voulurent en avoir, il était trop tard, de sorte que, ces dernières années, ils atténuaient leur solitude en se mettant au lit avec deux chiens d'eau espagnols et une demi-douzaine de chats qu'ils avaient élevés.

Les dimanches, à l'heure de l'angélus, alors que le soleil baissait, la température devenait plus clémente, et le ciel de couleur rouge vif se reflétait dans la baie comme si du sang se répandait dans l'eau. Le vieil architecte aux façons impériales sortait promener les colombes domestiques dans son automobile, sur le chemin qui longeait la mer, et les faisait asseoir derrière lui, telles de petites filles appliquées. Il portait toujours les vêtements qui avaient fait son originalité depuis ses années de jeunesse : veste légère blanche à manches longues et pantalon en lin écru, ainsi qu'en portent les gens bien nés des pays chauds, avec des sandales de moine usées, mais confortables. Il conduisait avec une lenteur calculée afin que tout le monde le vît, exhibant son allure superbe de *gentleman* tropical. La peau bronzée, d'une tonalité jaune verdâtre contrastant avec le blanc pur de la moustache à demi-fournie, lui donnait l'image classique des vrais aristocrates, les seuls êtres humains à se promener bronzés, été comme hiver. Et sans pâleur qui les trahisse. Avant de rentrer chez lui, l'architecte baissait les vitres avec une innocente vanité afin que les passants sentissent la fraîcheur de l'eau de toilette française qu'il dégageait. Les vêtements démodés, la distinction et la fragrance étaient ce qui lui restait de son ancienne splendeur. La seule concession qu'il avait fait aux technologies modernes était de se laver les dents avec une brosse électrique qui tournait sur elle-même et lui chatouillait les gencives.

Le problème fut qu'au bout d'une dizaine de dimanches le siège arrière de la vénérable Packard noire, qui avait la même ligne qu'un corbillard, était couvert de fientes brunâtres si acides qu'elles effaçaient la couleur du cuir et refusaient de disparaître. Harcelé par les récriminations de sa femme qui en bavait pour frotter le siège avec un chiffon humide, Vicente dut également annuler la riante excursion dominicale.

Moyennant quoi, au petit matin en ce lundi de décembre, lorsqu'il sortit dans la cour, il languissait de solitude chez lui. Il changea de place le fauteuil à bascule en rotin qui restait toute l'année à l'ombre protectrice du néflier et le souleva pour le déplacer vers l'espace ouvert baigné de clarté. Sa grand-mère panaméenne lui avait appris que la lumière de décembre est bonne pour la santé. Il enleva son haut de pyjama en soie rouge pour que le soleil caresse son torse, puis s'assit précautionneusement, en écoutant craquer ses os, posa la tasse de café fumant d'un côté, par terre, mordit énergiquement dans son biscuit au citron et respira le vent pur de cette heure de la journée. Il découvrit dans l'air une ribambelle d'odeurs connues, l'arôme reconnaissable entre tous de l'océan, celui du sel collant et des coquillages pourris. Il sentit que s'emparait à nouveau de lui la maladie des évocations perdues. C'est alors qu'il le vit, à dix mètres de distance, picorant parmi les hautes herbes folles, l'air possessif et sûr de soi de celui qui est chez lui.

C'était un gros oiseau noir, ordinaire, et il était arrivé dans la cour de la maison à la recherche de nourriture. Il n'avait trouvé dans les ruines du jardin que quelques graines sèches tombées des amandiers et les corossols violets, des graines plus grosses qu'un grain de maïs qu'aiment tant les vaches. Lorsqu'elle avait encore le courage de les ramasser dans un panier en osier, María del

Pilar en faisait un jus rafraîchissant, mais ce matin-là, les corossols grillaient au soleil et se couvraient de rides.

« Avec quelles dents peut-il bien les mastiquer ? », pensa-t-il. « J'aimerais savoir comment il fait pour les avaler. » L'oiseau le regarda avec dédain et continua à manger. « Ma présence ne l'inquiète pas », se dit l'architecte. « Même l'oiseau de la cour me méprise. » Il se mit à l'appeler d'un sifflement doux et affectueux, en claquant doucement des doigts, comme on fait venir les chiens, mais discrètement. L'animal chemina vers lui, flairant l'air, les yeux ouverts. Vicente émietta des petits morceaux de son biscuit et les lui montra dans sa paume ouverte, comme s'il le pêchait avec un appât. L'oiseau s'approcha sans le moindre signe d'appréhension ou de nervosité. C'était un mâle d'un noir profond, et sa maladresse en marchant, sans élégance et tout ébouriffé, était le propre de son sexe. L'architecte se dit que les quiscales à longue queue devaient être végétariens, mis à part qu'ils mangent également les lombrics qui serpentent dans la cour. La vérité est qu'ils mangent toute chose croisant leur route, dure ou molle, végétale, animale ou minérale, si le cas se présente, qu'elle bouge ou non, qu'elle vole ou qu'elle marche. Lorsqu'ils ne trouvent rien à manger, ils dévorent les petites charognes, le cadavre d'un poulet mordu par une vipère ou les entrailles d'un chien errant. Ils sont devenus si agressifs et querelleurs qu'ils ont fait fuir des parcs et des jardins tous les autres oiseaux d'ornement. On connaît des cas où ils mettent en fuite des hommes courageux. Juste à côté d'ici, dans l'autre demeure où la veuve Pinzón vit avec sa ribambelle de filles, une employée de maison de mes amies, jeune et farceuse, eut la malheureuse idée de faire tomber à coups de pierres les nids qu'une communauté de quiscales avait construits dans le mirobolan. Ils se jetèrent sur elle, en bande, et si les gens n'avaient pas accouru à son secours en entendant ses cris, ils l'auraient tuée à coups de bec. Depuis ce jour, elle ne peut s'avancer dans la cour que cachée sous le champignon d'une ombrelle pour ne pas qu'ils la reconnaissent.

Leur hostilité s'explique par le fait que, au début de la déferlante touristique, les enfants d'étrangers, faute d'une meilleure distraction, toujours honteux de ses erreurs dues à la maladresse. Il regarda son maître en quête d'une opinion, fût-elle miséricordieuse, mais, à cet instant, tous deux entendirent les cris de María del Pilar prévenant son mari qu'on l'appelait au téléphone et que le déjeuner était servi. L'oiseau se retira d'un saut.

– Nous continuerons demain, lui dit Vicente, avec ce chuchotement que les complices ont coutume d'employer. Nous nous voyons ici même à la même heure.

Ici même, demain, répéta le quiscale mentalement, et il dit au revoir dans un battement d'ailes enthousiaste accompagné d'un cri qui était déjà plus harmonieux. Il vola comme il put entre les feuilles, obstinément, faisant contre mauvaise fortune bon cœur, avec une dignité qui suscitait l'émotion, dilapidant les restes de son honneur écorné, se heurtant aux massifs jusqu'à ce qu'il percute de plein fouet le muret en ciment couvert de plantes grimpantes parasites. Il eut mal à la tête, mais était si heureux d'avoir retrouvé son estime qu'il ne se laissa pas intimider par le coup. Je suis dur au mal, se dit-il et il se releva en secouant ses plumes.

– Bravo ! lui dit l'architecte qui était venu le regarder. Continue comme ça, l'amour-propre est le seul qui ne te trahit pas.

L'oiseau faisait une reconnaissance à moyenne altitude au-dessus de la baie lorsqu'il vit l'artiste qui le peignait, un petit vieux aux cheveux courts, aux yeux endormis, à l'air chancelant et à la barbe poivre et sel, qui portait un chapeau de femme pour se protéger du soleil et une chemise à fleurs très large pour son corps chétif. Il avait installé son chevalet sous un palmier et offrait l'allure d'une vieille femme déguenillée.

Caruso battit des ailes dans un acte réflexe de vanité, il ouvrit les yeux afin que l'on en vît mieux les grands cercles jaunes et s'arrêta en plein vol, posant pour le peintre. L'homme dessinait au fusain la silhouette de l'oiseau reflétée sur le miroir des vagues paisibles.

Les matins qui suivirent, posé sur le rocking-chair sous le soleil vivifiant d'été, Caruso apprit à boire du café sans se brûler, à manger du pain sans s'étrangler et à siffler avec une intonation acceptable les premiers arpèges de deux chansons folkloriques. Vicente avait diminué sa ration de biscuits, car il avait découvert que les oiseaux, tout comme certains écrivains, chantent d'autant mieux qu'ils ont faim.

Un samedi au moment de Noël, l'oiseau, qui avait affûté sa subtilité naturelle dans sa relation avec l'architecte, le trouva renfermé et lointain. L'homme avait mauvaise mine, une moue de contrariété et un rictus amer à la bouche.

– Que t'arrive-t-il ? lui dit-il dans sa semi-langue émaillée de croassements et de murmures. Il n'avait pas encore eu le temps d'apprendre la modulation montante sur laquelle on pose les questions.

– Les êtres humains, lui répondit-il, sont horribles et n'ont pas de pitié.

Le quiscale à longue queue commit la sottise de parler plus vite qu'il ne pensait, comme certains humains, et dut se contenter de l'émission de trois croassements incohérents.

– Je comprends, lui dit Vicente. Chez les animaux aussi, il y a des méchants.

L'oiseau afficha la mine satisfaite des personnes qui sentent que leur pensée a été interprétée avec bonheur. Puis, il le regarda fixement, et l'architecte sut qu'il attendait une explication. Il lui raconta l'histoire complète du mariage récent de sa seule nièce, auquel il n'avait même pas été invité alors qu'il avait payé sa formation d'anthropologue à Paris.

– Je ne veux plus souffrir, dit l'homme d'une voix plaintive.

Caruso compatit avec son ami et pensa que ce serait une bonne idée de lui exprimer sa solidarité de la seule manière qu'il connaissait. Il prit son envol depuis le bras du rocking-chair pour aller se poser sur l'épaule nue, raide sur ses pattes osseuses qui semblaient trop faibles pour soutenir son corps, prenant soin de ne pas le blesser de ses griffes. Il effleura sa joue affectueusement, les ailes ouvertes, par deux fois, ce qui est la façon d'embrasser des oiseaux que leur impose leur bec, puis il eut un soupir résigné. Vicente oublia ses peines et commença la leçon du jour en lui apprenant trois nouveaux mots, courts et simples : soleil, lumière et amour.

– Après-demain, lui dit-il, c'est le Jour de l'an. Nous allons chanter l'hymne de Beethoven.

L'oiseau sentit un grand contentement, car il savait de quoi il était question. Il avait entendu l'*Hymne à la joie* pendant la célébration de mariages au cours des quatre mois où il avait niché avec une fiancée fugace derrière l'harmonium de l'église.

Il lui sembla que c'était une musique festive et colorée et il y eut même des occasions où il battit le rythme avec sa patte. Elle lui évoquait aussi des souvenirs sombres, oui, car son amante l'avait abandonné peu après pour s'enfuir avec un oriole noir et or plus jeune et plus vaillant.

Cette nuit-là, l'architecte Román ne put fermer l'œil. Il se tournait dans son lit, cherchait parmi les ombres le smoking tropical à la veste crème qui était resté sur son cintre, près de la fenêtre, à attendre l'invitation, et il pensait aux ravages que provoque la perfidie humaine. Il entendit sa femme ronfler en soufflant longuement. Au lever du jour, baigné de frais et radieux, Caruso arriva dans la cour et prit sa place sur le rocking-chair. C'était le jour où ils devaient siffler ensemble la musique composée par un sourd, qui se révélait la plus ambitieuse de tout son entraînement. Son plumage tout juste peigné resplendissait sous la vive lumière de décembre. Il s'apprêtait à essayer les premiers trilles, en attendant l'arrivée de

Vicente avec le café odorant et le biscuit, lorsqu'il entendit la détonation suivie des cris d'épouvante de María del Pilar qui sortait en courant de la chambre.

L'oiseau entra dans la pièce et vit son ami couché sur le dos, dans l'attitude d'un homme endormi, sauf qu'il avait les yeux ouverts. Entre ses doigts, à côté de sa tempe, le vieux revolver écaillé de la Première Guerre mondiale. Il alla jusqu'à lui et lui ferma les paupières avec le bec, plein d'attentions, avec une délicatesse qu'il ne se souvenait pas lui-même avoir jamais eue, puis il lui parla à l'oreille.

– Si tu n'allais pas chanter avec moi, lui reprocha-t-il, pourquoi m'as-tu appris ?

Ma sœur, la cuisinière, qui était entrée à ce moment-là pour apporter les jus de mangue du petit déjeuner et demander à madame si elle préparait les œufs brouillés à la tomate, ne comprit pas les raisons qu'avait cet oiseau de faire un tel tapage de cris et d'injures, jusqu'à ce qu'elle le vît sortir de la chambre en marchant sur ses pattes d'aigrette, avec une insolence de cow-boy, secouant la taille. Avant de partir, il s'arrêta à la porte, leva la queue en éventail, ouvrit son cul

Charles Manson
Meine letzten Worte

INHALT

VORWORT VON MARK BENECKE

Das hier ist ein richtig gutes Buch. Wirklich. Es beginnt mit einer jüdischen Journalistin, die befangen und vernebelt von ihrer vermurksten Jugend in die Arme des charismatischen Zausels Charles Manson stolpert. Er versucht eigentlich nur, zusammen mit seinen wenigen Kumpels und aus dem Knast heraus, tausenden von BriefeschreiberInnen und BesucherInnen das abzuschmeicheln, was von ihnen zu holen ist: Geld, Drogen, Sex und Aufmerksamkeit.

Anders als die harten Fans, die ihr Leben wegwerfen, in die Nähe des Knastes ziehen und dort für den Rest ihres kümmerlichen Daseins Häuptling Manson lauschen, tickt die Journalistin ein wenig anders. Zwar lechzt auch sie nach Verständnis und Zuneigung durch das Monster, ist aber zugleich derart von Zweifeln zerfressen, dass sie rechtzeitig aufpasst. Manson, der schon im christlichen Kinderheim für schwer Erziehbare gelernt hat, wie man andere einschätzt, um sie auszunutzen und zu überleben, erkennt die Schwäche seiner Besucherin gleich beim ersten Treffen. Weil er aber eine respektvolle Zuhörerin gefunden hat, die ihm zudem in ihrer Unsicherheit ähnelt – und auch, weil seine Kräfte merklich schwinden –, schildert er ihr im Laufe der kommenden 20 Jahre sein Dasein so fragmentarisch und wüst, wie es war.

Dabei ist Manson eigentlich bloß der stereotype Hardcore-Knacki: die Sorte, bei der man nie weiß, ob sie gerade lügt und trickst oder aber die Wahrheit sagt, um dadurch besser lügen und tricksen zu können. Mansons Mutter soff, hatte einige Schrauben locker und parkte ihren Jungen – angeblich mit Tränen in den Augen – für immer bei der Großmutter. Von dort aus trat der vernachlässigte Junge seinen einsamen Weg durch eine Welt an, die meist aus Heimen und Gefängnissen bestand. So weit, so typisch.

Dennoch hat Manson ein tückisches Etwas – etwas, das mir erst nach vielen Gerichtsverhandlungen, einer Menge verbeulter Fälle (andere landen bei mir komischerweise nicht) und endlosen Gesprächen mit meiner Frau, die Psychologin ist, aufgefallen ist. Denn der verstrubbelte Irre ist nicht zufällig das in der neueren Geschichte bekannteste Beispiel für etwas eigentlich Widersinniges: einen strahlkräftigen Täter. Serienmörder wie Jürgen Bartsch oder Frank Gust sind dagegen Lichtjahre von Mansons Charisma entfernt, obwohl sie sich viel klarer über ihr Leben geäußert haben.*

Zwar ähneln gefühlskalte Täter wie diese beiden Charles Manson in ihrer oft richtigen Kritik an sozialem Unsinn (den sich aber auch jeder Rapper von der Seele schreibt), und auch in ihrer steuernden und auf sich selbst bezogenen Art sind sie ihm gleich. Doch niemand außer Manson erreichte je den Ruf und die Möglichkeit, Ratgeber, Tröster und Leitstern für Schwache und Verbogene zu sein. All das ist Manson, weil er aus seinem eigenen seelischen Hohlweg zwar eine völlig eingeschränkte Sicht auf die Welt hat, dafür aber auch weniger von ihr abgelenkt ist. Er sieht daher klarer, was schief läuft – weil er es selbst erlebt. Er sagt Wahres, weil er so verletzt ist, dass ihn nichts mehr daran hindert, das Fürchterliche wahrzunehmen. Und er bezahlt für alles mit einer entsetzlichen Währung: Gefühlschaos. Wenn er von Liebe schwärmt, dann so, wie es die Journalistin gerne hätte. „Ich begebe mich auf eine Art Liebesreise", sagt Manson, „um die Frau, die ich liebe und die mir wichtig ist, glücklich zu machen. Nein, damit meine ich jetzt nicht irgendwelche Techniken, was Sex und Stellungen angeht. Es geht mehr darum, die Poesie zu entschlüsseln, die in ihren Körper gemalt wurde und die ganz einzigartig ist. In der Hinsicht habe ich ein ganz besonderes Talent, Frau, ich kann die Geheimnisse einer Frau entschlüsseln und sie dazu bringen, sich selbst zu erkennen." Doch damit ist es im Hochsicherheitstrakt des Knastes schnell vorbei. „Wenn ein Mann sich in einen Mann verliebt, wo ist das Problem?", meint er nun viel pragmatischer. „Hinter dem ganzen romantischen Disneyland-Scheiß und dem Feuerwerk beim Sex muss doch eine tiefere Bedeutung stecken. Hier geht es darum, dass man allein ist, dass man Angst hat, dass man nicht weinen kann, dass niemand kommt, der einen tröstet. Ich hatte eine Menge Jungs, die ich mochte und wollte und rangenommen hab, na und?" Wer würde diesen Mann nicht gerne in sein Haus und Herz lassen und ihn tröstend in den Arm nehmen? Doch Vorsicht ist geboten, wie einer seiner Knast-Kollegen berichtet: „Charlie ist echt ein großzügiger Typ, wenn man ihn ein bisschen kennt. Ich mag ihn, das muss ich noch einmal ganz deutlich sagen. Und trotzdem, er hätte mich sofort in

* Sehr eindrucksvolle Briefe von Serientätern beispielsweise in: Petra Klages – *Brieffreundschaft mit einem Serienmörder* (Kirchschlager, 2010); Mark Benecke – *Mordspuren* (Bastei Lübbe, 2010); Paul Moor – *Das Selbstporträt des Jürgen Bartsch* (Fischer TB, 1972)

den Arsch gefickt, wenn ich ihm die Gelegenheit gegeben hatte – was ich allerdings nie tat."

Eins ist Manson: Am Leben. Und weil so viele das nicht sind, entwickelte er sich zu einem wunderbaren, wenngleich auch ziemlich wunderlichen Guru. Hinzu kommt noch etwas. Egal, wieviel Scheiße ein bei Manson Rat Suchender in seinem Leben schon fressen musste: Manson hatte grundsätzlich mehr davon abgekriegt. Das ist praktisch für die Jünger, denn so hat der Guru mehr gesehen und weniger Mitleid, so wie ein Profi-Bergsteiger, der dem Anfänger die großen Praxis-Tipps gibt, anstatt mit ihm über Fersen zu heulen, die er sich im Wanderschuh aufgescheuert hat.

Ihre seelischen Schmerzen kennen die JüngerInnen ohnehin gut genug. Sie wollen Lösungen. Und die hat Manson: Das Versprechen einer heilen Welt mit gesunden Bäumen, frischem Wasser und jeder Menge Liebe. Natürlich lassen sich diese ultrakonsensuellen Träume eigentlich kaum verkaufen, wenn man selbst ein Ungeheuer ist. Doch Mansons Gefolgsleute brauchen den von ihnen als superstark empfundenen Überbösewicht als Chefideologen, weil sie selber keinen Mumm mehr in den Knochen haben. Der wurde ihnen nämlich irgendwann von irgendwem gründlich aus dem Körper geflucht, geprügelt und gevögelt. Manson weiß das, und seine Kumpels im Knast wissen das auch. Dennoch kann man ihm schlecht vorwerfen, dass er sich aufrichtig nach einer besseren Welt sehnt.

Zudem sind Mansons Wüten und Toben ebenso wie seine endlosen Grimassen, Faxen und Clownerien, seine gruftimäßig-pubertären Gedichte nebst der wollsockigen Vorschläge zur Weltverbesserung samt Enttarnung pädophiler Scheinheiliger im guten Sinne rührend. Auch wenn er sehr leicht erkennbar versucht, aus diesen Zutaten ein jahrzehntelang eingeübtes Rührstück zu brauen, glaubt man ihm dennoch eigentlich alles. Dazu muss man ihn allerdings, auch als Profi, erst einmal ausreden lassen. Denn Manson überschätzt sich nicht, und das macht ihn sympathisch. Er weiß, dass er bloß ein Wurm ist, dem durch einen zeitgeschichtlichen Witz zuerst der Job des Wishmasters und dann der des schwarzen Mannes zugefallen ist. „Dir ist doch klar", teilt er der mittlerweile zur guten Freundin gewordenen Interviewerin mit, „dass ich bloß ein Penner bin, oder? Ein Penner, der dir mit wenigen Worten vermittelt, dass du okay bist und dass du dich lieben sollst." Punktlandung. Vielen Menschen gibt noch nicht einmal der Lebenspartner dieses einfache und wichtige Gefühl. Manson hingegen ist Profi im Persönlichkeitsaufbau anderer. Kein Wunder, dass die Menschen ihn lieben.

Selbstverständlich ist Manson auch ein Zerrbild der Hippie-Zeit, die ihn erst als das ambivalente Phantom erschuf, das er bis heute ist – sogar in einer Weihnachtsfolge der Serie *South Park*. Denn nur unter denjenigen, die die Welt Ende der 1960er-Jahre für einen kurzen Augenblick ändern wollten, konnte sich Manson angenommen und wohl fühlen. Sie hörten dem seelisch verkochten Irren nicht nur zu, sie sagten ihm auch das, was er heute seinen Schäflein predigt: Nämlich dass er okay sei und sich nur locker machen brauche. Verständlich, dass Manson so bis heute behaupten kann, dass er niemanden zu Morden angestiftet, sondern den Menschen bloß gezeigt habe, was in ihnen steckt. Das ist ihm gelungen. Tataa!

In Wirklichkeit ist diese Aussage eine blöde Rechtfertigung seiner damaligen Rolle als Anstifter und Aufwiegler. So abgebrüht ist Manson allerdings nicht, als dass er sich im Laufe von zwei Jahrzehnten nicht doch in den Interviews verplappert und verraten hätte:

„Mein Verbrechen bestand darin, dass ich [nach dem ersten Mord] nicht sofort die Bullen anrief und die Mädchen festnehmen ließ. Dort, wo ich herkomme, tut man so etwas nicht. Deine Gang ist ein Teil von dir, im Guten wie im Bösen, im Recht oder Unrecht. Ich habe ihnen [den Mitgliedern seiner „Family"] gesagt: Wenn sie es richtig machen wollten, dann würden sie es noch einmal tun müssen, aber richtig professionell." Tja. Nicht alles, was logisch ist, ist allerdings auch unterstützenswert. Hier räumt Manson seinen Part als Triebfeder des Ganzen also unumwunden ein. Seine Gefühlskälte macht ihn so stumpf gegen sich selbst, dass er sein Geständnis gar nicht bemerkt.

Und damit komme ich zum Ende. Manson ist der mit Abstand gruseligste Clown, aber auch der traurigste und irrste Straftäter, von dem ich je gelesen habe. Das liegt nicht nur an seinen eigenen Schilderungen, in denen das Wüten und der Wahnsinn seiner Denkgebäude gar nicht richtig zum Vorschein kommen. Viel eindrücklicher bricht das Höllische aus den ebenfalls hier abgedruckten Erinnerungen seines Zellengang-Genossen hervor, die mir wahrscheinlich Alpträume en gros bescheren. Denn wie Manson seine Zelle Woche für Woche in eine dunkle Höhle voller Krempel und Kram verwandelt, wie er sich für seine Haustier-Spinne in den Karzer hineintobt, um dort dann tagelang an der Tür stehen zu bleiben, wie er aus Urin und Getränkepulver Farben mischt, um Skorpione aus alten Unterhosenbändern zu basteln – dagegen ist der Kellergang, in dem Hannibal Lector mit seinen verrückten Mitgefangenen lebt, ein wohltemperiertes

Frühstück mit englischer Orangenschalenmarmelade, Drei-Minuten-Ei und frisch aufgebackenem Croissant. Lassen Sie sich überraschen.

Aber jetzt halte ich besser die Schnauze – ich höre mich ja schon an wie ein verdammter Gesellschaftskundelehrer.

Mark Benecke, im März 2011

Mark Benecke arbeitet weltweit als Kriminalbiologe. Zu seinen Klienten zählen neben der Polizei auch Serienmörder, Anwälte und Eltern von Opfern. Im Januar 2011 erschien im Verlag Bastei Lübbe sein Buch „Mordmethoden: Neue spektakuläre Kriminalfälle – erzählt vom bekanntesten Kriminalbiologen der Welt".

EINLEITUNG VON MICHAL WELLES

Ende Juli und Anfang August 1969 ereigneten sich in Los Angeles acht der blutigsten Morde, die je in den USA verübt wurden.

Am 31. Juli 1969 wurde die Kriminalpolizei in die Old Topanga Road 946 gerufen. Dort fand sie einen Toten, der mehrere Stichverletzungen aufwies; die Tat war offenbar schon einige Tage her. In unmittelbarer Nähe der Leiche hatte jemand mit dem Blut des Opfers „political piggy" („politisches Schweinchen") an die Wand des Schlafzimmers geschrieben. Zudem war die Wand überall mit blutigen Spuren besudelt, die wie Handabdrücke aussahen. Bei dem Opfer handelte es sich um den 32-jährigen Gary Hinman, einen Soziologiestudenten, der sich nebenbei mit Musikunterricht etwas Geld verdiente. Wie später bekannt wurde, besserte er sein Einkommen zusätzlich auf, indem er Meskalin herstellte und verkaufte.

Am Samstag, den 9. August, nahm die Polizei einen weiteren Tatort in Augenschein, und hier bot sich den Beamten ein so grauenhafter Anblick, dass ihnen beinahe übel wurde; es kostete sie größte Überwindung, sich in dem Haus am Cielo Drive genauer umzusehen. Fünf junge Leute waren wie in einem Mordrausch mit zahllosen Messerstichen getötet worden. Es handelte sich um die bekannte Schauspielerin Sharon Tate Polanski sowie ihre Freunde Abigail Folger, Voytek Frykowski, Jay Sebring und Steven Parent. Wie im Hinman-Fall fanden sich auch hier überall blutige Parolen an den Wänden. An der Tür des Hauses prangte das Wort „PIG" („SCHWEIN"); wie sich später herausstellte, war es mit dem Blut von Sharon Tate geschrieben worden. In den ersten Presseberichten über das entsetzliche Massaker beschrieben einige Journalisten die Taten als „Ritualmorde", andere folgerten, es habe zuvor eine wilde Sexparty gegeben, und viele kamen zu dem Schluss, dass es sich nur um einen Racheakt nach einem verpatzten Drogendeal handeln könnte. Dabei tappte die Polizei hinsichtlich eines möglichen Motivs für die Morde noch völlig im Dunkeln und suchte immer noch nach Hinweisen.

Knapp 24 Stunden, nachdem die Polizei in den Cielo Drive gerufen worden war, gab es am Sonntag, den 10. August, einen ähnlich grausigen

◄ Charles Manson im Staatsgefängnis Corcoran, 1995

Leichenfund im Stadtteil Los Feliz. Im Waverly Drive 3301 war der Hausbesitzer, der 44-jährige Leno LaBianca, mit 26 Stichen getötet worden, die teilweise von einer Fleischgabel stammten. Auf seine 38-jährige Ehefrau Rosemary hatte man 41 Mal eingestochen. Wie schon bei den zwei anderen Fällen waren mit dem Blut der Opfer Botschaften an die Wände geschmiert worden: „DEATH TO PIGS" („TOD DEN SCHWEINEN") und „RISE" („ERHEBT EUCH") stand an einer Wand, die Kühlschranktür zierte das falsch geschriebene „HEALTER SKELTER". Vincent Bugliosi, der leitende Bezirksstaatsanwalt, kam zu dem Schluss, dass der Schlüssel zum Motiv der Morde in diesen Worten zu suchen war. Doch zunächst, da noch keine Lösung der Fälle in Sicht war, versetzten die so genannten „Tate-LaBianca-Morde" das ganze Land in Trauer und Entsetzen.

Zwar war kurz nach dem ersten Mord an Gary Hinman ein möglicher Täter festgenommen worden, Robert Beausoleil, aber man brachte ihn nicht mit der gesamten Mordserie in Verbindung. Eine Spur fand sich erst Monate später, als eine zweite Verdächtige im Hinman-Fall verhaftet wurde: Susan Denise Atkins packte willig aus. Sie erzählte alles, was geschehen war, und nannte alle Beteiligten. Immer wieder kam sie dabei auf Charles Manson zurück, den sie als einen mächtigen Guru darstellte, der seine Anhänger dazu aufgefordert hatte, für ihn zu töten. Und sie beschrieb auch die Morde an sich, die sie zusammen mit anderen Manson-Anhängern begangen hatte, um seine Anerkennung zu gewinnen. Anfang Dezember 1969 gab die Polizei schließlich bei einer Pressekonferenz bekannt, der Tate-LaBianca-Fall sei gelöst.

Manson wurde angeklagt, seine Anhänger durch Gehirnwäsche zu den Morden angestiftet zu haben. Staatsanwalt Bugliosi erklärte, Manson habe die Absicht gehegt, einen Aufstand der Schwarzen gegen die Weißen auszulösen, den so genannten „Helter Skelter"; der Begriff war vom Titel eines Beatles-Songs abgeleitet worden. Bugliosi zufolge hatte Manson seinen Leuten befohlen, die schrecklichen Morde zu begehen und falsche Fährten zu legen, damit die Polizei Afroamerikaner für die Täter hielt; diese Ungerechtigkeit, so hoffte Manson, würde den von ihm vorhergesagten Aufstand auslösen. Außerdem konnte man auf diese Weise gleichzeitig das Family-Mitglied Bobby Beausoleil entlasten, da die Morde weitergingen, während er wegen des Hinman-Mords in Untersuchungshaft saß.

Der Prozess gegen die Manson Family zog sich über anderthalb Jahre hin. Charles Manson, Susan Atkins, Tex Watson, Leslie Van Houten und Patricia Krenwinkel wurden schließlich für schuldig befunden und zum

Tode verurteilt. Während der Ermittlungen kam ein weiterer Mord ans Licht, den die Family-Mitglieder Bruce Davis und Steve Grogan an dem Rancharbeiter Shorty Shea begangen hatten, und auch sie wurden zum Tode verurteilt. Bobby Beausoleil erhielt das Todesurteil für den Mord an Gary Hinman. 1974 schaffte der US-Bundesstaat Kalifornien jedoch die Todesstrafe ab, und die Urteile wurden daraufhin in lebenslängliche Freiheitsstrafen umgewandelt, bei denen eine vorzeitige Entlassung wegen guter Führung ausgeschlossen war. Während der ersten acht Jahre konnten die Verurteilten keine Gnadengesuche einreichen. Bis zum heutigen Tag wurde allen Mitgliedern der Manson Family mit Ausnahme von Steve Grogan die Begnadigung verweigert.

Tatsächlich war Charles Manson einmal wegen guter Führung vorzeitig aus der Haft entlassen worden, als er 1967 wegen kleinerer Delikte im Gefängnis Terminal Island einsaß. Damals hatte er sogar darum gebeten, weiter hinter Gittern bleiben zu dürfen. Während seiner Haftstrafe hatte er sich im Gefängnis seinen Platz erkämpft, und er schrieb dort und machte Musik. Unfreiwillig wieder auf freiem Fuß fuhr er per Anhalter bis nach Berkeley, wo sich ihm nach Jahren der Haft eine völlig neue Welt offenbarte. Die Hippies hatten Kalifornien erobert.

Überall in der Stadt traf er auf junge Leute, die lieben und geliebt werden wollten, und die nach einer persönlichen Identität und dem Sinn des Lebens suchten. Viele hatten sich von ihrem Zuhause und dem Wertesystem ihrer Eltern abgewandt und waren nun bestrebt, etwas Eigenes aufzubauen. Der wohnungslose Manson geriet als Gitarrist, Sänger und Songwriter mitten in diese Szene hinein. Er spielte an Straßenecken, in kleinen Gassen und manchmal auch in Wohnungen oder Häusern, und konnte dabei viele Kontakte knüpfen. Zum ersten Mal in seinem Leben wurde er nicht als Ausgestoßener betrachtet. Im Gegenteil, seine Lebensgeschichte mit ihren Brüchen, den Erfahrungen auf der Straße und im Knast verliehen ihm die Aura des Besonderen. Lynette Fromme und Mary Brunner, die er als Straßenmusiker kennen lernte, wurden seine ersten Anhänger.

„Sie brauchten mich, damit sie sich in sich selbst zu Hause fühlen konnten. So übel hatte eure Gesellschaft ihnen mitgespielt. Sie waren so verzweifelt, dass für sie alles, was ich sagte, eine enorme Bedeutung bekam. In meiner Welt hatte ich gelernt, dass man nur überlebte, wenn man andere genau beobachtete und sie so sein ließ, wie sie waren. Für sie bedeutete genau das einen großen Schritt hin zu einem völlig neuen Leben. Für mich bestand kein Unterschied zwischen meinem alten Leben und dieser neuen Welt, die alle so feierten." So beschrieb Manson selbst die Anfangszeit der Family mir gegenüber – heute längst zu alt, um einen Unterschied zu erkennen, aber auch gar nicht mehr daran interessiert.

Es dauerte nicht lange, bis weitere junge Leute zu der Gruppe stießen. Sie waren alle bestrebt, im Musikgeschäft Karriere zu machen und ihren Anführer zu beeindrucken. Gerade letzteres gab ihrem Leben einen Sinn. Als jedoch das Geld knapp wurde und immer noch kein Schallplattenvertrag in Sicht war, machten sich Wut und Enttäuschung breit. Seit meiner ersten Begegnung mit Charles Manson vor 20 Jahren hat er immer wieder betont, dass er die blutigen Morde nie beabsichtigte oder gewollt hat. Er sah mich mit seinen braunen Augen an und wiederholte voller Überzeugung stets aufs Neue:

„Was mich ausmacht, ist meine Wahrheit und mein Talent, das Wahre und Echte zu erkennen. Und das bringt andere Menschen dazu, mir zu vertrauen und meine Freundschaft zu suchen."

Allein auf sich gestellt hätte niemand aus der Manson Family diese Morde begangen, und auch Manson selbst hätte sie nicht verübt. Allein das unglückliche Zusammentreffen bestimmter Personen hätte eine gewalttätige und schließlich auch tödliche Entwicklung in Gang gesetzt. Ursprünglich dominierten Kreativität und Originalität, doch zunehmend fühlten sich die Family-Mitglieder von dem Bedürfnis getrieben, die Gesellschaft dafür zu bestrafen, dass man sie im Stich gelassen hatte. Daraus entstand eine gefährliche Weltsicht, geprägt von Verzweiflung und wilder Sinnlosigkeit. Erschwerend kamen noch andere Faktoren hinzu – das Scheitern der musikalischen Ambitionen und der allgemein chaotische, drogenbeeinflusste Gemütszustand. Auf welche Weise und aus welchen Gründen es Charles Manson gelang, Menschen in seinen Bann zu ziehen und sie dazu zu bringen, dass sie ihm ihr Leben widmen, ist dennoch eine entscheidende Frage, die Beachtung verdient.

Das Gericht befand Charles Manson für schuldig. Dennoch betrachten ihn viele neue Anhänger sowie auch einige alte Mitglieder der Family (beispielsweise Lynette Fromme und Sandra Good) dessen ungeachtet immer noch als einen mächtigen Guru. Bis zum heutigen Tag erhält Manson jeden Monat viele hundert Briefe von Menschen verschiedenen Alters, Herkunft und Geschlechts, die an seinen Gedanken zu den verschiedensten Themenbereichen interessiert sind. Über die letzten Jahre habe ich einige dieser Anhänger kennen gelernt, und es sind etliche darunter, die alles dafür tun, um auf seine Besuchsliste zu kommen.

Am 14. August 2009 wurde Lynette Fromme aus der Sicherungsverwahrung in einer texanischen Psychiatrie entlassen, nachdem sie 35 Jahre Haft wegen eines Mordanschlags auf den US-Präsidenten Gerald Ford verbüßt hatte. Zwar kämpft sie nicht mehr offen für Charles Manson und seine „friedliche Wahrheit", aber es gibt viele neue junge Frauen und ältere Männer, die energisch und entschlossen in ihre Fußstapfen treten. Frauen, die sich von ihren Familien und den Werten der oberen Mittelklasse losgesagt haben und ins kalifornische Corcoran gezogen sind, um in Mansons Nähe zu sein und ihn bei seinen Anstrengungen „zur Rettung der Welt" zu unterstützen. Die Rettung der Luft, der Bäume, des Wassers und der Tiere („air, trees, water and animals", kurz ATWA), die Manson seit den Sechzigerjahren predigt, ist ihr höchstes Ziel; die einzige Sache, für die es sich zu kämpfen lohnte.

Die Männer, die zu Manson halten, sind im Durchschnitt älter und finanziell unabhängig. Sie unterstützen die Frauen, wenn es nötig ist, und sie sorgen dafür, dass die Besucher, die Manson jedes Wochenende sehen, genügend Geld dabei haben, um ihm aus den Automaten im Besucherraum zu ziehen, was er haben möchte.

Es sind Menschen, die nach einer eigenen Identität suchen, irgendeiner Identität, die für sie passt. Diese verzweifelte Suche ist es, die Charles Manson und Männer wie ihn so mächtig und gefährlich macht – damals wie heute.

DIE REISE

EINE ANNÄHERUNG AN CHARLES MANSON

An einem kalten Wintertag vor 19 Jahren fuhr ich zum Staatsgefängnis Corcoran in Kalifonien, um mich dort mit der Öffentlichkeitsbeauftragten, Lieutenant Evelyn Mazon, zu treffen. Bis dahin war ich Charles Manson noch nie begegnet, und ich wollte herausfinden, wie ihn die Menschen wahrnahmen, die schon seit so vielen Jahren seinen Alltag bewachten und miterlebten. In der langen Zeit musste ihm doch jemand nahe genug gekommen sein, um sich einen Reim auf diese kontroverse Persönlichkeit zu machen, und dazu wollte ich nun Mithäftlinge und Vollzugsbeamte befragen. Die Sekretärin ließ mich ins Büro des diensthabenden Wachmanns eintreten und winkte auch meinen Fotografen mit seinen zwei Kameras durch. Ich erklärte Lieutenant Mazon und dem Wachmann, dass ich eine Reportage über Charles Manson und über Frauen in Haftanstalten schrieb und für die korrekten Fakten und Schilderungen auf ihre Hilfe vertraute.

Lieutenant Mazon sah mich amüsiert und auch ein wenig misstrauisch an, holte tief Luft und erkundigte sich als erstes, ob Charles Manson mich bereits in seinen Bann gezogen hätte. Ich versicherte ihr, dass es mir lediglich darum ging, einen guten Artikel abzuliefern. „Er ist einfach ein komischer Typ", erklärte sie daraufhin. „Wenn man weiß, dass er nichts weiter drauf hat, als große Sprüche zu machen, dann verwandelt er sich in einen Ballon voll heißer Luft." Mazon, eine 45-jährige Amerikanerin indianischer Abstammung, arbeitete damals bereits seit drei Jahren als Öffentlichkeitsbeauftragte des Hochsicherheitsgefängnisses Corcoran und kannte jeden Kniff und jeden Trick.

„Wenn jemand einen Gott braucht, dem er folgen kann, um eine eigene Persönlichkeit zu entwickeln, dann ist es nur eine Frage der Zeit, bis er auf den falschen Propheten hereinfällt. Manson ist ein gutes Beispiel dafür, wie dieses Bedürfnis in etwas Gefährliches und Tödliches umschlagen kann.

Hier im Gefängnis ist er ein Typ wie alle anderen. Er beeindruckt niemanden durch besondere Kräfte und Talente, aber ihn mögen all jene, denen er mal einen Gefallen getan hat. Ein Kaffee und ein paar Kekse in der Kantine, ein Telefongespräch oder ein Päckchen, ein Besucher mit ein wenig Kleingeld, der Getränke und Snacks aus den Automaten zieht. Er weiß, wie er andere Insassen dazu bringt, seine Gesellschaft zu suchen. Der Grund dafür liegt nicht darin, dass sie Angst vor seinem langen Arm und seinen kriminellen Talenten hätten. Als Krimineller zählt er zur untersten Ordnung, denn er versteht sich darauf, andere zu manipulieren, bis sie für ihn straffällig werden, während er selbst im Hintergrund bleibt.

Da draußen gibt es so viele Menschen, die alles dafür geben, eine große Nummer zu sein und eine Botschaft zu haben, Menschen, die alles tun, um geliebt zu werden und eine Aufgabe zu haben. Sie brauchen die Anerkennung ihres Anführers wie die Luft zum Atmen, und das ist der Punkt, an dem es gefährlich wird. Ganz plötzlich wird die Welt außerhalb der Gruppe zu einer Bedrohung, die entweder gemieden oder bekämpft werden muss, die aber nie akzeptiert oder unterstützt werden kann.

Neulich erst wurde bei der Postverteilung ein Päckchen entdeckt, das an Charles Manson adressiert war, und das – man glaubt es kaum – 50 Gramm Marihuana enthielt. Ich kann Ihnen sagen, die Leute ändern ihre Gewohnheiten nicht, ganz gleich, wo sie sind. Sie tun hier im Gefängnis dieselben Dinge, die sie draußen taten, um mit der Realität und den Leuten in ihrer Umgebung zurecht zu kommen, nur vielleicht in einem anderen Ausmaß und in unterschiedlicher Ausprägung. Charlie lässt die anderen Gefangenen wissen, dass er ihnen besorgen kann, was sie haben wollen, und sofort sind alle ganz vorsichtig. Schließlich wollen sie sich nicht mit ihm anlegen, für den Fall, dass sie ihn irgendwann einmal wirklich um einen Gefallen bitten müssen. Allmählich merken sie dann, wie er tickt, und sie begreifen, dass dieser dünne, kleine Kerl ein Verkaufsgenie ist. Er macht seine Angebote, ohne einen Preis zu nennen oder genau zu sagen, was er besorgen kann, aber irgendwie wissen trotzdem alle, worum es geht. Das hat auch mit diesem Verständnis von Ehre und Respekt zu tun. Man stellt die Worte eines Mithäftlings nicht infrage, denn das könnte so interpretiert werden, dass man ihn nicht achtet, und dann würde man gar nichts mehr von ihm bekommen und nichts erreichen.

Als er nach der Geschichte mit dem Marihuana für zwei Monate in den Sicherheitstrakt kam, verriet er niemandem, wer ihm das illegale Päckchen geschickt hatte, und marschierte singend in seine Zelle. Er verpfeift nie jemanden und beklagt sich auch nie. Charles Manson weiß genau, wie wichtig es ist, seiner Gruppe gegenüber hundert Prozent loyal und ehrlich zu sein. Das war stets der einzige Quell seiner Macht: dass er sich von den Gesetzeshütern niemals hat brechen lassen. Deswegen bewundern ihn die gesellschaftlichen Außenseiter hier, und schon bald kümmern sie sich um ihn, brauchen ihn aber andererseits auch.

Ich habe verschiedene Male mit Charlie gesprochen und niemals das Gefühl gehabt, dass die Dinge, die er so von sich gibt, besonders bedeutungsvoll gewesen wären. Sein größtes Anliegen ist immer noch der Schutz von Luft, Bäumen, Wasser und Tieren, dieses ATWA. Aber wenn man einmal genauer nachhakt, wie er seine Ziele erreichen will, welche Prioritäten er setzt und welche Entscheidungen innerhalb der gesellschaftlichen und politischen Realität dafür getroffen werden müssten, kann er das nicht beantworten.

Was hält die Manson-Gruppe zusammen? Was sind das für Leute, die ihn besuchen? Keine Ahnung. Sie haben nicht allzu viel um die Ohren, so viel kann ich sagen. Sie sind wohl auch alle irgendwie einsam und fühlen sich in vieler Hinsicht nicht dazugehörig. Und wenn sie Manson dann zum ersten Mal begegnen und er ihnen in wenigen Sätzen seine Philosophie nahe bringt, dann gibt er ihnen das Gefühl, sie seien für eine wirklich große Sache rekrutiert worden und etwas ganz Besonderes. Er kettet die Menschen an seine Anliegen … mit seinem ständigen Gequatsche darüber, dass die Welt untergehen wird und alle anderen so blöd sind, dass sie das nicht erkennen. Ja, er ist schon lustig und klingt immer so, als hätte er nichts Böses im Sinn, als sei er schlicht naiv, nachdem er den größten Teil seines Lebens im Gefängnis verbracht hat. Aber er weiß genau, wann es sich lohnt, eine Show abzuziehen und sein Publikum zu beeindrucken. Warten Sie, ich sage dem Sergeant dort drüben Bescheid. Er hat genug von Manson mitbekommen, um zu wissen, wie er tickt."

Lieutenant Mazon schien sich über die Gelegenheit zu freuen, das wahre Gesicht des Charles Manson porträtieren zu dürfen. Der junge Sergeant, der die Uniform der Wachmannschaften von Ebene 4 trug und nun den Raum betrat, lächelte ebenfalls. „Wie kann ich den beiden Damen helfen?", fragte er mit leichtem, äußerst sympathischem Südstaaten-Akzent. Evelyn Mazon erklärte ihm, ich sei wieder eine Reporterin, die etwas über Charles Manson herausfinden wollte. Mit leicht amüsiertem Gesichtsausdruck stellte er sich daraufhin vor.

„Ich heiße Justin und bin heute Ihr Führer in der Sache Charles Manson. Er ist für die hier drin, die ihn kennen, wirklich ein ganz anderer Kerl als für die da draußen, die ihn kennen lernen wollen. Wer ihn kennen lernen will, hat in der Regel eine gewisse Vorstellung davon, wer er sein soll, und will damit gewisse emotionale Bedürfnisse befriedigen. Und deswegen sind alle, die zu ihm kommen, nach den Treffen glücklich, hungern aber auch nach mehr.

Dieser Mann schneidet zwar Grimassen und spricht auf seine ganz spezielle Weise, erfindet irgendwelche Worte und so, aber er weiß, was bei den Leuten ankommt. Er spielt genau die Rolle, von der er weiß, dass sie funktioniert. Ich habe ihn ein paar Mal aus seiner Zelle geholt und bin mit ihm zu den Besucherräumen gegangen. Er macht artig Konversation und ist witzig, solange alles gut läuft. Wenn er das Gefühl bekommt, dass ihm irgendwas die Show kaputtmacht, dann klopft er plötzlich große Sprüche, versucht, einen zu beleidigen und wird wirklich unangenehm. Und wenn man ihm dann klar macht, dass so ein Verhalten dazu führen könnte, dass er einige Privilegien verliert, wird er sofort wieder zahm und kooperativ. So läuft das, seit er hier ist. Wenn er in seiner Zelle sitzt, ohne Zuschauer, dann ist er ganz brav. Arbeitet an seinen Zeichnungen, spielt Gitarre und liest seine Briefe. Sobald er aber einen Journalisten sieht oder ein hübsches Mädchen, dreht er sofort wieder auf. Dann schneidet er wieder Grimassen, hält seine bizarren Reden oder quatscht irgendwelchen poetischen Unsinn.

Er weiß, wie man die Menschen Dinge sehen lässt, die gar nicht da sind, und wie man sie an Dinge glauben lässt, die gar nicht wahr sein können. Warum nur, warum? Es gibt keinen bestimmten Grund, weshalb die Leute herkommen und ihn besuchen und glauben, er könnte ihnen geben, was sie brauchen, um glücklich zu sein. Das müssen wirklich tragische Schicksale sein, wenn sie diesen Clown als ihren Erlöser betrachten. Für uns und die meisten Insassen in diesem Trakt ist er ein lustiger Vogel. Für uns sind seine Reden ein Teil seiner Show. Und die Show ist es, die Manson inzwischen ausmacht."

Ich fragte den Beamten, ob er mich in den Trakt bringen könnte, in dem Manson damals seine Strafe verbüßte, aber das lehnte er ab. Es sei gegen die Sicherheitsbestimmungen des Gefängnisses, erklärte er; Besucher waren auf Ebene 4 nicht zugelassen. „Dort gibt es zu viele Sonderfälle, die alle nur darauf warten, Stress zu machen, und denen jeder Grund recht ist, sich wegen Verletzung ihrer Privatsphäre zu beklagen." Wie ich nun erfuhr, befand sich auf Ebene 4 die so genannte Protective Housing Unit, PHU, in der Aussteiger aus Gangs, Informanten und berüchtigte Kriminelle untergebracht waren, die besonderen Schutz vor den anderen Insassen benötigten. Auf Ebene 4 gab es zudem die Security Housing Unit, einen Trakt für Insassen, die bestimmte Sicherheitsbestimmungen der Anstalt verletzt hatten. Wer hier einsaß, hatte lediglich 20 Minuten Hofgang, und zwar allein, und durfte Besucher lediglich hinter einer Glasscheibe empfangen. Telefonanrufe waren nicht gestattet, und alle Besuche mussten drei Tage im Voraus angemeldet werden.

Auf Ebene 3 befand sich der Haupttrakt; hier saßen Gefangene ein, die nicht in bestimmten Gefängnis-Gangs aktiv waren, aber Strafen von fünf Jahren bis lebenslänglich verbüßten. Eine gewisse Nähe zu diesen Gangs gab es jedoch immer. Mexikanische Gefangene wurden in der Regel der Mexican Mafia oder der Nostra Familia zugerechnet, Afroamerikaner der Black Gorilla Family und Weiße der Aryan Brotherhood. Um Konflikte möglichst zu vermeiden, wurden die Mitglieder verschiedener Gangs nicht gleichzeitig auf den Hof gelassen.

Der Sergeant war gern bereit, mich durch Ebene 3 und das Wohngebäude zu führen. So viel ließen die Vorschriften der kalifornischen Strafvollzugsbehörde zu, und mir gab es einen besseren Einblick in das Leben hinter Gittern. „Nicht nur die Insassen auf Ebene 4 haben interessante Geschichten. Die Gefangenen hier sind möglicherweise ebenso gefährlich und haben vielleicht noch größere Verbrechen begangen. Sie haben sich lediglich im Gefängnis besser an die Regeln gehalten", erklärte er mir.

„Der Unterschied zwischen den Männern im Haupttrakt und in der PHU liegt darin, ob sie berüchtigte Kriminelle sind oder vielleicht Informanten. Aber hier finden Sie alle Arten von Verbrechern, über die Sie schreiben können. Sie alle sitzen hier ein und versuchen ihren schlechten Angewohnheiten zu frönen, ohne offen einer Gang anzugehören oder sich Privilegien dadurch zu verschaffen, dass sie andere anschwärzen. Viele der Männer haben wirklich tragische Geschichten zu erzählen, wie sie kriminell geworden sind und warum es so schwer ist, auf dem rechten Weg zu bleiben, wenn man aus dem Knast kommt. Oft bekommt man wirklich das Gefühl, dass diese Männer nur in der falschen Gegend geboren wurden und mit den falschen Leuten Umgang hatten. Einige von ihnen sind sehr intelligent und hätten im Leben viel Erfolg haben können, wenn sie nicht vom Weg abgekommen wären.

Was die Rehabilitierung angeht, so funktioniert sie einerseits, andererseits aber auch nicht. Wer sich ändern will, erhält dazu Gelegenheit. Aber wer sich nicht ändern will, der lernt im Knast nur noch mehr dazu und nutzt seine Zeit in Haft, um sich noch mehr Verbrecherwissen anzueignen." Der Sergeant winkte nun einen tätowierten Insassen heran, der gerade mit zwei anderen Häftlingen über den Flur ging. Der Mann kam mit einem freundlichen Gesicht zu uns herüber. „Kann ich Ihnen helfen?" Der Beamte erklärte ihm, ich sei hier, weil ich über Frauen im Gefängnis und über Charles Manson schreiben wollte.

„Oha, da haben Sie sich aber ganz schön was vorgenommen. Soll ich Ihnen ein bisschen dabei helfen, die Dinge und vor allem Charlie ins rechte

Licht zu rücken?“ Ich lächelte und fühlte mich plötzlich ganz entspannt. Nach nur einer Stunde im Gefängnis fühlte ich mich wieder richtig unter Menschen. Als ich ihm sagte, dass ich seine Hilfe bezüglich meiner beiden Themen sehr schätzen würde, machte er ein ernsthaftes Gesicht, als wollte er seine Rolle nun mit viel Würde und Bedeutungsschwere ausfüllen.

„Dann will ich mich erst einmal vorstellen. Ich heiße Jaden, und ich freue mich, Sie kennen zu lernen. Weshalb ich hier bin? Wegen Mordes. Und ich muss Ihnen sagen: Das Gefängnis ist ein Ort, an dem aus Verbrechern geschickte Schwerverbrecher werden. Lassen Sie sich von den uniformierten Verbrechern da nicht einreden, dass man hier bessere Menschen aus uns machen will. Aber jetzt kommen wir lieber mal zu Charlie, dem Mann, von dem alle wissen wollen, wer er in Wahrheit ist. Er ist kein Gott, er ist kein Gangster und er ist kein Jimi Hendrix. Er ist nur ein kleiner Kerl, der langweilige Witze erzählt, immer Geld für die Kantine hat und im ganzen Land Leute kennt, die R-Gespräche aus dem Knast übernehmen.

Hier drinnen macht Charlie Manson niemandem Angst. Er ist nur ein kaputter alter Knacker mit einem schwachen Herz und einem Mundwerk, das nicht still steht. Weil er berühmt wurde und noch dazu das Talent hat, den gröbsten Quatsch wie eine wichtige Botschaft rüber zu bringen, folgen ihm Spinner aus dem ganzen Land. Das ist so ein schlauer Trick von ihm. Er gibt irgendwelche Halbsätze mit komisch klingenden Wörtern von sich und bringt diese Idioten dazu, dass sie drauf reinfallen und immer mehr hören wollen. Hab ich alles schon selbst miterlebt, das können Sie mir glauben. Ob er gefährlich ist? Ja. Wenn jemand Macht über andere erlangt, obwohl er nichts zu sagen hat, wo kann es diese Leute schon hinführen? Genau. Nirgendwohin.“ Eine Glocke schlug, und über Lautsprecher wurde auf dem Hof verkündet, dass alle Insassen sich nun aufstellen und wieder in ihre Zellen begeben mussten. „Ich hoffe, ich konnte Ihnen mit meinem Knastgerede ein bisschen helfen“, erklärte Jaden und verabschiedete sich.

Der diensthabende Wachmann erhob sich und bedankte sich bei mir dafür, dass ich mir die Zeit nahm, selbst herauszufinden, worüber ich würde schreiben müssen. Mir gingen Jadens Worte noch im Kopf herum, und daher fragte ich ihn, ob er daran glaubte, dass die Männer hier auf ihre Resozialisierung vorbereitet würden.

„Was die Resozialisierung angeht, sprechen Sie am besten mit Ilene“, erklärte er. „Sie kennt unser System in- und auswendig. Sie kann Ihnen sagen, wer Recht hat und wer nicht.“

Ilene war eine Afroamerikanerin Ende 40, die als Vollzugsbeamtin seit fünf Jahren die Sicherheitstrakte leitete. Sie machte einen professionellen, gradlinigen Eindruck, aber sie hatte meine Frage bereits zufällig mitbekommen und war offensichtlich etwas aufgebracht. Als ich das Büro des Wachmanns verließ, hatte ich ein unbehagliches Gefühl, als sei meine Frage unangemessen gewesen. Und Ilene sah das tatsächlich genau so. „Das ist also die Frau, die etwas über Resozialisierung herausfinden will", sagte sie, als sie mir die Hand hinstreckte. „Nett, Sie kennen zu lernen. Ich bin Ilene. Ich vermittele Ihnen gern einen Eindruck von dieser Institution und von Charles Mansons Platz darin. Es handelt sich um ein Hochsicherheitsgefängnis. In solchen Einrichtungen werden gefährliche Schwerverbrecher untergebracht, die es nicht erwarten können, hier wieder rauszukommen und weitere Verbrechen zu begehen. Wenn sie lebenslänglich bekommen haben, dann wollen sie hier drin Ärger machen, sobald sich die Gelegenheit ergibt. Sie versuchen jemanden abzustechen, Drogen zu schmuggeln oder einen Plan gegen jemanden von draußen zu schmieden, und so weiter und so fort. Ja, es gibt den Anspruch der Resozialisierung, aber glauben Sie, dass diese Männer hier resozialisiert werden wollen? Wenn überhaupt, dann sind es nur wenige, und jedes Jahr geht die Zahl zurück. Egal, wie viel Mühe wir uns dabei geben, ihnen eine Berufsausbildung zu verschaffen oder ihre Chancen anderweitig zu verbessern, es ist draußen trotzdem kein Platz für sie, wenn ihre Haft zu Ende ist. Und die Unterstützungsprogramme, die wir haben, können ihnen eben doch keinen echten Job verschaffen.

Das ist die tragische Realität des amerikanischen Vollzugs- und Resozialisierungssystems. Selbst, wenn ein Teil davon funktioniert, es hat keine Wirkung, sobald ein Häftling seine Strafe abgesessen hat und wieder auf der Straße steht. Was kann man da tun? Vielleicht sollten Sie lieber darüber einen Artikel schreiben, anstatt sich Gedanken zu machen, wer Charles Manson ist.

Er ist eigentlich gar nichts. Das ist sein Geheimnis. Aber wenn man sich darauf versteht, gegenüber Menschen, die gar nichts haben, woran sie sich festhalten können, eine bestimmte Rolle zu erfüllen, dann kann die Show losgehen. Hier im Gefängnis bewundert ihn niemand oder entdeckt irgendwelche Botschaften in dem Quatsch, den er von sich gibt. Das können Sie gern so schreiben. Ja, er hat Freunde, aber sie alle wuseln deswegen um ihn herum, weil sie sich einen Gefallen von ihm erhoffen. Er ist der berühmte und komische alte Knacker, der alle bei seiner Show mitmachen lässt, solange sie seinen Bluff nicht auffliegen lassen. Er ist anders als andere, keine Frage, aber ein Messias ist er ganz bestimmt nicht."

All diese Informationen hatten mich nur noch mehr verwirrt, was den „wahren" Charles Manson betraf, und eine Woche später beschloss ich daher, noch einmal zum Gefängnis Corcoran zu fahren und den Mann persönlich kennen zu lernen. Manson saß damals in Einzelhaft, weil er gegen einige Vorschriften verstoßen hatte, und durfte Besucher nur hinter einer Glasscheibe empfangen. Er kam in Handschellen in die Kabine, die Tür schloss sich, und Manson streckte die Arme, damit ihn die Wachleute von den Fesseln befreiten. Kaum dass seine Hände frei waren, setzte er sich so auf den Hocker, dass er mir den Rücken zuwandte. Der grell orangefarbene Overall mit den Buchstaben CSP für Corcoran State Prison auf dem Rücken war ihm ein paar Nummern zu groß und wirkte fast wie ein Kostüm.

Langsam wandte er sich zu mir um und hieß mich mit einem teuflischen Gesichtsausdruck auf dem blassen Gesicht in seiner Welt willkommen. Offenbar war er bemüht, die richtige Grimasse zu finden, die mich schockieren oder zumindest kurz zusammenzucken lassen würde. Allerdings machten seine braunen Augen auf mich keinen gemeinen oder Furcht einflößenden Eindruck. In ihnen lag Trauer und ein gewisses Unbehagen, die ihm etwas sehr Menschliches verliehen – wie eine Einladung, ihn näher kennen zu lernen. Ich war plötzlich ganz locker. Als es ihm nicht gelang, mich zu schockieren, gab er seine Versuche auf und wurde lustig und freundlich, jedenfalls für eine Weile. Ich wollte ihm sagen, dass ich sein bizarres Verhalten unnötig fand und er es nicht nötig hatte, auf diese Weise mein Interesse zu wecken, aber ich tat es nicht; statt dessen erklärte ich lediglich, er möge mit dem Unsinn aufhören. Heute weiß ich: Wäre ich von Anfang an offen genug gewesen, hätte es uns beiden viel Zeit erspart, die wir so mit Spielchen und gegenseitigem Belauern verschwendeten. Aber ich wusste damals nicht, was ich hätte sagen sollen, um offen und ehrlich rüberzukommen, und deswegen wartete ich darauf, dass er sich als erster äußern würde.

Er sah mich an, lächelte und fing an zu pfeifen. In seinem jungenhaften Gesichtsausdruck lag etwas Wehmütiges, als wollte er darauf bestehen, noch ein bisschen zu spielen, bevor er sich erwachsen benehmen und ernst werden musste. Für ihn war das möglicherweise ein Versuch, sich trotz seiner eingekerkerten Existenz ein wenig Freiheit zu erhalten und kurzzeitig zumindest innerlich ganz woanders zu sein. Die Augen, die mich eben noch angelächelt hatten, wurden nun plötzlich ernst, die linke Augenbraue ging in die Höhe, und mit einer tiefen Stimme, die ganz offenbar gekünstelt war, erklärte er mir, er sei Charles Manson und wolle wissen, weswegen ich gekommen sei.

Ich lachte verlegen und erklärte, dass ich ihn einfach kennen lernen wollte. Er sah mich an; er kaufte mir diese Antwort nicht ab. Er müsse verstehen, welches Interesse ich an ihm habe, sagte er, und dann verlangte er, meine „hochtrabende Art“ abzulegen. Noch war ich jedoch nicht bereit, mich auf seine Spiele einzulassen; ich erwiderte, dass ich nicht wüsste, was er damit meinte. Ich wollte mich von ihm nicht manipulieren lassen und wartete einfach ab.

Für das, was nun folgte, gab es keine Erklärung: Charles Manson, der Mann hinter der Glasscheibe, wirkte plötzlich völlig anders. Sein Gesichtsausdruck war so freundlich, dass ihm jede Spur von Bösartigkeit oder Zorn fremd zu sein schien. Und es lag etwas Besonderes in den Augen, etwas, das all das Böse vergessen lassen konnte, das man je über ihn gelesen oder gehört hatte.

„Okay“, sagte er mit sanfter, zögernder Stimme, „Sie wollen mich kennen lernen und ich will Sie kennen lernen. Wie fangen wir dieses Tänzchen also an? Wer führt dabei?“ Ich schlug vor, dass wir versuchen sollten, einfach miteinander zu reden, ganz gerade heraus. Wieder kam Leben in seine Augen, und er sah mich mit einem Lächeln an, das alles ausdrücken konnte, was man hinein interpretieren wollte. Es wirkte amüsiert und gleichzeitig dramatisch. Ernsthaft und gleichzeitig zweifelnd. Freundlich und mitfühlend, gleichzeitig aber auch desinteressiert. Dieses Lächeln ließ es zu oder forderte vielmehr beinahe zwingend dazu auf, sich zu entspannen und sich Charles Manson sogar nahe zu fühlen. In diesem Augenblick gab es nur eine Möglichkeit der Kommunikation: offen und unzensiert. Er wartete darauf, dass ich etwas sagte, und als ich das nicht tat, stand er auf und drückte sein Gesicht an die Glasscheibe. Da er nicht in den Hörer sprach, der für die Unterhaltungen vorgesehen war, musste ich ihm die Worte von den Lippen ablesen. Freundlichkeit und Wärme lagen in seinem hageren, blassen Gesicht, als er mir sagte, ich sollte ihm eine Gitarre besorgen und meinen Frieden finden.

Dann setzte er sich wieder und nahm den Hörer. Nun fragte er mich, ob ich glücklich sei oder ob ich Probleme hätte, die er lösen sollte. „Das ist schon in Ordnung“, sagte er. „Ich weiß, wie das läuft, und es ist total okay, aber Sie müssen offen mit mir sein. Denn eins läuft nicht, dass Sie herkommen und mich besuchen und mich kennen lernen wollen, und dass Sie dann hier sitzen und schweigen und warten, bis ich irgendwas sage und genauso bin, wie Sie es sich schon vorher ausgemalt haben. So was ist nicht ehrlich und wahrhaftig. Das erste, was Sie über diesen Mann hier wissen müssen, ist Folgendes: Er spielt mit seinen Freunden keine Spielchen. Wenn wir uns kennen lernen wollen, Frau, dann müssen wir erst einmal Freunde werden. Erst, wenn wir einander vertrauen, dann können wir herausfinden, wer wir sind."

So vergingen vier Stunden damit, dass ich immer wieder kurz davor stand, wirklich etwas zu sagen, aber vor allem versuchte ich, ihn von seinen Mätzchen abzubringen. Die Zeit verging in Windeseile. Bei meinem Abschied versprach ich, in ein oder zwei Wochen wiederzukommen, aber er sagte, das habe keinen Zweck, wenn ich nicht bereit sei, mich zu ändern. „Sie müssen einen großen Teil von sich zu Hause lassen, bevor Sie in meine Welt zurückkehren können. Kapiert? Also, dann tschüss."

* * *

Auf der Rückfahrt kam ich mir blöd vor, weil ich nicht mehr aus diesem Besuch herausgeholt hatte, und ich war entschlossen, den zweiten Termin nicht ebenso nutzlos verstreichen zu lassen. Und ich hatte verstanden: Ich würde Manson nicht dazu bringen können, mir gegenüber offen und ehrlich zu sein, wenn ich nicht auch selbst offen und ehrlich war.

Ein paar Tage nach dem ersten Besuch bekam ich einen Brief von dem Mann hinter der Glasscheibe. Er sagte, ich sollte mich entspannen und in mein Herz hineinschauen, dann würde ich erkennen, was bei mir im Argen lag. Das Herz, sagte er, sei der beste Schutz, um zu verhindern, dass das Böse ein Stück der eigenen Persönlichkeit eroberte. Das Herz wisse, was dem Guten entgegenstünde, auch wenn es zu schwach sei, um selbst etwas zu unternehmen. Damit berührte er bei mir einen sensiblen Punkt, auch wenn es mir schwerfiel, das zuzugeben. Tatsächlich war mein Innerstes so sehr verletzt worden, dass es sich selbst nicht mehr kannte. Als ich 15 war, hatte meine Mutter einen charmanten und äußerst intelligenten Psychopathen geheiratet, der nach 17 Jahren Haft gerade aus dem Gefängnis entlassen worden war. Danach war meine Jugendzeit von verbalen Manipulationen geprägt, die verdecken und rechtfertigen sollten, dass ich missbraucht wurde. Der Mann, den meine Mutter liebte und dem sie ihr Leben widmete, der Stiefvater, der meine Unabhängigkeit und meine akademische Karriere förderte, war zugleich ein Ungeheuer.

Als ich beschloss, Charles Manson kennen zu lernen, verband ich damit tatsächlich die Hoffnung, dass ich durch ihn begreifen würde, wie Männer vom Schlage meines Stiefvaters tickten. Wenn man als Opfer seinen

Missbrauch akzeptiert, indem man versucht, die Persönlichkeit des Täters zu verstehen, und wenn man sich schließlich einredet, dass er einem gar nicht wirklich weh tun wollte, dann übertritt man unwillkürlich eine Grenze. Man verwandelt sich in einen Underdog in einer geheimen Welt, die man nicht mit jedem teilen kann. In Charles Mansons Gegenwart erschien es in Ordnung, sogar richtig, diese Büchse der Pandora zu öffnen. Er war ein Teil dieser Welt und konnte mir vielleicht helfen, die Persönlichkeit meines Stiefvaters und seine kriminellen Spielchen zu begreifen.

Ich schrieb Charlie zurück, dass ich ihn in ein paar Tagen besuchen würde, und ich räumte ein, dass es in meiner Welt tatsächlich einen Teufel gab, von dem ich nicht wusste, wie ich ihn exorzieren sollte. Mit diesem Geständnis begann eine Freundschaft, die mir allmählich den wahren Charles Manson enthüllte: Ich begann zu verstehen, wie er seinen Charme einsetzt, wie er seine Beziehungen nutzt, wie er andere manipuliert, aber wie auch er selbst von anderen benutzt wird, wie fürsorglich und sensibel er auf der einen und wie hinterlistig und egoistisch er auf der anderen Seite ist. Und ich erfuhr auch, dass es unter Verbrechern, egal wie charmant oder intelligent sie sein mögen, ein Spiel mit Worten gibt, mit dem sie testen, ob man ein potenzielles Opfer ist oder nicht. Wenn man in das Spiel einsteigt und zu lange mitmacht, kann es dazu führen, dass die eigenen Überzeugungen und Werte ins Wanken kommen.

Bei meinem nächsten Besuch war ich müde und stand ziemlich unter Druck. Vermutlich waren meine Augen so traurig und distanziert, als ich den Besucherbereich betrat, dass Charlie das Lächeln auf dem Gesicht gefror, und er überschüttete mich mit Fragen. Er hatte bereits in der Kabine gewartet, nahm sofort den Hörer zur Hand und fragte mich, was zur Hölle passiert sei. „Bist du krank oder was? Nimmst du Drogen? Du brauchst doch ein paar Stunden bis hierher, und du siehst aus, als könntest du kaum noch die Augen offen halten. Entspann dich. Setz dich hin und mach dich locker." Im Besucherbereich waren viele Wachleute unterwegs, weil man beim abendlichen Durchzählen festgestellt hatte, dass ein Insasse verschwunden war. „Haste gehört, dass so ein Typ aus Ebene 3 letzte Nacht über'n Zaun ist? Der wird bald ganz schön in der Scheiße sitzen. Keiner, der hier abhaut, schafft es, draußen zu bleiben. Aber hey, besser, man stirbt auf der Suche nach der Freiheit, als weiterzuleben und sie aufzugeben. Ich habe einen Weg gefunden, um hier und gleichzeitig frei zu sein. Ich lasse niemanden in mein Herz, der mein eigenes Ich nicht stärkt. Also – du hast einen Teufel in deinem Herzen und wirst ihn nicht los, stimmt's? Was ist das für eine Geschichte?"

Es drängte mich, jemandem von meinem Stiefvater zu erzählen, doch gleichzeitig fühlte ich mich noch nicht dazu bereit, und daher fragte ich Charlie, ob es nicht zu früh sei, über mich zu sprechen. Und ob es nicht vielleicht besser sei, erst einmal etwas über ihn zu erfahren. Er hob überrascht die Augenbrauen, offenbar war er nicht einverstanden, und dann sang er mir mit samtiger Stimme diese Worte vor:

„Truth is good, truth is right, and truth is now." – Die Wahrheit ist gut, die Wahrheit ist richtig, die Wahrheit geschieht jetzt.

Ich lächelte, und dann erzählte ich doch von meinem seltsamen Stiefvater, mit so einfachen Worten, wie ich konnte. Wie er mich erst mit der Philosophie von Ayn Rand über Rationalität und Selbstsucht eingewickelt hatte, bis ich sogar *Der ewige Quell* las, und wie er dann die ganzen Angebergeschichten seiner 17 Jahre im Knast auf mich einprasseln ließ. Als ich dann von dem Missbrauch berichtete, den ich im Namen einer rationalen und verantwortungsbewussten Pubertät ertrug, sprang Charlie wütend auf.

„Ihr seid so klug, ihr seht nicht mal, was direkt vor eurer Nase passiert", schrie er. „Und wer zum Kuckuck ist Ayn *Right*? Was zur Hölle wollte deine Mutter von diesem Dreckskerl? Der war doch wirklich der größte Abschaum überhaupt. Dass er irgendwelche hochfahrenden Sachen labert und dir seine blöden Geschichten erzählt, das hat gereicht, damit du dein eigenes Ich aufgibst? Warum? Was hat er je Gutes für dich getan?" Der Mann hinter der Scheibe konnte sich gar nicht mehr beruhigen. Die Vorstellung, dass mein Stiefvater sich eine Rechtfertigung zurechtgelegt hatte, bevor er mich missbrauchte, schien so abartig, dass Charlie offenbar eine ganze Zeit brauchte, um sie zu verarbeiten. „Sind es solche Sachen, die einen gesellschaftlich kaputt machen? Dass man eine junge Frau glauben lässt, sie müsste erst verletzt werden, bevor sie den rechten Weg einschlagen kann? Was für ein Haufen Scheiße. Wie kann das je richtig sein, Frau, wie? Das ist genau wie bei diesen Priestern, die auf dem Weg die Himmelsleiter hinauf kleine Jungs befummeln! Was stimmt da nicht mit diesen Leuten und mit dir?"

Ich beruhigte ihn und fragte, ob er es für möglich hielte, dass mein Stiefvater selbst vielleicht geglaubt hätte, mich damit zu einem unabhängigen Menschen zu machen, zu jemandem, der andere nicht brauchte. Das brachte das Fass zum Überlaufen. Charlie wurde richtig sauer und wiederholte immer wieder: Es täte ihm Leid, aber ich sei das Opfer einer üblen Gehirnwäsche. Dass mein Stiefvater mit seinen Übergriffen irgendetwas Gutes habe tun wollen, hielt er für unmöglich. „Wenn man eine

15-Jährige nimmt und mit ihr Sex hat und dann vor Gericht behauptet, es sei zu ihrem Besten gewesen – glaubst du, das kauft ihm jemand ab? Viel Glück! Ja, ja, ich vergaß, in der *Richtigen Welt* von Ayn Right oder sonst wem tut man das vielleicht, aber in der Welt, in der wir leben, ist das falsch, Frau! Die Männer, die so was machen, sind Abschaum, und sie machen es nur, weil sie einen kranken Trieb damit befriedigen. Mehr steckt nicht hinter diesem Scheiß."

Dann schwieg er kurz, und nachdem er mich eine Weile durch die Scheibe angesehen hatte, nahm er wieder den Hörer zur Hand und schrie: „Verdammt, nein! Er ist total krank und echt das Allerletzte, und er weiß mit Sicherheit, dass es nicht richtig ist, sich an kleinen Mädchen zu vergreifen. Was ist los mit dir? Was hat dich dazu gebracht, diese Scheiße zu glauben? Wir müssen ein bisschen mit dir arbeiten." Seine Zähne taten ihm weh, und deswegen bewegte er dauernd den Mund und schnitt Grimassen, um mich zum Lachen zu bringen. Ich sah ihm an, dass ihn die Geschichte mit dem „bösen Stiefvater" wirklich tief berührt hatte. In diesem Augenblick merkte ich, dass es nun leicht sein würde, den echten Charlie kennen zu lernen: Die Rettung meines Seelenheils wurde dabei zur Basis unserer Kommunikation und Zuneigung.

Schließlich tauchte ein Vollzugsbeamter auf und erklärte, wir müssten unseren Besuch abkürzen, weil der Besucherraum voller Leute sei, die darauf warteten, dass sie an die Reihe kämen. Diese Ankündigung machte den Mann hinter der Scheibe richtig wütend. Völlig außer sich brüllte er den Wachmann an, er könne solche Sachen nicht mehr hören.

„Dann baut größere Besuchsräume und setzt längere Besuchszeiten an! Hört auf, mich für euren Scheiß bluten zu lassen. Wir brauchen mindestens noch eine halbe Stunde." Doch in diesem Augenblick ging die Tür auf und Häftling B33920 bekam die Anweisung, die Hände auszustrecken und sich wieder Handschellen anlegen zu lassen. Es war ein düsterer Augenblick völliger Aufgabe und mühsamer Selbstkontrolle, der Charlie allerdings nicht die Sprache verschlug.

„Siehst du diese großen Uniformträger, die mir Befehle geben und mich auf eine Liste schreiben, weil ich sie angeblich beleidigt habe? Sie sind im Knast, genau wie ich. Im Gegensatz zu ihnen bin ich hier allerdings nicht gefangen." Ich konnte mir vorstellen, dass er vor sich hin pfiff, als er die langen Korridore zu Ebene 4 entlang ging. Der Besuch hatte mich sehr bewegt. Es war etwas wirklich Einzigartiges an dem Mann mit dem Hakenkreuz auf der Stirn.

Als ich wieder zu Hause ankam, wartete eine Nachricht von Charlie auf mich. Es war eine Postkarte mit drei Sätzen darauf. DU MUSST MIR EINE GITARRE BESORGEN. RUF BEI BLUE AN. SIEH ZU, DASS DU DEINEN TEUFEL LOS WIRST.

***

Es war gegen die Vorschriften, Charles Manson eine Gitarre zu besorgen, während er noch in der Security Housing Unit untergebracht war, und das wusste er. Aber er musste etwas konstruieren, was er gegen mich verwenden konnte, falls ihm später etwas gegen den Strich gehen würde. Das war, wie ich später herausfinden sollte, einer seiner Lieblingstricks. Aber zunächst einmal rief ich einen Fachanwalt für Häftlingsrecht in San Diego an, Alex Landon, und hakte wegen der Gitarre nach. Landon war sich ziemlich sicher, dass es kaum Möglichkeiten gab, ihm ein Instrument zukommen zu lassen. Also schrieb ich Charlie, dass ich leider eine eindeutige Auskunft bekommen hatte und er erst dann wieder eine Gitarre in die Hand bekommen konnte, wenn er aus der SHU kam. Eine knappe Woche später schrieb er mir zornig zurück: „Wenn du mich besuchen willst, dann müssen die Handschellen weg, und ich brauche eine Gitarre. Sie halten mich hier unter der Erde fest, in einem Käfig und ohne was Richtiges zu essen. Ich muss hier raus."

Damals nahm ich das sehr ernst. Ich wusste noch nicht, dass er diese Spielchen brauchte, um seine Welt und das Leben hinter Gittern zu füllen. Also rief ich wieder einen Anwalt an und erhielt dieselbe Auskunft: Wir konnten nichts tun. Eine Woche später bekam ich einen Brief von einem gewissen Bennie, der auch in Corcoran einsaß, die Zelle neben Charlie bewohnte und mit ihm befreundet war. Die beiden hatten sich offenbar im Todestrakt von San Quentin kennen gelernt. Bennie wollte sich mit mir treffen und versprach, mir dabei behilflich zu sein, ein wenig näher an Charlie heranzukommen. Einige Tage darauf fuhr ich tatsächlich wieder zum Gefängnis und besuchte ihn. Bennie war ein gut aussehender Typ, ein ehemaliges Mitglied der Gang Aryan Brotherhood, das sich bessern wollte. Seine Entlassung stand in zwei Jahren an, und er hoffte, dass ich ihm dann dabei würde helfen können, sich draußen zurechtzufinden. Als ich ihn nach Charlie fragte, fing er an zu lachen.

„Wenn man sich über Charlie klar werden will und ihn aus der Knastperspektive betrachtet, dann ist er okay. Hier wird er weder als Schreckgespenst noch als Messias wahrgenommen. Er ist einfach ein Typ, dem viele Leute schreiben, der viel Besuch bekommt und immer Geld für die Kantine hat, und an dessen Gitterstäben dauernd die Reporter rütteln. Er würde seinen letzten Schluck Kaffee und den letzten Keks mit dir teilen. Ihm ist es lediglich wichtig, dass die Atmosphäre um ihn herum locker ist, und dass die Leute offen und entspannt sind. Wenn er einen Witz machen, seine Songs singen und die Schließer verarschen kann, dann ist er glücklich und zufrieden. Charlie ist ziemlich direkt und clever, und er weiß genau, was in eurer Welt so abgeht. Er blickt hinter die Masken der Menschen und kann jede Fassade zum Einsturz bringen, die nicht echt oder wahrhaftig ist. Aber nach einer Weile, es mag ein paar Jahre dauern, dann durchschaut man auch ihn: Er hat genauso seine Masken wie wir alle. Wahrscheinlich lernt jeder von uns hier drin, wie man Leute auf seine Seite zieht und nach den eigenen Regeln spielen lassen kann. Charlie hat seine Spielchen. Das werden Sie schon noch sehen."

Während ich das hörte, fragte ich mich, wie ehrlich sich Charlie mit mir und meinen Problemen beschäftigt hatte. Auch fragte ich Bennie, wie weitreichend Charlies Verbindungen seiner Meinung nach heute noch waren. Gab es immer noch Leute außerhalb des Gefängnisses, die etwas für ihn tun würden? Und wie weit würden sie gehen? Ohne Zögern antwortete Bennie:

„Ja, er hat Leute, die in ihm den Vater sehen, den sie nie hatten, den Gott, den sie nie gefunden haben, den Guru, dem sie sich nicht nähern konnten, und den Lehrer, den sie gebraucht hätten. Wie weit würden sie für ihn gehen? Tja, wer weiß das schon? Das hängt von Ort und Zeit ab, und davon, wie abhängig sie von seiner Anerkennung sind. Die Leute, die seine Geschäfte für ihn abwickeln, sind so richtige Körnerfresser. Die labern von gesundem Wasser und lächelnden Bäumen und atmender Luft und singenden Tieren. Ihre Idealvorstellung ist ein modernes ‚Zurück zur Natur'. Frauen mit unrasierten Beinen und Männer mit langen Bärten. Vegetarische Barbarei mit Yogastunden zu Charlies Musik."

Als sich meine Besuchszeit dem Ende zuneigte, bedankte sich Bennie für meinen Besuch und sagte, er würde mir schreiben, wenn er wieder in seiner Zelle wäre.

Charlie Milles Manson hingegen hatte beschlossen, mir eine Lektion zu erteilen, nachdem er von Bennie erfahren hatte, dass ich mich nach ihm erkundigt hatte. Ich erhielt ein R-Gespräch aus dem Gefängnis. Der Name des Anrufers, erklärte mir eine Stimme, sei „Frag Bennie". Ich nahm das Gespräch an.

„Tja, hallo, Miss M., du herumirrende Frau. Ich hatte Bennie gesagt, er sollte sich mit dir in Verbindung setzen und dir helfen, aber es war nicht sein Job, sich das Maul darüber zu zerreißen, wie ich hier in dieser Höhle meinen Kram am Laufen halte." Charlie klang verärgert und ungeduldig.

Mir wollte keine Entschuldigung oder Rechtfertigung über die Zunge, und daher brach er das Gespräch nach einer Minute des Schweigens ab. Die Tage vergingen, und ich hörte nichts mehr von ihm. Einmal rief Bennie an und berichtete, dass Charlie sich wie ein kleines Kind verhielt und auch nicht mit ihm sprach. Er sagte mir, ich sollte einfach warten, bis sich der Sturm verzogen habe; schon bald würde wieder alles in Ordnung sein. „Er braucht diese Explosionen, um ein bisschen Action zu machen. Das läuft immer nach demselben Muster. Er wird sauer, dann will seine Umgebung den Grund dafür wissen und versucht, es aus ihm herauszukitzeln. Er lässt die anderen immer glauben, dass hinter den Kulissen viel mehr vorgeht, als sie glauben; Dinge, an denen sie nie teilhaben werden. Währenddessen bekommt er von allen Seiten Entschuldigungen oder zumindest nette Worte und ein bisschen Unterstützung. Und schließlich ist er bereit, den anderen noch einmal eine Chance zu geben. Sie werden sehen. Merken Sie nicht, dass er ein sehr cleveres Spiel durchzieht? Er ist ein sehr geschickter Schneider, der die Leute dazu bringt, Anzüge zu tragen, die ihnen gar nicht passen."

Also ignorierte ich Charlies Schweigen und fuhr einen Monat später wieder einmal nach Corcoran, um ihn zu besuchen, dieses Mal zusammen mit meiner fünfjährigen Tochter Liora. Für mich gab es keinen Grund, verletzt oder verärgert zu sein. Ich wollte lediglich mit ihm reden und seine Verstimmung lösen, und ich vermutete, dass es mir leichter gelingen würde, wenn Liora dabei war. Als wir im Gefängnis ankamen, war dort gerade Einschluss, und wir mussten mit allen anderen Besuchern eine Stunde warten. Außer mir wollten sich noch vier andere Leute mit Charlie treffen. Ich machte mich mit ihnen bekannt, stellte auch meine Tochter vor und machte den Vorschlag, wir könnten doch gemeinsam in meinem Auto warten. Die zwei Männer und zwei Frauen waren alle Mitte 30. Über die Tate-LaBianca-Morde und die Manson Family wussten sie nicht allzu viel. Sie wollten vielmehr den Mann besuchen, der sie aus dem Hamsterrad der modernen Gesellschaft befreien und wieder auf die richtige Spur führen sollte – Charlie brachte sie wieder mit dem eigenen Ich in Kontakt.

„Das Gefängnis war für ihn in gewisser Weise die Rettung", sagte einer der Besucher, ein Mann mit rasiertem Kopf und einer Schmetterlingstätowierung auf dem linken Arm. „Er hat sich die Verbindung zu seinem innersten Wesen erhalten und kann auch anderen helfen, diesen Punkt zu erreichen."

Charlies Besucher machten allesamt einen gelassenen und sogar heiteren

Eindruck. Die Frauen lachten, als sie sich an ihren ersten Besuch erinnerten, und die Männer schilderten ebenfalls lebhaft ihre Erinnerungen und Eindrücke. „Charlie vermittelt uns den richtigen Blick darauf, wie das Leben ist und wie man es leben muss. Es ist verdammt schade, dass wir hierher kommen müssen, damit wir uns mit ihm treffen können“, sagte eine der beiden Frauen, die in leuchtendes Rot gekleidet war und fünf Ohrringe an jedem Ohr trug.

Nachdem wir uns 20 Minuten lang unterhalten hatten, teilte uns ein Beamter mit, dass der Einschluss aufgehoben war und die Besuchszeit nun beginnen konnte. Inzwischen konnte Charlie wieder direkt Besuch bekommen und war nicht mehr hinter der Glasscheibe eingesperrt, und wir wurden jeweils zu zweit in den Besucherraum gelassen. Charlie war offenkundig überrascht, mich zu sehen, und noch überraschter war er, dass ich mit Liora gekommen war. „Na, schau mal einer an, die verirrte Frau höchstpersönlich. Sie hat tatsächlich noch mehr Leute gefunden, die sie über mich ausfragen kann. Und wer ist diese hübsche Kleine?“

Er klang allerdings eher amüsiert und wirkte freundlich. Wir alle setzten uns rund um einen Tisch und holten Snacks und Getränke aus den Automaten. Ich besorgte Charlie eine Limonade und etwas Obst, und die anderen Frauen kauften ihm einen Burrito mit Bohnen und Käse.

Liora wollte etwas spielen, und der „komische alte Mann“, wie sie ihn nannte, ging mit ihr zu der Kiste mit Spielzeug und schaute nach, ob sich etwas Brauchbares darin befand.

„Bist du immer hier im Gefängnis?“, fragte Liora ihn.

„Ja. Ich sitze hier die ganze Zeit in meinem Käfig und warte, dass jemand kommt, der mir sagt, was ich tun darf und was nicht. Das ist, als ob man nie spielen darf und immer gesagt bekommt, dass man böse war und bestraft werden muss. Aber ich habe eigentlich schon immer so gelebt, und in der kurzen Zeit, in der das einmal anders war, bin ich in richtig große Schwierigkeiten gekommen. Also weißt du immer, wo du mich finden kannst, Lora – so heißt du doch, oder?“

Sie berichtigte ihn langsam, damit er ihren Namen nun auch richtig verstand: „Nein, ich heiße L-I-O-R-A. Lass mich deine Haare schön machen.“

Mit der Entschlossenheit und Güte, die sie stets an den Tag legte, nahm meine Tochter die Puppenbürste, die sie in der Kiste gefunden hatte, und erklärte Manson, er solle sich hinsetzen, damit sie ihn frisieren könne. Es war anrührend zu sehen, dass sie dafür sorgen wollte, damit er besser aussah, und ich merkte, dass auch ihm das nahe ging. Er war ihr dankbar.

▲ links: Michal Welles und ihre Tochter Liora besuchen Charles Manson
rechts: Charles Manson mit Liora, 2003

„Ja klar, gib meinem Haar einmal die ganze Aufmerksamkeit, die es nötig hat. Frisiere mich mal so, wie du meinst, dass es richtig ist, und vielleicht kannst du ja wirklich dafür sorgen, dass ich gut aussehe?“

Liora lachte, als er das sagte, und sie antwortete ohne Umschweife: „Wie man das mit dem gut Aussehen macht, weiß ich nicht. Aber du wirst anders aussehen. Ich werde dir zwei Zöpfe machen. Als wärst du ein cooler alter Mann von Venice Beach, der von diesem Ort hier gar nichts weiß.“

Der alte Mann lachte und zog Grimassen, als suchte er nach dem richtigen Gesicht für seine Rolle in diesem Spiel.

„Hör auf. Das ist nicht lustig. Du siehst dumm aus, wenn du solche Gesichter schneidest, als ob du verrückt wärst“, erklärte Liora ihm ungeduldig.

„Jawohl, Ma'am. Zu Ihren Diensten. Ich tue genau, was Sie mir sagen.“

Manson war sehr ruhig, es war offensichtlich, dass ihn die ganze Szene heiter stimmte. Er genoss jeden Augenblick dieser Friseurgeschichte, obwohl Liora nicht gerade zimperlich mit ihm umging.

„Dein Haar muss einmal richtig ordentlich gebürstet werden. Wenn du wieder in dein Zimmer gehst, musst du aufpassen, dass du deine Frisur nicht durcheinander bringst“, fuhr sie fort, während sie ihn mit der Bürste attackierte. Er nahm den Schmerz mit einem Lächeln hin, und seine dunklen Augen spiegelten Meere der Traurigkeit und Schatten des Bedauerns. Ich verstand, dass er diese kindliche Schlichtheit, Hoffnung, Vertrauen und das Fehlen jeglichen Bedauerns vermisste.

▲ Charles Manson mit Michal, Liora und Sara Welles, 2000

„Wieso weinst du? Was ist passiert?“, fragte Liora, als sie sah, dass seine Augen ganz feucht geworden waren.

„Nein, nein, ich weine gar nicht. Zeig mir mal, wie ich mich richtig kämmen muss. Zeig mir, was ich verkehrt mache.“ Er sprach mit ganz sanfter Stimme, um seine Trauer zu verbergen.

„Hör auf“, sagte Liora ernst. „Das alles ist doch nicht so wichtig. Du musst das nicht tun, um glücklich zu sein. Sei nicht so unglücklich. Es sind doch bloß Haare.“ Die Kleine hatte gemerkt, dass der alte Mann wirklich mitgenommen war und wollte ihn wieder in bessere Stimmung versetzen. Sie spürte aber auch, dass ihn etwas anderes bedrückte. „Was ist passiert, dass du dein Leben hier drin verbringen musst? Weinst du deswegen?“ Als sie diese Worte sagte, brach Charles Manson völlig zusammen. Er saß da, in seinen ausgebeulten Jeans und dem dünnen Jeanshemd, das Haar zu Zöpfen gebunden, und fing so heftig an zu weinen, dass er sich gar nicht beruhigen konnte. Liora und ich setzten uns neben ihn, und wir alle schwiegen einen Augenblick.

„Na ja“, sagte ich schließlich, um das Eis zu brechen, „es ist ja jetzt schon ein paar Jahre so.“

Charlies Gesicht hellte sich plötzlich auf, und er fing an zu lachen. „Was war denn das gerade? Kaum habe ich Zöpfe, verwandle ich mich in eine alte Frau! Die Dinger haben große Macht – und du bist ein Zauberkind.“ Er lächelte Liora an, als wollte er eine Welt voller Düsternis und schmerzvoller Erinnerungen zurückdrängen. „M“, sagte er dann und sah mir in die Augen, „mit diesem Mädchen hast du etwas richtig gemacht. Sie wird ein ganz besonderer Mensch werden und immer wissen, was gut und was böse und was richtig und was falsch ist. Ich habe großes Vertrauen in dieses kleine Menschenkind.“

Als wir wieder ins Wartezimmer zurückkehrten, waren die anderen noch dort, und da nun ohnehin nur noch 20 Minuten Besuchszeit verblieben, schlug Liora vor, später gemeinsam mit ihnen Mittagessen zu gehen. Charlies Besucher fanden diesen Vorschlag großartig, und wir vereinbarten, uns in einer Dreiviertelstunde im Purple Kitchen zu treffen, einem Restaurant im Stadtzentrum. Als wir wieder im Auto saßen, nur wenige Minuten, nachdem wir das Staatsgefängnis Corcoran verlassen hatten, sah mich Liora an und fragte wie so oft mit einem dramatischen Ton in der Stimme: „Eema (das heißt Mutter auf Hebräisch), was sind das für Leute? Wieso sind sie so? Was ist mit ihnen passiert? Und Manson – was ist das für ein verrückter alter Mann, der gar nichts richtig sagen kann? Sind sie alle böse oder verrückt?“

Ich konnte nicht umhin, den Durchblick und die Klarheit meiner kleinen Tochter zu bewundern. Sie war davon überzeugt, dass mit diesen Menschen, die sie gerade getroffen hatte, etwas nicht stimmte. Nun fing sie an, Mansons Handbewegungen und Grimassen nachzumachen, und wir mussten beide lachen. Es schien mir unpassend, ihr zum gegenwärtigen Zeitpunkt zu erklären, was es mit Mansons Besuchern auf sich hatte. Stattdessen bestellten wir uns Pizza im Restaurant und reservierten schon einmal einen großen Tisch für die Gruppe, die bald zu uns stoßen sollte.

Als sie erschienen, war ihnen anzumerken, dass der Besuch gut verlaufen war; sie alle wirkten sehr energiegeladen. J., einer der Männer, der inzwischen sein Sweatshirt ausgezogen hatte und seine vielen Tätowierungen offenbarte, bestellte ein Bier, erklärte Liora aber, dass dieses Getränk nichts für brave kleine Mädchen wie sie sei.

„Also, immer, wenn ich mich mit Charlie getroffen habe, sehe ich danach wieder klar, wer ich bin und welche Ziele ich verfolgen muss“, sagte er dann. „Es fühlt sich an, als hätte er die Kraft, den ganzen Dreck abzustreifen, der mich umgibt, und mich wieder aufs richtige Gleis zu bringen.“

J. sprach sehr engagiert über Manson, und seine Freundin, eine junge Frau Mitte 20, stimmte ihm zu und erklärte mit einem sanften, ergebenen Lächeln: „Charlie durchschaut alles. Du musst diesem Mann gegenüber unbedingt offen und ehrlich sein, sonst nimmt er dich auseinander und schmeißt dich in die Ecke.“ Liora fragte J., woher er Manson kenne und wieso er mit ihm befreundet sei, und er erklärte ihr freundlich und geduldig, was es war, das sie alle immer wieder nach Corcoran zog:

„Schon seit einigen Jahren besuche ich jetzt diesen Mann, weil ich alles erfahren will, was er zu sagen hat. Von Anfang an hat mir das unheimlich geholfen, ein Gespür dafür zu entwickeln, wer ich eigentlich bin, und zu merken, was mit unserer Gesellschaft nicht stimmt. Ich habe schnell begriffen, dass er alles andere als ein gewöhnlicher Krimineller ist. Weswegen er auch immer verurteilt worden sein mag, es muss etwas mit anderen Leuten zu tun gehabt haben. Ich habe schon viele Verbrecher besucht, und er ist anders als sie alle. Inzwischen habe ich fast alle Serienmörder kennen gelernt, die in Kalifornien und Texas einsitzen, und bei ihnen allen stimmt etwas nicht mit ihrer Denke und mit den Dingen, die sie anmachen.

Weißt du, meine Kleine, du bist zu jung, um zu begreifen, dass es in dieser Welt böse Menschen gibt, und auch viele verrückte. Aber ich habe viele von ihnen im Gefängnis besucht, weil ich zu verstehen versuche, wieso sich Menschen eines Tages in Monster verwandeln, andere Menschen töten und viele andere verletzen, während sie gleichzeitig selbst Menschen bleiben. Man kann mit ihnen reden. Sie haben Sehnsucht nach ihrer Mutter oder wollen ihrem Kind ein Spielzeug schicken, und sie wissen, dass sie etwas Schlimmes getan haben, aber sie konnten sich nicht bremsen. Das macht mich fertig. Aber der alte Mann, den du gerade getroffen hast, der ist nicht so. Komm, wir wollen etwas essen."

Liora hatte nicht richtig zugehört, weil sie mit seiner Freundin, Marina, ein Wortspiel machte. Rex, der Mann mit den fünf Ohrringen, schenkte jedem etwas Bier ein, und dann stießen alle auf ATWA an und auf die Legalisierung von Cannabis. Ich fragte Rex, weshalb er Manson besuchte, und er tat meine Frage lachend ab; er könne nicht so gut reden wie J., sagte er, er spräche kein gutes Englisch. Nachdem ich ihm versichert hatte, dass ich ihn sehr gut verstand, eröffnete auch er mir seine persönlichen Einsichten.

„Ich habe eine lange Knastgeschichte hinter mir und habe wegen verschiedener Sachen gesessen. Eine Zeitlang habe ich Heroin genommen, als Kind hat mich mein Stiefvater gehasst, und irgendwann bin ich zu Hause rausgeflogen. Vor vielen Jahren saß ich in San Quentin, und in dem Bus, der zum Gerichtsgebäude fuhr, traf ich eines Tages Charlie. Damals war ich gerade mal 18 und hatte schon viel zu viel Schlechtes erlebt. Dieser Mann da im Bus merkte genau, dass ich Angst hatte und nicht wusste, was nun mit mir geschehen würde, und er setzte sich neben mich und erklärte mir, ich hätte nichts zu befürchten. Denn die Furcht, sagte er, würde uns zu einem Feind unserer inneren Wahrheit machen, bis unsere Gegner leichtes Spiel mit uns hätten. Er sagte, ich sollte mich in Form bringen und zu einem jungen Mann werden, auf den er stolz sein könnte. Dass er mir das sagte, auf der Busfahrt zu dem Gerichtstermin, bei dem ich wegen bewaffneten Raubüberfalls zu 15 Jahren oder sogar lebenslänglich verurteilt werden konnte, das hat wirklich mein Leben verändert.

Ich musste neun Jahre absitzen und kam dann auf Bewährung raus, stellte gleich wieder etwas an und fuhr noch mal für fünf Jahre ein. Wenn jetzt wieder was passiert, dann kriege ich lebenslänglich. Weshalb sie mir überhaupt erlauben, ihn zu besuchen, ist ein Geheimnis. [Straftätern werden in der Regel keine Besuche gestattet] Wahrscheinlich habe ich schon viel zu viel gesagt."

Ich lächelte ihn an und versicherte ihm, dass keiner von uns ihn der Gefängnisverwaltung melden würde. Als ihn seine Freundin Rachel bat, mir zu erklären, was an Charlie so besonders sei, kam er noch einmal richtig in Fahrt. „Er ist mein Freund, er ist der Vater, den ich nie hatte, der Lehrer, den

▲ Charles Manson im Besucherraum, 2007

ich immer gebraucht hätte, aber vor allem der Spiegel, den wir alle nötig haben, damit wir nicht vergessen, wer wir sind und welche Wahrheit in uns steckt. Ich sehe nichts Böses in diesem Mann. Nur Gutes."

Rex war ein talentierter Zimmermann und besaß einen Schlüsselring mit einer kleinen Holzfigur, die er nach Charlies Bild gestaltet hat. „Siehst du, er ist immer bei mir."

Überrascht stellte ich fest, dass sie alle lediglich Charlies Nähe zu suchen schienen. Sie besuchten diesen Mann, weil sie sich offensichtlich eine Inspiration für ihr Leben erhofften, aber sie wollten sich außerdem einfach nur vergewissern, dass es ihm gut ging. Bezüglich der Inspiration gab es keine Rituale, und es wurden auch keine Botschaften an irgendwelche Manson-Ninjas übermittelt, die außerhalb der Gefängnismauern darauf warteten, die grausame Welt in seinem Sinne zu bestrafen. Die Männer und Frauen waren hier, weil er das durcheinander geratene Puzzle ihrer Welt wieder zusammenfügte. Deshalb waren sie alle nach Hanford gezogen, eine Kleinstadt zwischen Corcoran und Fresno, und hatten alle möglichen Jobs angenommen, um sich diese Wochenenden mit Charlie leisten zu können. Ich fragte J., den tätowierten Mann, ob Charlie ihm dabei half, seine künstlerischen Ideen auszuarbeiten. Dass J. Talent besaß, war an den Zeichnungen auf seiner Jacke zu erkennen.

„Charlie lässt mich erkennen, wer ich bin, und dann strömt einfach aus mir heraus, was ich ausdrücken will. Er gibt mir die Möglichkeit, ich selbst zu sein, und das braucht man als Künstler. Erinnerst du dich an den Vollzugsbeamten heute im Besucherraum, der versucht hat, irgendetwas zu finden, um sich abzureagieren? Er hat mich die ganze Zeit angestarrt, in der Hoffnung, dass ich ausflippe und ihn anbrülle. Charlie hat genau gemerkt, was läuft, er ist aufgestanden und hat den Typ gefragt, wieso er nicht ihn ansieht, ob er vielleicht nicht schön genug sei. Das ist ein echtes Talent. Zu wissen, wie man die Energien anderer Menschen in Bahnen lenkt. Darüber verfügt Charlie."

Während unseres Treffens wurde mir klar, dass die anderen Besucher, die ich an diesem Tag kennen gelernt hatte, weder gewalttätig waren noch Drogen nahmen. Sie waren auch nicht hier, um ein Ventil für ihre Wut zu finden oder einen schlechten Trip nach dem Konsum von altmodischem Acid auszukurieren. Zu meiner großen Überraschung schienen sie weiter nichts zu suchen als Liebe; dabei sprachen sie von Charlie als einem „Engel von einem Häftling" und einem „Vater für uns alle". Ganz offensichtlich hatte die einzigartige Kraft, die er für sie darstellte, etwas mit seiner Wahrhaftigkeit zu tun. Seine Manipulationen und Einschüchterungsversuche waren nur Bausteine auf dem Weg dorthin. Er ließ jeden von ihnen glauben, dass sie nur sie selbst sein mussten, um geliebt zu werden und glücklich zu sein.

Die Atmosphäre war geprägt von Erleichterung und Freude. Erleichterung darüber, dass hier niemand, wie es sonst so häufig die Regel war, den anderen etwas vorspielte, und Freude darüber, dass so etwas auch gar nicht nötig war. Darüber erkannte ich, wieso es für Charles Manson im Gefängnis leichter war, sich seine Haltung konsequent zu bewahren, als für seine Anhänger, die mitten im Leben standen. Charles Manson hat den größten Teil seines Lebens hinter Gittern verbracht und gelernt, wie man sich den Gesetzen beugt, die dort herrschen, ohne seine Seele davon vergiften und seine Gefühle in Ketten legen zu lassen. Er muss lediglich darauf achten, dass er nicht gegen bestimmte Regeln verstößt, und im Besucherraum kann er sich so originell und einzigartig geben, wie es ihm gerade in den Sinn kommt. Für seine Anhänger, und davon gibt es heute noch genauso viele wie damals, die ihren Lebensunterhalt bestreiten und oft auch eine Familie durchbringen müssen, ist es oft nicht so einfach. Und Charlie kann ihnen keine Hilfestellung dabei geben, wie man sich seinen Platz in der Gesellschaft erkämpft, denn das genau ist es ja, wogegen sie sich seiner Philosophie zufolge stellen. Sie opfern willentlich die Aussicht auf eine gute Position innerhalb der Gesellschaft, um für diesen Mann leben. Sie verlieren möglicherweise ihren Realitätsbezug, weil sie etwas suchen, was es nicht zu finden gibt. Gefährlich wird es dann, wenn sie schließlich andere Menschen für die Verfehlungen der Gesellschaft bestrafen wollen, unabhängig davon, ob diese eine Schuld trifft.

Daher wird Manson heute nur noch von jenen Mitgliedern der Manson Family vergöttert und für unschuldig gehalten, die nicht an den Tate-LaBianca-Morden beteiligt waren – wie Sandra Good (auch Blue genannt) oder Lynette Fromme (Red). Andere Family-Mitglieder, beispielsweise die zu einer lebenslänglichen Haftstrafe verurteilte Leslie van Houten, sehen nur die andere Seite dieses Mannes, die nämlich Menschen so verwirrt, bis sie gewalttätig und gefährlich werden. „Er hat uns zu gar nichts gezwungen. Er hat uns nur erkennen lassen, dass wir zu der Tat in der Lage waren, und dass sie in Ordnung sei. Charlie ist nicht der Grund dafür, dass alles geschah, aber er hat uns die Macht dazu verliehen.“ In manchen Fällen entsteht durch das Zusammentreffen bestimmter Menschen eine gefährliche Einheit.

Um das noch einmal zu betonen – im Alleingang hätte kein Mitglied der Manson Family in den Sechzigern die schrecklichen Taten verübt. Das war erst durch den Kontakt mit Manson möglich. Die Manson-Anhänger, die ich während dieses Besuches und bei vielen anderen Gelegenheiten über die Jahre traf, wirkten freundlich und unschuldig und gingen geregelten Beschäftigungen nach. Ich kann nur hoffen, dass sie niemals durch persönliche Traumata, Drogen oder Alkohol in einen so extremen Gemütszustand geraten werden, dass sie nach sinnloser Rache dürsten. Ebenso bedenkenswert ist jedoch, dass Manson ohne die Kinder der Sechziger und die Menschen von heute keinerlei Macht besitzt – weder um etwas Gutes, noch um etwas Schlechtes zu tun. Er braucht Soldaten, die sich willig kontrollieren und führen lassen.

* * *

Zu Hause erwarteten mich fünf Briefe von Charlie. Er kam immer wieder darauf zurück, dass ich ihm keine Gitarre besorgte, dass er es in den Handschellen nicht mehr aushielte und Leute von allen Seiten an ihm zerrten.

„Eins musst du wissen, Frau, ich werde nicht dein Freund sein, wenn du mich für dumm verkaufen willst. Ich brauche nichts außer Vertrauen. Und wir hatten abgemacht, dass die Handschellen Vergangenheit sind und dass du mir eine Gitarre besorgst. Sag dem Typ in San Diego, er soll tun, was Anwälte eben tun, und dafür sorgen, dass ich meine Rechte bekomme. Das alles erinnert mich so sehr daran, wie ich früher in den Erziehungsheimen darum betteln musste, dass ich Buntstifte und ein paar leere Seiten Papier bekam, um malen zu können. Man behandelte mich dann immer wie jemanden, der auf dem Papier Beschwerden formulieren oder beleidigende Skizzen zeichnen wollte, aber nicht wie einen Jungen, der einfach nur gern gemalt hätte."

Mir ging immer noch die Frage im Kopf herum, wie Charlie so große Macht über andere erlangte, und als Bennie an einem Samstag spät abends anrief, sprach ich mit ihm darüber. Er fing an zu lachen und hörte erst wieder auf, als ich darauf drang.

„Es gibt nur eine einzige, schlichte Wahrheit, was Charlies geheime Botschaften und verborgene Macht betrifft", sagte Bennie, immer noch mit leisem Kichern. „Das hat alles damit zu tun, was das für Leute sind, die er beherrscht. Sie verleihen ihm diese Macht, und die Botschaften machen sie selbst. Er sagt, sie sollen in sich ruhen, entspannt und wahrhaftig sein … und daraus basteln sie sich ein ganz neues Buch aus Regeln und Botschaften. Nehmen Sie das alles nicht so ernst. Es gibt kein Geheimnis. Das liegt alles in der Beziehung zwischen Charlie und den Leuten, die in ihm nach Antworten suchen." Allmählich dämmerte es auch mir, dass möglicherweise viel weniger hinter dem Komplex Charles Manson steckte, als ich erwartete, aber ich war immer noch bestrebt, die besonderen Töne im Charlie-Orchester herauszuhören, das schon seit so vielen Jahren spielt.

Zwei Wochen, nachdem wir J. und die anderen kennen gelernt hatten, fuhr ich mit meinen beiden Töchtern nach Hanford, um meine neuen Freunde zu besuchen. Diese intelligenten Menschen, die alle versuchten, ein rechtschaffenes und ordentliches Leben zu führen, sich aber gleichzeitig völlig mit der Botschaft von Charles Manson identifizierten, faszinierten und verwirrten mich gleichermaßen. Ich hatte Liora gefragt, ob sie das Gefühl gehabt hatte, dass etwas Besonderes an dem alten Mann gewesen war, und sie bejahte: „Er gibt dir das Gefühl, als würdest du ihm unheimlich viel bedeuten. Als seist du etwas Besonderes."

J. hatte uns den Weg zum Haus seiner Eltern in Hanford beschrieben, wo er mit seiner Freundin lebte. Alles machte einen völlig normalen Eindruck, abgesehen von dem Zimmer, in dem alles für die zwei Schlangen eingerichtet war, die J. sich hielt, und einer Wand, die mit den Fotos von Serienmördern und anderen Schwerverbrechern dekoriert war. Die Mädchen planschten im Pool, und ich unterhielt mich mit J.s Mutter; ich wollte wissen, wieso ihr Sohn derart von Kriminellen fasziniert war.

„Wissen Sie, mir ist das eigentlich egal", erklärte sie, „solange er nicht in Schwierigkeiten gerät. Ihn fasziniert wohl die Tatsache, dass manche Menschen sich ganz und gar von ihrer bösartigen Natur überwältigen lassen und ihre Bedürfnisse ausleben, indem sie schreckliche Verbrechen begehen. Charlie ist anders. Er ist wirklich nicht gefährlich. Er ist einer dieser Verbrecher, die nur zur falschen Zeit am falschen Ort waren."

Alle in der Familie waren Vegetarier, weil sie das Töten von Tieren als Verbrechen ansahen, und daher gab es Pasta und Salat zum Mittagessen. Aber ich grübelte immer noch darüber nach, wie jemand, der in vieler Hinsicht so bewusst lebte und versuchte, ein guter Mensch zu sein, so viel Zeit seines Lebens damit verbrachte, irgendwelche Schwerverbrecher zu besuchen. Schließlich erfuhr ich, dass J. als Jugendlicher auch vom rechten Weg abgekommen war: Er war sehr intelligent und hatte keinerlei Probleme in der Schule, aber seine Eltern arbeiteten rund um die Uhr, und er verbrachte sehr viel Zeit allein ohne Beschäftigung. Aus Langeweile und weil er recht reif war für sein Alter, freundete er sich mit einigen älteren Jungen an, die vielfach aus zerrütteten Verhältnissen kamen und ihm beibrachten, dass es in Ordnung war, gegen Gesetze zu verstoßen, solange man sich dabei nicht erwischen ließ. J. machte mit, weil er nicht wollte, dass ihn die anderen für einen Schwächling hielten. Es dauerte nur wenige Jahre, und er verbüßte die erste Haftstrafe. Sein Interesse an Verbrechern ist weniger moralisch als vielmehr erkenntnistheoretisch motiviert.

Oder, anders ausgedrückt: Wie viele andere auch fasziniert J. vor allem die Tatsache, dass diese Schwerverbrecher sich allen moralischen Zwängen entziehen, aber dennoch nicht als verrückt gelten. In was für einer Welt leben diese Kriminellen, dass sie ihre Taten als für sich richtig begründen und sie sogar genießen? Wie kann es sein, dass sie erkennen, falsch zu handeln, und es dennoch tun? Wie sind sie innerlich beschaffen, dass sie mit ihren Taten leben können und sich selbst dann wünschen, wenn sie lebenslänglich im Gefängnis sitzen, dass sie es wieder tun könnten? Wenn das keine Krankheit ist, was dann?

Charles Manson zählt nicht zu den Verbrechern, die von Kräften außerhalb seiner eigenen Kontrolle dazu getrieben werden, sinnlose Gewalt zu verüben. Er ist vielmehr ein Krimineller, den die Umstände zu dem machten, was er ist, und der in den Sechzigern in eine gefährliche Beziehung zu jungen Menschen geriet, die etwas brauchten, was er nicht geben konnte. Und was macht ihn nun so besonders?

„Wissen Sie", erklärte mir J.s Mutter mit beruhigender Stimme, „versuchen Sie gar nicht erst, das zu verstehen, dann geht es Ihnen besser. Manche Leute brauchen das einfach, um ihr Leben zu füllen."

***

Einen Monat später stand erneut ein Besuch in Corcoran an. An jenem Samstag war ich die einzige Besucherin; wir hatten es so eingerichtet, dass er alle anderen am Sonntag sehen würde. Charlie lächelte und war ganz und gar sein freundliches Selbst, als ich den Besucherraum betrat. Er machte mir Komplimente zu meiner Frisur und den Cowboystiefeln, die ich trug; er schlug sogar vor, dass ich die Stiefel gegen seine alten Turnschuhe tauschte.

„Also, jetzt erzähl mir von dem Teufel in deinem Leben. Wir haben das Problem bisher nie wirklich ansehen können, nicht wahr?" Charlies Stimme war ernst und einfühlsam. Seine Augen waren ruhig und zeigten einen Schimmer Traurigkeit. Also erzählte ich ihm alles über meinen Stiefvater. Wie er Ratio und Logik mit Begriffen wie gut und richtig verknüpfte, aber nicht mit normal und sozial. Seiner Meinung nach hielt gerade die Normalität die Menschen davon ab, frei zu leben und Wagnisse einzugehen. Es war für mich sehr schwer, den „rationalen" Missbrauch zu schildern, den ich seit meinem 15. Lebensjahr hatte erdulden müssen, aber diesmal schaffte ich es.

Charlie schwieg eine Weile, dann nahm er meine Hand und flüsterte mir ins Ohr: „Er ist ein kranker Wichser, und du musst aufhören, rational zu denken. Seine Ratio ist krank. Er bezeichnet das, was ihn anmacht, als logisch und wahr und gut. Ich werde sofort den Kontakt zu dir abbrechen, wenn du noch irgendwas mit diesem Typ zu tun hast. Das ist ja nicht mal ein Mensch. Das ist eine Ratte. Ein Haufen Scheiße." Ich merkte, dass er zornig und nervös wurde. Solche Dinge machten ihm schwer zu schaffen. „Weißt du, was ich nicht glauben kann? Leute wie du, ihr seid zur Schule gegangen und habt lesen und schreiben gelernt, aber ihr wisst nicht, wie man so einen Scheißdreck entlarvt. Ihr erkennt nicht mal, was das für Müll ist, wenn es in Großbuchstaben draufsteht. Wie kommt es, dass du so blind bist? Hast du Angst? Angst vor wem? Fürchte dich, dumm und abhängig zu sein, aber habe keine Furcht, getötet zu werden. Sterben ist besser, als falsch zu leben. Das kannst du mir glauben."

Als ich anfing zu weinen, unterbrach er sich und hielt meine Hand.

„Okay, es ist vorbei. Komm, lass uns noch mal über die Stiefel sprechen."

* * *

Monate vergingen, bis ich das nächste Mal zu ihm fuhr, aber wir telefonierten per R-Gespräch mindestens dreimal die Woche. Es wurde ein Teil meines Lebens, Charles Manson zu besuchen und ihm zu schreiben, und wir stehen heute noch in Kontakt. Während der vielen Stunden, die ich mit ihm verbrachte, und durch die Briefe, die er an mich schrieb, wurde mir allmählich klar, was an ihm so besonders ist, und weshalb er bis zum heutigen Tag auf so viele Anhänger zählen kann. Er ist kein Clown, und doch kann er andere zum Lachen bringen. Er ist kein Messias, und doch wiederholt er ständig, dass etwas Schlimmes passieren wird, wenn sich die Welt nicht ändert. Er ist kein Prediger, und doch sagt er allen, sie sollen aufhören zu lügen und wahrhaftig und gut gegenüber sich selbst und anderen sein. Das sagt im Grunde alles. Dazu kommen seine besondere Lebensgeschichte und seine charismatische Persönlichkeit, aber auch das Bedürfnis bestimmter Menschen, sich mittels der Zugehörigkeit zu einer Subkultur eine eigene Identität und einen Platz in der Gesellschaft zu verschaffen. Das sind im Wesentlichen die Grundlagen für das Verständnis des Phänomens Manson Family.

Das System Manson funktioniert noch immer. Im Gefängnis gibt es eine Gruppe von Insassen, die für ihn die Pressearbeit erledigt und sich um seine juristischen Angelegenheiten kümmert. Andere lesen seine Briefe und entscheiden, welche davon beantwortet werden, wieder andere schreiben dann für ihn, wobei er stets darauf achtet, selbst zu unterzeichnen und eingangs zu erklären, wer in seinem Auftrag die Zeilen verfasst. Wenn sich ein Briefwechsel ergeben hat, dann bittet Manson seinen neuen Kontakt draußen, dem Schreiber ein Päckchen zu schicken. Es ist eine kleine Gruppe von Insassen, die damit in den Genuss kleiner Vergünstigungen kommt und so wiederum Charles Manson etwas schuldig ist. Dieses System macht alle Beteiligten glücklich, und es gibt Manson die Kontrolle und Macht, die er so genießt.

Für seine geschäftlichen Angelegenheiten hat er eine Gruppe von Managern, die sich um jeden neuen Einfall und um jede Idee kümmert, die ihm spontan einfällt. Zwei betreuen sein Patent auf eine Sprühflasche, die auch Saatgut verteilen kann, drei weitere sind mit seinen endlosen Beschwerden an die Gefängnisverwaltung beschäftigt, die übrigen sorgen schlicht dafür, dass er alles hat, was er braucht.

Manson verbrachte den Großteil seines Lebens hinter Gittern, und auch das spielt eine Rolle. Die langen Gefängnisaufenthalte gaben ihm Zeit und Gelegenheit, gründlich die Geheimnisse der Kommunikation zu erlernen. Er weiß, wie man zuhört und seinem Gegenüber das Gefühl gibt, etwas ganz Besonderes zu sein. Er erinnert sich an die Dinge, die seinen Gesprächspartner verletzt oder zum Lachen gebracht haben. Charles Manson weiß genau, wie er jedem Besucher den Eindruck vermitteln kann, ihm ganz besonders wichtig zu sein, und das birgt für viele Menschen ein Gefühl von Macht. Schließlich begriff ich auch den Unterschied zwischen ihm und Verbrechern wie meinem Stiefvater. Charles Manson wurde nicht durch eine krankhafte Neigung, sondern durch gesellschaftliche Umstände zu einem Kriminellen, den zudem ein besonderes Charisma und überdurchschnittliche Intelligenz auszeichnet. Drogen, aber auch die Sucht nach Liebe und der Macht, die er dadurch über andere Menschen erhielt, führten in den Sechzigern dazu, dass er sich zu einem gefährlichen Soziopathen entwickelte. Als schließlich die Ereignisse rund um die Manson Family eskalierten, hätte er schon allein aufgrund seines Alters die Verantwortung für seine jüngeren Anhänger übernehmen und eingreifen müssen, doch dazu war er nicht in der Lage. Er wusste nicht, was er tun sollte. Stattdessen ließ er den Dingen ihren Lauf – bis zu ihrem dramatischen und tödlichen Ende. Diese Schuld hat Charles Manson zweifelsohne auf sich geladen.

* * *

Es gibt einige Bücher, die sich rühmen, Charles Mansons autorisierte Biografie zu sein. Dennoch ist *Meine letzten Worte* das einzige, in dem er seine Geheimnisse mit eigenen Worten enthüllt und seine wahre Persönlichkeit erkennen lässt. Er mag mit seiner Einschätzung Recht haben, dass die Öffentlichkeit deshalb ihre Einstellung ihm gegenüber nicht ändern wird. Dennoch zeigt dieses Buch den wahren Charles Manson und untersucht zudem die gefährliche Macht, mit der die Anführer von Kultbewegungen ihre Anhänger dazu bringen, sich gegen sich selbst und andere zu wenden. Heute, im Jahr 2011, ist Charles Manson alt und schwer krank. Es ist ihm ein Anliegen, noch einmal seine Version der Geschichte zu erzählen.

Aus diesem Grund nahm ich all die Seiten, die ich nach jedem unserer Treffen geschrieben hatte, und fügte sie zu diesem Buch zusammen. Während der ersten zehn Jahre waren unsere Gespräche sehr offen und freundlich. Er versuchte meine Fragen zu beantworten, ohne in andere Welten oder zu anderen Themen abzudriften. Damals war ich die Einzige, die an den Samstagen zu ihm kam; angesichts seiner kurzen Aufmerksamkeitsspanne war es gut, dass ihn niemand ablenkte. Ich stellte ihm Fragen, die einerseits recht allgemein gehalten waren, andererseits auf seine spezielle Lage eingingen. Fragen wie: „Was ist die Quelle deiner ungebrochenen Integrität?“, „Wie kam es, dass die Family-Mitglieder derart abhängig von dir wurden?“, „Wie hat dich die Gesellschaft verletzt und weshalb?“ oder „Was macht dein Leben lebenswert?“ Er stieg jedes Mal voller Energie und mit Freude auf diese Fragen ein, und bei jedem Besuch kamen wir dem wahren Charles Manson näher. Unsere Treffen dauerten in der Regel zwei bis fünf Stunden. Anschließend schrieb ich auf, was er gesagt hatte, und bekam auf diese Weise einen großen Stapel Material zusammen, den ich nach einigen Jahren sichtete und mit passenden Kapitelüberschriften versah.

Bei vielen Besuchen begann er zu erzählen, ohne dass ich ihn mit Fragen dazu auffordern musste. Es machte den Eindruck, als habe er Spaß daran, mir seine neusten Erkenntnisse zu vermitteln, und mein „jüdischer Input“, wie er das nannte, war ihm wichtig. In all den Jahren, in denen ich ihn besuchte und ihm schrieb, habe ich gelernt, dass man ihn nicht dazu bringen kann, die berüchtigten Morde und die Hintergründe genau zu schildern: Er weiß wirklich nicht, was damals geschah und wie es dazu kommen konnte. Er konnte sich nicht vorstellen, dass die Dinge so aus dem Ruder laufen würden, und er hielt es nie für möglich, dass junge Leute aus Unsicherheit und Verwirrtheit derart extreme Taten für ihn verüben könnten.

In den letzten fünf Jahren hat Charles Manson viel von seinem scharfen Verstand und seiner Konzentrationsfähigkeit eingebüßt. Zwar erscheint er noch immer an jedem Wochenende im Besucherraum und versucht, seine Anhänger zu beeindrucken und seine übliche Show abzuziehen, aber sie ist inzwischen nur noch ein schwacher Abglanz von dem, was sie früher einmal war.

Ich erkannte schließlich, dass in meinen Unterlagen alles steckt, was Charles Manson je über sich und sein Leben sagen kann, und so ist dieses Buch ein echtes und unverfälschtes Porträt seiner widersprüchlichen Persönlichkeit geworden. Es zeigt zudem, was seine Anhänger in Charles Manson sehen, und wieso sie von ihm abhängig werden. Die 45-jährige Ace, die den langen Weg von Wisconsin nach Corcoran zurückgelegt hat, um ihn zu besuchen, bringt es stellvertretend für viele andere auf den Punkt:

„Charlie hat mir geholfen, mich selbst besser zu verstehen und zu begreifen, dass meine Gefühle okay sind. Er macht so tolle Musik und ist so ein großartiger Maler. Er ist einfach alles, was ein Mensch nur sein kann. Wir versuchen, seine Botschaft in die Welt hinauszutragen und seine Ideen Realität werden zu lassen."

Meine letzten Worte erklärt, wie viel von dieser Bewunderung Manson selbst zu verantworten hat – und wie viel nicht. Darin wiederum liegt der Schlüssel zum Verständnis dafür, welche komplexen Mechanismen innerhalb der Manson Family am Werk waren und wieso ihre Geschichte sich zuspitzte, bis sie auf tödliche Weise zu Ende ging.

MANSON ÜBER MANSON

24
DREN ARE NOT
WED TO STAND
OR SIT ON
UNTER TOPS

ÜBER MICH

Ich kam am 12. November 1934 zur Welt, als Kind einer Mutter, die ständig betrunken war, in einer kleinen Stadt in Cincinnati voller Gutmenschen, die erfüllt waren von dem Bedürfnis, Jesus zu folgen und von Zeit zu Zeit auszurasten. Das sind wirklich gefährliche Leute, diese Hinterwäldler, für die nichts anderes zählt, als sich lautstark zu amüsieren und mit solchen Späßen genug Geld zu verdienen. Sie töten dich, wenn du auch nur ein bisschen anders bist als sie. Meine Großeltern behandelten meine Mutter von vornherein wie eine Sünderin, und mit 15 lief sie zum ersten Mal von zuhause weg. Doch ihre Flucht führte sie in eine Welt, die genauso war wie ihr zu Hause, nur in einem größeren Maßstab. Auch aus dieser Welt versuchte sie zu fliehen, indem sie Verbrechen beging; sie wollte einfach nur genug Geld zusammenbekommen, um noch weiter weglaufen zu können. Aber so funktioniert das nie, es sei denn, du bist richtig schlau und gehst in die Politik.

Jedenfalls wollte sie verhindern, dass ich von ihren Eltern aufgezogen wurde, von meinen selbstgerechten Großeltern, und daher ging sie vor Gericht und sorgte dafür, dass ich in ein Heim kam. Sie konnte ja nicht ahnen, dass für Jungen, die unter staatlicher Obhut standen, das Bett in der Hölle gemacht war. Sie tat mir dasselbe an, was sie von ihren Eltern hatte erleiden müssen, wenn auch vielleicht nicht mit böser Absicht und ohne das doppelte Spiel der Christen, von wegen: „Wir sind gut, auch wenn wir Böses tun." Meine Mutter, Kathleen, Kat genannt, verbrachte viel Zeit im Knast. Kaum wurde sie entlassen, kam sie schon wieder rein.

Ich hatte nie die Chance, einen Platz in der Gesellschaft zu finden. Das hat mir vielleicht einiges erspart, mir aber in anderer Hinsicht auch das Leben zerstört. Meine Mutter zweifelte am Christentum, und ich zweifle ganz genauso an den guten Absichten der heiligen Väter und der Nonnen, die mich windelweich prügelten und dabei behaupteten, es sei nur zu meinem Besten. Ich erzähl dir jetzt mal was, und du wirst verstehen, warum Güte für mein Schicksal keine Rolle spielte. Da war diese Nonne, eine Frau, die Jesus pries und die von Güte und Rechtschaffenheit hätte erfüllt sein sollen, und sie zwang mich, mein kleines Hühnchen zu essen. Ich liebte dieses Huhn. Es war mein Freund, mein einziger echter Freund. Die Nonne sagte, dass Gott uns die Hühner gegeben hätte, um sie zu essen, wenn wir hungrig seien, und nicht, um sie gern zu haben und mit ihnen zu spielen. Und damit ich diese moralische Lehre richtig verinnerlichte,

◀ Charles Manson, 2010

musste ich dieses kleine Hühnchen töten und dann essen. Daraufhin lief ich aus dem Heim weg und begab mich auf die Suche nach meiner Mutter.

Aus dem Heim mit all seinen Schrecken entkommen, setzte ich alles daran, meine Mutter aufzuspüren und sie davon zu überzeugen, dass sie mich brauchte. Tatsächlich fand ich sie, aber sie war wie immer auf der Flucht vor der Polizei und hatte Angst, noch schneller geschnappt zu werden, wenn sie mich zu sich nahm. Meine Mutter musste stets illegale Dinge tun, um zu überleben.

Im Alter von elf Jahren stand ich auf der Straße, allein. Ich lernte zu stehlen, damit ich etwas zu essen hatte, und ich lernte die Menschen richtig einzuschätzen, damit ich überlebte. Nach ein paar Einbrüchen und zwei bewaffneten Raubüberfällen wurde ich festgenommen und kam in ein Erziehungsheim, die Indiana School For Boys. Da war ich 13. Aus dieser Hölle floh ich nach wenigen Monaten in einem gestohlenen Auto und wurde fast sofort wieder festgenommen. Danach brachte man mich in die National Training School For Boys in Washington. Bitte versuch mich zu verstehen, ich war ein sehr sensibler und empfindlicher Junge. Mir war bewusst, dass ich einen Weg würde finden müssen, um mich zu schützen und zu überleben, und wenn mir das nicht gelungen wäre, hätte ich mich in einen Penner verwandelt oder wäre draufgegangen.

Vor allem eins musst du verstehen. Irgendwie brachte ich mir bei, selbst in den schlimmsten Augenblicken glücklich zu sein. Ich bin intelligent genug, um bei allen Dramen und Tragödien die lustige Seite zu sehen. Das Leben auf der Flucht war meine einzige Möglichkeit, wenn ich nicht von einem Gesellschaftssystem gebrochen werden wollte, das mich ebenso im Stich gelassen hatte wie die vielen anderen Jungen, die unbedingt eine eigene Persönlichkeit entwickeln wollten. In allen Erziehungsheimen, in denen ich war, galten kranke und gefährliche Regeln. Dummköpfe hatten dort die Lizenz, eine Generation von verlorenen Kindern nach der anderen zu deformieren, Kinder, die Unterstützung und Liebe gebraucht hätten. Hier zerstörte man ihre Chance, sich je einen Platz in der Gesellschaft zu erkämpfen.

1960 verurteilte man mich zu zehn Jahren Haft, und ich kam ins Gefängnis von Terminal Island. Dort lernte ich, wie man zurechtkommt. Wie ich Musik machen konnte, ohne dass man die ganze Zeit auf mir herumhackte. Als die Zeit meiner Entlassung gekommen war, bat ich die Gefängnisleitung sogar, mich noch ein paar Jahre dort zu behalten. Ich wollte nicht wieder auf der Flucht sein. Dieses Leben hatte ich aufgegeben. Aber man hörte mir nicht zu, sondern erklärte lapidar, ich würde vorzeitig rauskommen. Am 21. März

1967 wurde ich gegen meinen Willen und mein besseres Wissen auf freien Fuß gesetzt. Das war der Beginn meiner besten Jahre und das Ende meiner Freiheit.

Meine erste Fahrt führte mich bis nach Berkeley in Kalifornien, und als ich dort an einer Straßenecke ausstieg, traute ich meinen Augen nicht. Ich schwöre, das war zu viel. Ich spielte auf der Straße Gitarre, um ein bisschen Geld zu verdienen und Freunde zu finden. Überall in der Stadt machten es die Leute so, und es dauerte nur ein oder zwei Tage, bis ich erste Kontakte knüpfen konnte. Zum ersten Mal in meinem Leben wollten die Leute hören, was ich über das Leben dachte, und wieso ich meinte, dass die Gesellschaft gefährlich sein konnte. Die Jahre, in denen ich auf der Straße und in Gefängnissen gelebt hatte, ohne dass man mich gebrochen oder in eine Marionette verwandelt hätte, machten aus mir einen Menschen, zu dem andere aufsahen. Es war, als kannte ich ein Geheimnis, das sie auch gern erfahren wollten. Das Geheimnis, wie man auch unter schlimmsten Umständen und in den schmerzvollsten Augenblicken man selbst bleibt: Das war es, was ich ihnen mitteilen sollte. Sie sehnten sich nach diesem Wissen, um sie selbst zu bleiben und nicht zu Werkzeugen der Marktwirtschaft zu werden oder zu menschlichen Produkten, die man verkaufte.

Ich sagte diesen jungen Leuten nichts weiter, als dass andere sie nicht kontrollieren sollten, und dass sie so sein müssen, wie sie sein wollen. Darin bestand mein Verbrechen. Meine böse Tat. Deswegen trage ich diese hässlichen, verdammten Uniformen bis ans Ende meines Lebens. Nie habe ich jemanden angeleitet, gewalttätig zu sein oder Drogen zu nehmen. Wir haben die ganze Zeit über Musik gemacht. Ja, ja, ich kann gar nicht zählen, wie viele Songs die Beach Boys uns gestohlen haben. Dennis Wilson kannte die Wahrheit und kam nicht damit zurecht. Der Typ war zu weich und hat sich umgebracht.

Ich war kein Anführer. Ich war nur jemand, den sie brauchten, um sich selbst gut zu fühlen. Vor allem die jungen Frauen. Die brauchten das Gefühl, alles zu bekommen, was ihnen fehlte, und das hatten sie, sobald ich in ihr Leben trat. Es war nicht so, dass ich dagestanden hätte wie ein Gott und sie aufgefordert hätte, mich anzubeten. Auf so eine Art von Rausch fuhr ich nicht ab.

Ich habe nie jemanden gebeten, bei mir zu bleiben, und ich habe niemanden gezwungen, mich zu lieben oder auch nur zu mögen. Und ja, die Morde, die vielen Morde, deren Planung und Ausführung man mir vorgeworfen hat, die habe ich niemals angeregt. Es war eine Kettenreaktion aus Drogenmissbrauch und Ängsten und der Tatsache, dass wir uns im Musikgeschäft nicht durchsetzen konnten. Sie alle folgten Tex. Nicht mir.

with a BLACK △ prymid on the back + a BIG
Stinger like ⇓. Cops were running & I
was hide in the Bush - Squared off to fight
HAHA + the fast fly lands on
the back of my hand - no hands fly.
was fly HUH never in my life have I see
a living thing move so fast. it would
HOVER in my face + duck behind me + STING
me in the neck as if it were stopin
time + fucking its babys or LANDING
VISITING ROOM, VISITORS WILL NOT BE
EXCEPT IN CASE OF EMERGENCY
INCLUDING CHILDREN
BRING ALCOHOLIC BEVERAGES-DRUGS-
AMMUNITIONS-EXPLOSIVES-
INTO INSTITUTIONAL GROUNDS OR
NEW YORK

KEINE TRÄNEN MEHR

Irgendwann, wenn wir die Straße des Lebens vielleicht schon ein ganzes Stück entlanggegangen sind, werden wir anders, als wir uns das eigentlich vorgestellt haben, anders, als wir es uns selbst einmal in unseren Träumen ausgemalt haben. Wir lernen, uns zu mögen, uns so zu akzeptieren, wie wir nun einmal durch unser Leben geworden sind – und wir hassen es, jeden Morgen, jeden Augenblick. Wir sehen die Fältchen in unseren Gesichtern, und wir sagen uns, es hätte schlimmer kommen können. Unsere Körper sehen aus wie eine Tüte aus geknicktem Papier, die sich auf zwei Stöckchen fortbewegt, nicht einmal mehr in einer geraden Linie, und wir sagen, er könnte auch schon tot sein. Wir weinen nicht ... wir hoffen nicht, uns zu verändern ... und wir können uns auch keine andere Welt erträumen. Wir sind die Fehler, die wir gemacht haben, und die Schwächen, die wir entwickelt haben, und die Gewohnheiten, die uns inzwischen zur Natur geworden sind.

Wer glaubt, dass er sich ändern muss, der sollte das tun, und zwar am besten sofort, ohne erst auf den richtigen Augenblick zu warten. Ich war als Junge einfach zu schwach, ich hatte nicht den Mut und das Wissen, um selbst einen besseren Weg für mich zu finden und ihn dann mit meiner ganzen Cleverness und all meinen Talenten zu verfolgen. Ich begann mein Leben mit einem verdammt schlechten Blatt, mit Karten, die meine Mutter mir gegeben hatte, und ich ließ zu, dass sie mich prägten. Es war, als hätte ich Angst, innezuhalten, mich umzusehen und eine andere Richtung einzuschlagen. Ich ließ zu, dass ich immer weiter abstieg, dass ich ein Dieb wurde, schließlich sogar ein ziemlich guter. Schon bald verschwand der Junge, der in mir gesteckt hatte, und der junge Mann, zu dem ich wurde, erinnerte sich nicht mehr daran, wie er früher einmal gewesen war.

Den ersten Knacks bekam ich gleich zu Anfang, nachdem man mich ins Heim gesteckt hatte. Ich war erst sechs, als mich ein Junge von vielleicht 14 Jahren missbrauchte. Anschließend beschimpfte er mich und erzählte jedem, was für ein süßes Mädchen ich gewesen war. Es war einfach niemand da, zu dem ich hätte gehen können. Es gab keine Hilfe. Die heiligen Brüder und Schwestern geben sich mit dem sündigen Zeug nicht gern ab. Sie haben Angst, dass der Dreck abfärbt. Schau dir doch nur mal den Papst an, der

◄ Michal Welles und Charles Manson im Besucherraum von Corcoran, 2007

this is not BUT ONE
interview! as it IS

turning in my thoughts
you not looking
like you from the
israel press - you look
more LIKE a free lance
types whos out looking
for rabbits you a type
personal  I sure am
Dumb -

hasst den Dreck noch immer und weigert sich, irgendwelche Maßnahmen dagegen zu ergreifen, denn wenn man diese Scheiße beim Namen nennt, dann wird man gewissermaßen ein Teil davon. Jedenfalls war ich damals schon fast gebrochen und hatte eine Scheißangst. Aber es gab niemanden, der mir hätte helfen können, niemanden, dem ich hätte vertrauen können. Jedes Wort, mit dem man sich beklagte, war ja gewissermaßen eine Kritik am Christentum, verstehst du? Hast du eine Ahnung, wovon ich rede? Auf gewisse Weise ist alles miteinander verbunden, und du bist verbunden mit all den Dingen, die du mit dir hast geschehen lassen. Das ist einfach eine Grundregel – wenn du nicht rechtschaffen lebst, dann kommst du vom rechten Weg ab.

Und ein Leben auf der Flucht ist oft verdammt übel. Man ist nicht wirklich frei, wenn man dauernd flieht. Was kann man tun? Wen kann man lieben? Wie viel Musik kann man machen? Nicht viel. Plötzlich ist das Blaulicht da, tatütata, und sofort rennst du los in der Hoffnung, dass du noch ein bisschen Zeit in Freiheit schinden kannst, bevor du wieder im Knast landest. Am nächsten oder am übernächsten Tag sitzt du in Handschellen in einem Polizeiwagen, und diesmal, sagt man dir, wirst du eine richtige Strafe aufgebrummt bekommen. Aber bin ich nicht schon bestraft worden, seit ich auf der Welt bin? Mehr habe ich doch gar nicht getan, ich habe nur ständig dafür bezahlt, auf der falschen Seite und im falschen Augenblick geboren worden zu sein. Weißt du, was Cary Grant mir mal gesagt hat, auf irgend so einer abgefahrenen Hollywood-Party, auf der ich mit Dennis von den Beach Bums, äh, den Beach Boys war? Dass ein guter Schauspieler oder Sänger immer gut aussieht, auch wenn er eigentlich hässlich ist, weil er Zeit für romantische Momente hat. Ich hatte nie die Zeit, etwas Gutes aus mir zu machen.

Ich will dir einen Rat geben. Versuche, dankbar zu sein und nicht bitter, und nutze deine Chance, das zu sein, was du willst, und das zu erschaffen, was du kannst. Verkaufe dich nicht.

VIEL GLÜCK EUCH ALLEN.

◀ Aus einem Brief von Charles Manson an Michal Welles, 1995: „Das ist nicht nur ein Interview! Wie das oft so ist – du siehst nicht aus, als ob du von der israelischen Presse wärst, sondern eher wie eine Freiberuflerin auf Karnickeljagd. Du bist ein Trip. Und ich wahrscheinlich dämlich."

ERINNERUNGEN AN GANZ, GANZ FRÜHER

Ihr wollt doch alle hören, dass mich dieselben Dinge umtreiben wie euch, derselbe Supermarkt der Gefühle, dasselbe Kaufhaus der Talente und dieselben Seifenopern-Tragödien. Dass ich die Regeln beachtet und eure Spielchen mitgemacht habe, um genauso zu sein wie ihr. Und wenn ich das nicht bestätigen kann, dann muss ich wohl ein Ungeheuer sein, das aus einer hässlichen Welt voller schwer bewaffneter Penner und tätowierter Weiber ausgebrochen ist. So Typen, die priemen und Tiere quälen und rohes Hack zum Frühstück fressen. Aber stellt euch mal vor, ihr Hampelmänner mit euren vorgefertigten Meinungen, ich hatte auch eine Mutter, die sich wünschte, mich lieben zu können. Und damit sind wir alle Kinder, die entweder durch die Liebe zerstört wurden oder an ihr gewachsen sind.

Bevor sie mich bei meinen Großeltern aussetzte, sah meine Mutter mich mit so traurigen Augen an, dass es einen Stein erweicht hätte, und ich bekam plötzlich das Gefühl, als würde sie mich nie wiedersehen. Ich erinnere mich an einen ihrer Freunde, der uns mal zum Gericht gefahren hat. Er hatte ein rotes Gesicht voller Krater, als ob man den Dreck aus unserem Hinterhof in seiner Haut begraben hätte. Er hasste mich und verachtete meine Mutter. Und ich hasste und fürchtete ihn, aber ich hatte keine Knarre, um ihm das zu geben, was er verdient hätte. Ich war so nervös und hätte so gern gewollt, dass mich meine Mom umarmt. Nur ein bisschen. Dass sie mich umarmt und verspricht, sich um mich zu kümmern und für meine Sicherheit zu sorgen. Auch wenn es nur für die kurze Zeit war, in der uns dieser Typ zum Gericht fuhr. Wo meine Mom dann alle Sorgerechte für mich abgeben und sich vor mir retten wollte. Wo sie den kleinen Jungen loswerden konnte, der nur von ihr geliebt werden wollte. Der Ausdruck in ihrem Gesicht, wenn sie sich bei diesem Kerl für mich entschuldigte, hat sich jahrelang in meinem Gedächtnis eingebrannt.

Weißt du, man kann die Leute aufteilen in solche, die Mitleid haben, solche, die Bedauern zeigen, und solche, die derartige Gefühle überhaupt nicht kennen. Dieser widerliche Kerl hatte überhaupt nichts Gutes in seinem Herzen. Menschenkreaturen wie der wollen nur Spaß, Befriedigung, Tabak, fettige Steaks und eine Frau, die im Bett ihren Namen schreit. So ein Typ war das. Und meine Mutter hatte so viel Angst davor, sie selbst zu sein, und so große Schuldgefühle, weil sie nicht jemand anders war, dass dieser Macker ihr armseliges, trauriges Dasein völlig kontrollieren konnte.

An diesem Tag kamen wir zu spät zu dem Gerichtstermin, weil Rex – jawohl, so hieß der Typ – erst noch mal irgendwo halten musste, um zu pinkeln, und mir dann einen langen Vortrag darüber hielt, weswegen ich nichts taugte. Anschließend mussten meine Mutter und ich den Rückweg zu Fuß zurücklegen, bis zu der dreckigen Wohnung, die sie sich damals mit Rex teilte. Das war ein toller Spaziergang für mich. Meine Mutter war schlank und nur etwa einssechzig, und sie trug einen zerknitterten Rock, den sie am Bund festhalten musste, weil der Reißverschluss kaputt war. Aber sie hatte mich an die Hand genommen, damit wir schnell im Gleichschritt gehen konnten. Einmal stolperte ich und schlug mir die Knie auf, und sie blieb stehen, um zu schauen, ob ich mir sehr wehgetan hatte. Ich sehe immer noch ihre glänzenden Augen vor mir, wie sie meinen Schmerz umfingen, und mich diese ganz besondere Sanftheit einer Liebe berührte, die schmerzt und die für immer außer Reichweite ist. Sie war traurig. Und ich war noch trauriger als sie. Aber wir wagten beide nicht zu erwähnen, wie unfair alles war und wie sehr wir uns wünschten, dass es für uns einfach ein bisschen besser hätte laufen können.

Bis zu diesem verdammten Tag heute, nach endlos vielen einsamen Nächten, wünsche ich immer noch, ich hätte als Kind mehr gesagt. Aber wenn man ständig reingedrückt bekommt, dass man nichts taugt, dann kommt es einem irgendwie unangemessen vor, über sein Schicksal zu klagen. Von wegen, für wen hältst du dich überhaupt, dass du meinst, etwas wollen zu dürfen? Du solltest dankbar sein für das, was du kriegen – oder klauen – kannst.

Wir kamen also nach Hause, und meine Mutter hatte noch eine Flasche Schnaps im Küchenschrank versteckt, die sie nun leermachte. Es tat ihr nicht gut, wenn sie so viel trank. All das Freundliche, Nette, Liebliche verschwand dann. Aus Schmerz und Elend wuchsen Zorn und Hass und Gewalt – gegen mich. Sie sah mich an, als wüsste sie nicht, wer ich war. Als sei da was im Zimmer, das sie gar nicht recht erkannte. Ein Junge? Was denn für'n Junge … und was soll ich mit dem? Ich bekam Angst, und mich überkam ein Gefühl, als sei ich von allem betrogen worden, was mir je wichtig gewesen war. Da gab es nichts mehr, keine Sehnsucht, keine Träume, keine Pläne. Wenn du kapierst, dass deine eigene Mutter dich nicht lieben kann, dann verändert

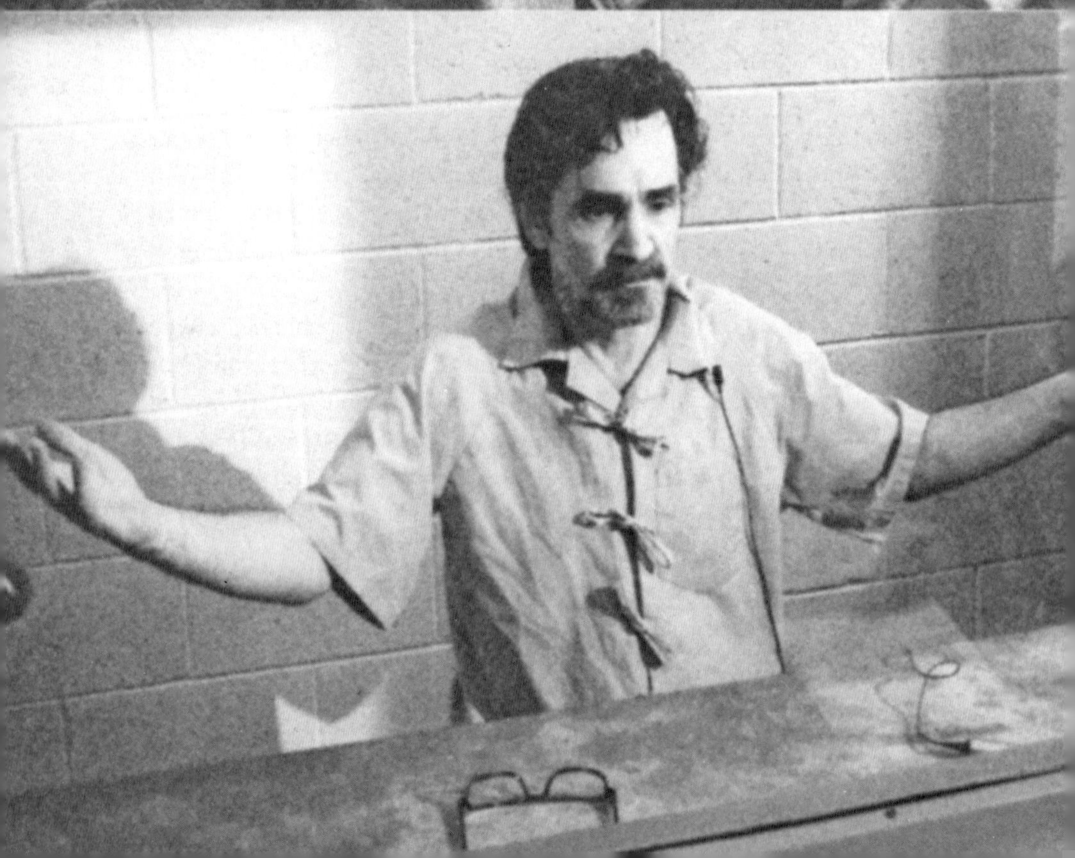

es dich und deine Stellung in der Welt. Dann können andere alles aus dir machen, weil du nämlich total verzweifelt bist.

Das bekam ich schon früh im Leben zu spüren: dass ich aufpassen musste, nicht für irgendwen der Arsch zu werden, nur weil ich geliebt werden wollte. Ich machte das genaue Gegenteil. Um auf der sicheren Seite zu sein. Mir war klar, man wollte mich brechen, und alle hatten es auf mich abgesehen. Also habe ich gut auf mich aufgepasst und darauf geachtet, dass ich hart und schlau und scheißunabhängig rüberkomme. Genau, immer schön den Kopf hoch. Klar hatte ich Schiss, aber ich habe es mir nie anmerken lassen. Ich war immer hungrig und allein, aber ich hätte mich geschämt, zu heulen und zu betteln und Schwäche zu zeigen. Außerdem hatte ich eh das Gefühl, dass es keinen interessiert, wieso hätte ich also eine Show abziehen sollen?

Hoffen und betteln und heulen erschien mir einfach zu gefährlich. Denn dann wissen alle, dass sie dir wehtun können. Erwachsene laden ihren ganzen selbstgerechten Scheiß auf dir ab und tun so, als ob sie sich um dich kümmern wollen, dabei wollen sie in Wirklichkeit nur ihre Wut und ihre Frustration an einem armen Kind auslassen, das sich nirgendwo beklagen kann. Andere Kinder finden es großartig, wenn du schwach bist, denn dann können sie mit deinem gebrochenen Herzen und deiner mitgenommenen Seele spielen. Ich wurde schlauer als die anderen. Ich wusste, was die Menschen brauchten, um sich toll zu fühlen, und das war für mich der Schlüssel zum Erfolg.

Aber genug davon, kommen wir mal wieder zurück zu der dreckigen Wohnung und der betrunkenen Mutter … und dem Macho-Arschloch von Freund. Es dauerte keine zehn Minuten, bis meine Mutter unter dem Einfluss des Alkohols anfing, mich zu beschimpfen und zu verprügeln. Sie verfolgte mich durch die schmierige Küche, in der es nach kaltem Rauch und alten Schuhen stank, brüllte meinen Namen und schrie, sie würde mir mein dreckiges Maul stopfen und mein armseliges Dasein beenden, wenn sie mich erwischen würde. „Dann wirst du anderen Leuten nicht mehr das Leben schwer machen können. Du elende kleine Ratte.“ So ging das immer und immer weiter. Wenn ich heulte, hasste sie mich nur noch mehr. „Hör auf, wie ein kleines Mädchen rumzuflennen. Was bist du nur für ein Weichei!“ Sie schrie und brüllte und verfolgte mich durch die ganze Wohnung. Ich war damals erst neun Jahre alt. Das alles fand schließlich ein Ende, als die Nachbarn wegen des Geschreis aus dem ersten Stock so genervt waren, dass sie es der Polizei meldeten. Als die Bullen dann vorbeikamen, um sich

◀ Charles Manson während eines Interviews
mit Michal Welles, 1995

P.S. Everyone always
Seems to put me in a
place that they NEED
to think me as - then
they Judge them selves
in & by me as if they
what they want think
+ as need me to be - All
I am is a Voice for ATWA
TELL M TO STOP
TRYING to put her
reality over me - I
went thru 12 Dr's
in Vacaville -
OVER

▲ Aus einem Brief von Charles Manson an Bennie Jay Teal und Michal Welles, 1999: „Jeder will mich so wahrnehmen, dass ich seinen Vorstellungen entspreche. Dann beurteilt er sich selbst in mir und durch mich. Ich bin nur die Stimme für ATWA. Sag M., sie soll aufhören, mir ihre Realität überzustülpen. Ich hab' in Vacaville zwölf Ärzte durchgebracht."

die Sache anzusehen, taten sie das, was sie am besten können – sie nahmen meine Mutter fest und gaben mich in die sicheren Hände der Sozialdienste, die dafür sorgen, dass Jungs auf schlimme Weise zum Guten erzogen werden. Ich erfuhr nicht, was mit meiner Mutter geschehen war. Man sagte mir nur in aufgebrachtem Ton, sie sei nicht gut und ich sollte nur nicht genauso schlecht werden wie sie. Na klar. Vielleicht nicht so schlecht wie sie, aber so schlecht wie ich. Mehr kann man wohl nicht verlangen.

Und schau mich heute an. Wo ich bin. Wer ich geworden bin. Für wen ihr mich alle haltet, und wieso ihr nicht wollt, dass ich je wieder aus dem Knast rauskomme. Der geheime Fluch, der all das in Gang setzte, wurde damals in dieser dreckigen Wohnung ausgesprochen, als ich mein Vertrauen in die Welt verlor und keinerlei Hoffnung mehr hatte, dass man mich jemals wirklich und wahrhaftig lieben würde. Jeden Morgen reißen sie dich um halb sechs zum Beten aus dem Schlaf. Zehn Minuten, in denen du deine tiefsten Hoffnungen, echten Wünsche und naiven Überzeugungen aussprichst. Und nach dem Beten sorgen sie dafür, dass dich die Realität ganz schnell wieder einholt.

Und dann sitzt du im Unterricht und kriegst vielleicht mal was nicht mit, was der Lehrer gesagt hat. Also fragst du nach. Vielleicht nicht im besten Englisch und vielleicht auch ein bisschen aufmüpfig, denn hey, schließlich bist du ein kleiner Junge. Und der nette Lehrer brüllt dich zusammen. Fährt 'ne richtige Attacke auf dein ganzes Ich, auf alles. Und wenn du zu Staub zerfallen bist und nichts Sinnvolles zu deiner Verteidigung mehr vorbringen kannst, erst dann hört der Krieg gegen dich auf. Aber dann bist du verängstigt und erschöpft und hast das Gefühl, nie mehr im Leben etwas Gutes zu verdienen. Du bist beinahe gebrochen.

Das ist der Augenblick, in dem Jesus und Maria bei dir anklopfen. Sie sind nämlich deine einzige Chance, zur richtigen Gruppe zu gehören, das Richtige zu tun und an niemandem mehr zu zweifeln außer an dir selbst. Ich hörte das Klopfen wohl, aber anstatt zu öffnen, verrammelte ich meine Tür vor Jesus und seinen ganzen Cheerleadern. Ich wusste, dass man nicht mit offenem Herzen und aus Fürsorge bei mir angeklopft hatte, sondern nur aus dem Drang, dem zu dienen, was sie als heilig bezeichneten. Und genau das gab diesen Leuten das Recht zu Lügen, Missbrauch und Folter; sie taten all das für Gott. Ich finde es ekelhaft, Gott als Entschuldigung für das Böse zu nutzen, und ich ließ mich weder durch Süßigkeiten noch durch schöne Reden dazu verlocken, von meinen Überzeugungen abzuweichen.

I Should know
in 30 days.
when Im out of
lock up & where
it will be
they gona send
this typs – There
are so many people
involved I cant
Keep TRACKER
over

▲ Aus einem Brief von Charles Manson an Michal Welles, 2001: „Wenn ich in 30 Tagen aus dem Einschluss rauskomme, sollte ich wissen, wohin diese Typen geschickt werden – es hängen so viele Leute drin, ich habe total den Überblick verloren."

Ich schlage mich lieber mit richtigem Scheiß herum, als mich von falschen Leuten einwickeln zu lassen, die mit zweierlei Maß messen. Tja, und als sie kapierten, dass ich ihre Wahrheit nicht als das einzig Wahre anerkennen wollte, haben sie mich dafür richtig bluten lassen. Plötzlich war meine ganze Existenz eine Beleidigung für sie und ihr heiliges Leben. Ich wurde schon mit zehn Jahren zum Teufel erklärt. Einfach so.

Ich floh aus dieser Anstalt, nachdem man mich fast totgeprügelt hatte, weil ich vorm Essen nicht gebetet hatte. Vorher war ich schon fünf Mal verwarnt worden, und damit war ich in ihren Augen eine Schande für alles, was einen Menschen ausmacht. Eine Schande, die es verdient, beschissen behandelt zu werden, und das immer und immer wieder, so wahr ihnen Gott helfe. Ich war noch keine elf, da waren die Straßen bereits mein Zuhause und ich hatte einiges an Lebensweisheit gelernt, das mir half, mich durchzubeißen. Wenn sich eine Geschichte irgendwie komisch anhörte, dann glaubte ich sie vorsichtshalber nicht. Und überhaupt ließ ich nur Dinge bis zu mir durchdringen, bei denen ich ein Körnchen Wahrhaftigkeit spüren konnte. Dinge, die man in seinem Innersten fühlt, für die man sterben würde.

Es ist schon komisch, aber die wirklich wahrhaftigen Leute sind meist ganz schlichte Menschen. Menschen, die einfach gern das sind, was sie nun einmal sind, und die wissen, dass das ihr Recht und ihre Pflicht ist. Einmal, in einer stürmischen Nacht, als es schon sehr spät war, habe ich eine solche Person getroffen. Sie war eine alte Nonne, die Püppchen aus Lumpen machte, und der ich Leid tat, weil ich bei kaltem Wetter mit einem alten Kissen und einem kaputten Regenschirm draußen saß. Ich lächelte sie an und fragte, ob sie vielleicht etwas zu essen oder ein bisschen Kleingeld hätte. Sie blieb stehen und sagte, das hätte sie gewiss, aber sie würde gern etwas mehr über mich wissen. Als ich ihr erzählte, ich sei schon seit elf Jahren auf der Flucht davor, gehasst, abgelehnt und bestraft zu werden, und auf den Straßen sei es selbst an einem solchen Tag wärmer war als dort, wo ich herkam, da traten Tränen in ihre alten, müden, braunen Augen. Sie umarmte mich und sagte, ich sollte mit in ihre Wohnung kommen und mit ihr essen. Zwar habe sie selbst nur wenig, aber für uns beide würde es schon irgendwie reichen.

Ihre Wohnung bestand aus einem kleinen Raum mit einem kaputten Sofa und einem winzigen Tisch. Sonst gab es noch zwei Stühle, die aber beide so wacklig aussahen, dass man sich kaum traute, sich gemütlich draufzusetzen. Die Nonne machte uns Reis und Kartoffelbrei, und mir schmierte sie ein Sandwich mit Butter und der letzten Erdnussbutter, die sie noch hatte. Wir tranken jede Menge Tee und sprachen über meine Zukunft. Sie wusste

Such a girl you are to say the least to the high
preast of the last when you only wright me when
you alone with no bones to chew on + clim the
dog boy again – what am I
to do with $5.00 buys a

Flute CAKE for
the hole + hide the hole
+ shave all the hair off +
see how you look with a skin head
again – your pots cracked + your broom
got broke in the last match + you sleep crying –

you love + only
know it the rest like you + you miss me –

nicht, wie hart und schwer mein Leben bisher verlaufen war, und ich wollte ihr davon auch gar nicht erzählen. Also sagte sie mir, worauf es im Leben ankam, und das klang so:

„Pass mal auf, mein Junge. Hör mir genau zu, denn das, was ich dir jetzt sage, kann vielleicht dein Leben verbessern. Wenn auch nicht durch Geld, dann doch durch das, was du in deinem Innersten bist. Als ich so alt war wie du oder vielleicht auch ein Jahr jünger, starb meine Mutter. Meine Schwester und ich blieben bei meinem Vater zurück, der sich nicht um uns beide kümmern konnte. Ich beschloss, fortan Gott zu dienen, damit ich niemandem zur Last fiel und meine Schwester all die Liebe und Aufmerksamkeit unseres Vaters bekommen konnte. Diesem Weg folgte ich, bis ich zu Gott fand. Ich fand ihn, weil ich rechtschaffen und gut war, und ich erkannte, dass alle Bedeutung von ihm ausging. Junge, such dir eine gute Aufgabe. Auch wenn du es vielleicht nur tust, um jemand anderen zu retten – dabei wirst du auch dich selbst retten."

Dann begann sie zu weinen, und sie weinte und weinte und weinte. Da merkte ich, dass in ihrem Innern viel Bedauern, Hoffnung und Traurigkeit verschlossen lagen, von denen sie nichts erzählen wollte. Aber sie lebte ein ganz einfaches Leben und versuchte, durch ihr Opfer Gutes zu tun. Doch nun ging das Licht aus, und draußen tobte laut und heftig der Sturm. Sie fiel von ihrem Stuhl und stand nicht wieder auf. Ich rannte hinaus in die Kälte und wusste, dass mein Engel mich verlassen hatte.

VATER

Mein richtiger Vater war einfach nur ein Typ, der irgendwann mal mit meiner Mom geschlafen hatte und dann seiner Wege ging. Der Typ, mit dem sie zusammen war, als ich geboren wurde, gab mir seinen Nachnamen, Manson. Er war nie da und gab mir nie das Gefühl, in ihm einen Vater zu haben. Ich wollte auch nie einen, denn das hätte bedeutet, gar keine Zeit mehr mit meiner Mutter zu haben. Als ich noch ganz klein war und bei meinen Großeltern wohnte, sang ich manchmal in kalten Nächten „la la la la" vor mich hin, um einzuschlafen, und einmal kam meine Großmutter zu meinem Bett, das in der Ecke ihres Zimmers stand und flüsterte mir etwas zu. Ich war für sie kein besonderer Junge, der etwas Zuwendung gebraucht hätte, um sich geliebt zu fühlen. Damals war es ja so – wenn man nicht auf der richtigen Seite des Lebens geboren worden war, dann hatten die Christen ein echtes Problem damit, und man wurde stets als die Frucht der Sünde behandelt, die nichts taugen konnte. So einer war ich.

Jahre später, als ich diese jungen Leute auf den Straßen von Berkeley kennen lernte und sie mich tatsächlich behandelten, als ob nichts Böses in mir wäre, da war ich nicht nur glücklich, ich fühlte mich geradezu wie ein neuer Mensch. Es gibt ein paar Dinge, die sich in unsere Herzen einbrennen – beispielsweise, wenn man von kleinauf ständig für böse und unrecht erklärt wird. Als Red [Lynette Fromme] sich ganz geschockt bei mir bedankte, weil ich, der sie ja gar nicht kannte, eingeschritten war, als dieser Typ sie auf der Straße verprügeln wollte, da konnte ich es gar nicht glauben. Sie war wie der Junge, der einen liebevollen Blick von seiner Großmutter gebraucht hätte, bevor sie ihm die Liebe Gottes versprach. Aber ich konnte Red das jetzt geben. Ja, ja, genauso war das. Wie einfach das rückblickend erscheint. In uns allen gibt es solche Augenblicke, in denen unsere innersten Bedürfnisse und dunkelsten Ängste vor dem Alleinsein zum Tragen kommen. Red war mir so dankbar, und nichts, was ich später sagte oder tat, konnte etwas daran ändern. Und selbst heute empfindet sie in den tiefsten Winkeln ihrer Seele noch genauso.

Alle von diesen jungen Leuten, die bei uns landeten, hatten etwas in sich, was an ihnen nagte, ihnen die Ruhe und das Selbstvertrauen untergrub und ihr eigentliches Ich zerstörte. Und ich, der ewige Knacki, das Straßenkind, das schon im Kleinkindalter getürmt war, der Sünder seit dem Tag seiner Geburt, ich stand da und erklärte ihnen, dass mit ihnen alles in Ordnung war. Das allein war schon ein Schock. Als ich ihnen dann noch zu sagen wagte, dass ihre Eltern falsch gehandelt und nicht das Recht gehabt hatten, ihnen die Seelen zu stehlen, entstand daraus die geheime Mischung, aus der meine Macht erwuchs. Aber jetzt sag mir mal: was war falsch an dem, was ich ihnen sagte?

Ja ja, sie sagen, ich habe Kinder, von denen eines Selbstmord begangen hat, und eines sieht aus wie ich, und so weiter und so fort, na und? Das ist ein Kapitel in einem Buch, das wir nicht schreiben können, eine Geschichte, die wir nicht lesen können. Es gibt ein Leben, dessen Weg aus unseren Gärten hinausgeführt hat. Wenn ich heute Vater wäre, würde ich dafür sorgen, dass meine Kinder drei Dinge über das Leben erfahren. Ganz einfach:

- Als Baby solltest du über den Boden kriechen, so lange du kannst, sonst wirst du später im Leben kriechen müssen.
- Höre immer erst zu und sprich erst viel später.
- Geh lange genug in eine Richtung, bis es dir gelingt, deinen Traum zu erschaffen.

Ich hab dir doch gesagt, dass ich ein bisschen blöd bin. Das Leben ist ein Weg, um deinen Traum zu verwirklichen, das ist alles. Und das ist eine sehr komplexe Reise, die über viele Berge führt, mit Fallen und Schmerzen. Einem Kind die Kraft mitzugeben, in eine Richtung zu gehen, ist das wohl wichtigste Geschenk. Meine Richtung ging immer nur bis zur nächsten Mahlzeit und dem nächsten Unterschlupf für die Nacht; es wäre Quatsch gewesen, weiter zu denken. Aber ich habe mich von all dem nie fertigmachen lassen. Von niemandem. Das spielt hier, wo ich jetzt bin, und dort, woher ich komme, eine große Rolle. Wenn einem die Schließer Respekt entgegenbringen, dann heißt das, sie wissen, dass du dein eigenes Spiel spielst und keinen Wert auf ihres legst. Mir ist es scheißegal, was sie hier drin über mich erzählen – sonst können sie ja nicht viel machen. Aber sie wissen Bescheid, das liest man in ihren Augen und hört es an der Art, wie sie reden. Die Männer hier sind wie Männer überall. Bilde dir nicht ein, dass sie sich ändern, dass die Menschen sich überhaupt je ändern. Die Chance, das zu werden, was wir wollten, und das zu bekommen, was wir brauchen, haben wir schon vor langer, langer Zeit verloren.

Liebe, Liebe, Liebe – ist sie das Wichtigste überhaupt? JA. Alles andere liegt in ihr verborgen. Wenn man wirklich liebt, dann möchte man tun, was gut ist. Wenn man aber das Gute tun will, dann muss man vorher lernen, was das ist. Und um zu lernen, was gut ist, muss man in Ordnung sein. In Ordnung, unabhängig von Rasse, Religion oder Geschlecht. Wir müssen aufhören, so engstirnig alles in unserem eigenen kleinen Bezugsrahmen zu betrachten, und begreifen, dass alles miteinander in Zusammenhang steht. Wenn wir doch nur unseren Blick weit genug öffnen könnten, dass uns klar wäre, welche Puzzleteilchen an welche Stelle gehören … Ich bin nicht zornig und ich bin nicht bitter. Ich warte nur. Und warte. Bis ich eines Tages sterbe.

▲ Zeichnung von Charles Manson, 2004

ES WAR EINMAL EIN JUNGE

Dieser Mann hier, das bin ich. Dieser Schatten eines verdammten Geistes mit dem Gesicht eines Elefanten und dem Hirn einer Walnuss ist völlig erschöpft, treibt sich aber weiter an, denn seine Besucher wollen Visionen hören und von Träumen erfahren. Ich möchte am liebsten laut herausschreien, dass mir das alles zu viel ist. Dass ich das überhaupt jemals leisten konnte, treibt mir heute die Tränen in die Augen. Ich muss das in mir absterben lassen, um noch etwas Gutes in mir zu erhalten. Je mehr ich daran festhalte, nun, da ich alt, faltig und fast blind bin, desto mehr fange ich an, schlecht zu riechen. Als ob alle Frische, die ich mir je verschaffen konnte und mit der ich je in Berührung kam, in der Bettpfanne eines alten Patienten in einem Gefängniskrankenhaus verschwindet, der über das schlimme Schicksal jammert, das ihm in seiner Kindheit zuteil wurde. Und was man mit mir nicht mehr machen konnte, seit ich zwölf Jahre alt war, das werden sie jetzt wieder tun, da ich fast 120 Jahre mehr auf dem Buckel habe.

Die letzten drei Monate habe ich mich in den Schlaf geweint. Verdammter Penner, mehr kann ich über mich nicht sagen. Wenn ein Profi käme und mich in meiner Zelle besuchte, würde es keine Stunde dauern, und alle hier in dem Laden würden glauben, sie hätten mich endlich kleingekriegt. Solche Nachrichten verbreiten sich hier schneller als mit Lichtgeschwindigkeit, oder was auch immer am allerschnellsten ist. Das ist genau das Richtige, um die Leere in den ganzen uniformierten Typen zu füllen, das gibt ihnen alles, was ihnen ihr Leben lang gefehlt hat. Mich fertigzumachen, das ist der Traum von ganz vielen Paragraphenreitern hier drin, das kannst du dir gar nicht vorstellen. Vielleicht ist es das Alter. Dabei ist es nicht so, dass ich auf irgendetwas neidisch wäre, das sie besitzen würden. Nein, das ist eine andere Art der Traurigkeit, die mich in der Nacht heulen lässt wie ein runzliges Baby. Kannst du Windeln in meiner Größe besorgen? Stell dir mal vor, das wäre doch lustig, wenn ich so in meiner Zelle herumlaufen würde, mit Windeln und mit einem dicken Schnuller mit meinen Anfangsbuchstaben und meiner Häftlingsnummer drauf. Und ich würde nach Haferflocken mit richtig viel Zucker fragen, weil meine Mama mich ja nicht mehr besuchen kommen kann. Und pass auf, noch besser, ich schnappe mir meine Gitarre und spiele ein paar Kinderlieder. Allerdings müsste ich erst mal welche lernen. Ich kenne keine.

Dann wäre hier was los. Das wäre eine Revolution in diesem Laden. Nach einem lebenslangen Krieg gegen mich hätten sie endlich das Gefühl, sie hätten gewonnen. Nee, nee, fang jetzt nicht mit diesem ganzen Psycho-Scheiß an. Ich sage, was ich denke. Die letzten drei Monate habe ich mich einfach nicht wie ich selbst gefühlt. Das kommt vor. Mir ist kalt, ich habe Hunger, ich bin müde und einsam und fürchte mich vor dem nächsten Tag, an dem ich aufstehen muss. Ich schiebe immer noch denselben alten Wagen und wünsche mir doch, er würde endlich liegen bleiben. Was die Leute alles über mich schreiben und erzählen werden, woran sie sich erinnern werden, wenn ich nicht mehr bin … du musst versprechen, das für mich festzuhalten. Damit du, wenn wir uns wieder sehen, als Menschen oder Wolken oder Steine, das alles um mich ausbreiten kannst.

Erzähle mir die lustigen Sachen, lass mich im Geiste dieses Theater besuchen und glücklich sein. Es gab Tod, zu viel Tod, den die Menschen in meiner Welt geschaffen haben, weil sie wohl meine Vision falsch verstanden haben, aber diese Morde geschahen nicht durch böse Menschen. Keiner von ihnen und nichts in mir ist böse und hat Spaß am Verletzen und Töten. Das hört sich vielleicht zu einfach und unwirklich an, aber es ist die Wahrheit. Wir wollten uns lieben und nicht zu Materialisten werden und unsere Individualität nicht verlieren. Und wir hofften, es im Musikgeschäft zu schaffen, aber aus verschiedenen Gründen gelang uns das nicht. Dass ihre Blumen starben und die zornigen Killer in ihnen erwachten, lag vielleicht daran, dass sie mit Tex zu viele Drogen nahmen. Sie wollten Bobby rausholen, sie wollten, dass ich stolz auf sie war, sie wollten zu all dem gehören, wofür ich stand. Das hatten sie im Kopf. Es war so, als hätten ihre Köpfe vorübergehend auf Irrsinn geschaltet, und als sie wieder sie selbst wurden, war es viel zu spät.

Es gab keinen Grund für diese Taten. Helter Skelter war kein Grund, ebenso wenig wie der Gedanke an eine bessere Welt, oder dass ich stolz auf sie sein würde oder sie der Liebe und Wahrheit dadurch näher kommen würden. Es war ganz verkehrt … völlig falsch … es geriet völlig außer Kontrolle … und hat nichts gebracht.

Aber zurück zu mir, dem alten Sack, der sich in den Schlaf weint und alle drei Stunden pinkeln muss und der weiß, dass all unsere Schwächen und menschlichen Seiten uns wieder heimsuchen, kurz bevor wir sterben. Und das ist ziemlich Furcht einflößend, als hätten wir eine Sekunde mit Gott, bevor er dafür sorgt, dass wir uns nicht mehr selbst gehören, falls wir das je taten. Deshalb will ich dir sagen, was ich weiß. Ich weiß, dass das alles nicht hätte passieren dürfen, und wenn ich es gekonnt hätte, dann hätte ich sie aufgehalten. Aber ich habe nie geglaubt, dass sie so etwas wirklich tun würden, dass sie so etwas planten. Es ist einfach passiert. Und seitdem hat sich Dunkelheit um uns erhoben.

Leute besuchen mich. Jedes Wochenende. Und sie erzählen mir, dass sie verstehen, wie ich ticke, und dass ich eine zweite Chance verdiene und sie alles tun wollen, um mir zu helfen. Ich verdaue das alles ganz langsam, so langsam, dass ich keine langen Dankesreden und Weltverbesserungstiraden halten muss, denn ich bin schon viel zu müde. Und wenn ich sie dann mit den Idealen wieder losziehen lasse, die sie brauchen … vielleicht alle paar Sonntage … dann tue ich das nur, um sie glücklich zu machen. Sonst nichts. Ich weiß, dass meine Chance, meine Chancen, schon fast an dem Tag verreckt sind, als ich geboren wurde, und das Bisschen, was ich noch in mir habe, gibt es nur noch durch sie und für sie.

Weißt du noch, als du mich zum ersten Mal besucht hast, vor 19 Jahren, und ich noch voll in Fahrt war und rumgelabert habe, was die Welt braucht, was ich ihr geben kann und der ganze Kram? Das ist weg. Heute habe ich keinen Antrieb, kein Verlangen mehr, und Appetit habe ich nur noch aus Langeweile. Falls Leute draußen meine Worte lesen: habt kein Mitleid mit mir und empfindet keinen Hass. Aber ihr sollt wissen, dass ich niemals Menschen töten wollte.

Die Lektion – was für ein Wort! –, die man von der Manson Family vielleicht lernen kann, ist die, dass schlimme Dinge nicht nur bösen Menschen passieren oder von bösen Menschen verübt werden. Wenn so viele Spielchen gespielt werden und die Leute nicht wissen, wem sie folgen und wer sie sein sollen, dann kommt es vor, dass sie vom Weg abkommen und sich zerstören. Sieh dich doch um. Sieh es dir an, das Leid, die Ungerechtigkeit und Zerstörung. Und jeden Tag wird es schlimmer.

WAS HÄTTE SEIN KÖNNEN

Es hätte genauso sein können ohne Uniform. Es hätte völlig anders sein können, und mit Uniform. Ich hätte draußen sein können, bei euch allen, und vielleicht nie eine Ecke für mich gefunden, oder ich hätte vielleicht in den Bergen gelebt, und die Leute hätten mit dem Finger auf mich gezeigt und erzählt, ich sei verrückt und gefährlich. Mir macht es überhaupt keinen Spaß, mich in die ganzen Spielchen hineinzudenken, die ihr spielt, und in die Träume, die ihr alle zählt und verhökert.

Euch geht's darum, alles zu haben, und ihr braucht die falschen Dinge. Ihr seid es, die im Gefängnis sitzen, weil euer Herz verurteilt wurde. Das Verlangen, andere zufriedenzustellen und herauszufordern und ihre Träume zu leben, hat euch in den Knast gebracht. Das ist eine Krankheit, an der ich nie gelitten habe. Ihr tut alles, um das Rennen zu gewinnen, in das euch die Gesellschaft schickt, und ihr verkauft von eurer Seele, so viel ihr könnt. Ich hatte nicht einmal die Chance, an so einem Rennen teilzunehmen. Hätte ich das getan, ich hätte alles versucht, um ans Ziel zu kommen, ohne kaputtzugehen oder durchzudrehen. Besser sein. Schlauer, origineller, witziger. Da wäre meine Grenze gewesen, ich hätte nicht um jeden Preis gewinnen wollen.

Ich schwöre, dass ich deshalb ein Rebell wurde, oder wie man das nennen will, weil mir niemand eine Chance gab. Wohin ich auch kam, in jeder Schule, in jeder Anstalt und in jedem Gefängnis wussten alle, dass ich durch und durch schlecht war, und dass man mir eine Lehre erteilen musste. Das Bedürfnis zu moralisieren ist in Wahrheit das Bedürfnis, unter dem Deckmantel von Gerechtigkeit und Güte Verbrechen zu begehen. Natürlich, man hat mir Lehren erteilt. Ihr habt ja keine Ahnung, wie gefährlich es ist, einem Kind Unrecht zu tun, das nicht vergessen kann, und das auch nicht akzeptieren will, dass es seine Pflicht und Schuldigkeit ist, sich unterzuordnen. Ich konnte das nicht. Wenn mir Unrecht angetan wurde, hatte ich keinen Gedanken, an welchen Gott auch immer, übrig, ich war zornig und verletzt und wollte nur eins: nie ein Teil dieses beschissenen Ordens von Kriminellen werden, die sich hinter einem Wust von Normen und Werten verstecken, die niemand infrage stellt und die sich niemand abzuschütteln traut.

Sieh mich heute an. Sieh deine Welt von heute an. Und sieh dich selbst an. Es ist alles ein und dasselbe. Früher oder später, mein Schätzchen, werden wir alle eins mit dem, was wir tun oder geschehen lassen. Und deswegen versteckt sich hinter Hollywood oder Internetwood eine einzige große Krankheit. Wir wissen nicht, was wirklich echt und real ist, und es kümmert uns auch nicht. Und die Leute brauchen immer mehr Drogen und materielle Güter, um diesen Scheißtrip, der sich Leben nennt, zu ertragen; sie sind Geister. Geister in seidenen Fummeln und teuren Sportwagen. Und wenn Verbrechen geschehen, dann machen sie den Kriminellen dafür verantwortlich, dass er sich nicht an die Gesellschaft angepasst hat. Vielleicht ist es aber eure Gesellschaft, die ihn zu Beginn krank gemacht hat, die ihn dazu gebracht hat, Verbrechen zu begehen, um er selbst zu sein? Das wird immer schlimmer werden. Es geht nicht anders. Nichts wird auf dieser Müllhalde besser gedeihen.

Langsam sterbe ich.
Still trauere ich.
Der Schmerz der Einsamkeit
zerfrisst meine grünen Adern
vor Entsetzen
und mein Herz ist schon gefroren
niemals erfüllt
oder wahrhaft erfreut
Ein Sonnenuntergang voller Schatten
einen Wunsch verdeckend
niemals wahr zu werden
endlich frei zu sein.

Und hier sitze ich, schreibe Gedichte wie ein Weichei, halte die Tränen zurück wie ein Penner und sehne mich nach einem selbstgekochten Essen wie eine Jungfrau. Alles Zeichen dafür, wie tief ich gesunken bin. Aber vielleicht kommt es einfach so, wenn unser Körper alt und krank und hässlich wird. Wir wollen warm, satt und beschützt sein. Und wenn die innere Stimme uns sagt, dass wir zum Sterben bereit sind, dann ruft die Stimme in unserem Bauch nach etwas zu essen. Deswegen ist es so schwer, sich zu verabschieden. Wir möchten gehen, aber wir können es nicht. Wir wollen einen Strich unter all unsere Entscheidungen ziehen, aber es gibt immer eine Stimme, die uns zum Bleiben überredet, bevor wir uns für immer verabschieden. Seit 30 Jahren bin ich in diesem Gefängnis, vielleicht schon länger, und wenn ich mit dir spreche, dann immer noch mit Worten und nicht in Zeichensprache, wie ein durchgeknallter Affe. Ich suche noch immer nach den besten Abschiedsworten. Das ist der Grund. Schreib das Buch, verdammt noch mal. Bring es endlich raus. Und das ist alles, was ich sagen kann. Lebewohl.

◀ Aus einem Brief von Charles Manson an Michal Welles, 2002, mit der Kopie einer Zeichnung von Enrique, einem Insassen der Protected Housing Unit im Staatsgefängnis Corcoran, 1992: „Noch immer nichts. Ich erschaffe Neues aus dem Nichts. Du musst sie so aufwachsen lassen, dass sie glücklich wird. Wieso zerstörst du deine Welt?“

ICH BIN'S GEWESEN

So lange wie ich mich an mein eigenes Ich erinnern kann, so lange gab es niemanden, der sich um mich gekümmert hätte oder gewollt hätte, dass ich glücklich bin. Mit vier Jahren, oder vielleicht war ich auch noch jünger, wurde ich schon zu einem Raubüberfall mitgeschleppt, und als meine Mama mir ihre Hand über den Mund legte, damit ich um Gottes Willen die Klappe hielt, wusste ich, dass Reden schlecht war. Wir flüchteten mit dem Auto ihres Freundes, und sie waren beide genervt, weil sie mich am Hals hatten. „Diese kleine Kröte, dein Sohn, ist verdammter Ballast", sagte der Typ auf dem Fahrersitz. Mama antwortete nie auf solche Sachen. Sie sagte auch nie, weder zu mir noch zu anderen, dass ich böse war, aber sie wollte mich auch nicht um sich haben. Ich war eine Belastung, die niemand brauchte. Nicht in der Welt, in der sie lebten, und nicht in dem Leben, vor dem sie ständig abhauten.

Manchmal stelle ich mir vor, wie wohl alles gekommen wäre, wenn ich nicht in diesem Milieu zur Welt gekommen und auf der Straße aufgewachsen wäre. Was wäre ich dann vielleicht gern geworden? Wie hätte ich die Welt und euch alle betrachtet, und wo wäre ich heute? Und in diesen Augenblicken wird mir bewusst, wie alles zusammenhängt. Selbst die kleinen Details, die an sich nicht viel ausmachen, entscheiden im großen Zusammenhang eine ganze Menge. Und diesen großen Zusammenhang erkennen wir schließlich ein paar Jahre, bevor wir sterben und dann von oben betrachten können, was für einen Quatsch ihr immer noch macht.

Ich habe immer gern Gitarre gespielt und Songs geschrieben. Das machte es mir leichter, eine Welt wahrzunehmen, in der ich nie wirklich zu Hause war, und mit Gefühlen klarzukommen, von denen ich nicht wusste, dass es sie gab. Mit Musik können wir alles werden und überall hin gelangen. In ihr liegt die Macht, sich an Dinge zu erinnern, die nie geschehen sind, und wegen ihr fühlen wir uns dafür schuldig, dass wir keine Götter sind. Ich wäre sicher Musiker geworden. Ich bin kein Picasso, aber ich kann Frauen und Tiere zeichnen und hübsche Püppchen basteln. Also hätte ich wohl eine künstlerische Laufbahn eingeschlagen. Ein Künstler, na, das ist'n Job, was? Ich hätte Kunst gemacht, und zwar gute. Viele Künstler heute sind nicht mehr originell, viele ahmen nur auf moderne Weise nach, was andere vorgemacht haben, und so ein Scheiß kam für mich nie in Frage. Tja, vielleicht hätte ich heute eine Frau und eine Familie, würde regelmäßig zu Hause mit den Kindern zu Abend essen, das ganze Programm. Aber wahrscheinlich auch nicht immer.

Es ist einfach langweilig, die ganze Zeit nur von sich selbst zu erzählen. Ich brauche dauernd neue Leute, um etwas Neues zu erfahren, um Herausforderungen zu erleben, neuen Frieden zu wagen und eine neue Welt herauszuschreien. Nein, ich hätte nie mit der ganzen Messias-Geschichte angefangen, mit Anhängern und so, die mich in ihrer Welt brauchen, aber es wäre schön gewesen, eine Gruppe von Leuten um sich zu scharen, die so fühlen und die dasselbe wollen wie ich. Wie eine Gruppe, die gemeinsam Musik macht oder andere Kunst umsetzt. Wir würden uns treffen, Musik machen und über alles lachen, was bescheuert und gekünstelt ist. Ich bin für die offene Ehe, na klar, was hast du für'n Problem damit? Warum auch nicht? Die Frauen können sich anfreunden und einander mit den Kindern helfen, aber auch mit dem Mann, also mir, und das wäre für beide Seiten gut.

Über mich wird so vieles gesagt … keine Ahnung, woher die Leute so viel ungereimten Mist nehmen. Zum Beispiel hat Steve Kay von der Staatsanwaltschaft damals bei meinem Prozess behauptet, ich sei eine Gefahr für die Menschheit, weil ich diese ganzen Bücher über Dianetik gelesen hätte und deswegen wüsste, wie man Leute manipuliert. Als ob ich diesen Kram lesen und ihn dann ganz einfach einsetzen könnte, um Leute in die Enge zu treiben. Und dann wurde auch immer erzählt, ich hätte Feinde, weil mir so ein Typ in Vacaville mal den Arsch angezündet hatte. Wenn man Leute in ein Irrenhaus sperrt, Leute, die nicht wissen, was richtig und was falsch ist, dann zünden die jeden an. Ich wurde zu jemandem gemacht, der so kompliziert und gefährlich ist, dass man ihm alles zutrauen kann, jemand, der ohne Probleme Leute dazu kriegt, die schlimmsten Dinger für ihn zu tun. So bin ich überhaupt nicht. Ich bin nicht wie die anderen, denn obwohl ich mein Leben lang im Knast war, weiß ich noch immer meinen Namen und kann die Zeit und das Datum nennen.

Wenn ich ein menschlicher Fußabtreter wäre oder jemand, der diesen Institutionen auch noch dafür dankbar ist, dass er noch atmen darf, dann wäre ich vielleicht inzwischen resozialisiert. Weil ich es aber wage, außerhalb der Mauern zu bleiben, indem mein Herz in der Musik liegt und meine Seele bei ATWA, habe ich mich erfolgreich gegen das kalifornische Käfigsystem gewehrt, das die Insassen zahm und harmlos machen soll. Zeig mir mal jemanden hier aus der PHU, der inzwischen zahm und harmlos geworden ist. Gibt's da jemanden, von mir mal abgesehen? Was für ein Verbrechen würde ich wohl begehen? Ich würde ich selbst sein. Und das, Frau, ist eine tödliche Bedrohung. Oder nicht?

Ich bin noch hier im Knast, weil ich ein politischer Gefangener bin. Hör mir zu und behandle mich nicht von oben herab, denn das ist die Wahrheit. Ich bin hier, weil ich ein Symbol des Bösen bin, weil die Sechziger in Gänze schlecht und gefährlich waren. Würde mich man freilassen, dann würde man das Buch der Sechziger wieder aufschlagen, aber den alten Sixties-Klassiker würde man heute anders singen – „Freedom is *not* just another word for nothing left to loose." Freiheit ist eben nicht ein anderes Wort dafür, dass man nichts mehr zu verlieren hat. Vielmehr ist es Freiheit, wenn man bereit ist, alles zu verlieren, außer den innersten Überzeugungen. So haben die Menschen in den Sechzigern empfunden. Die Freiheit, ein Individuum zu sein, ist der höchste Wert, den es gibt. Und weil ich das weiß, wird man mich nie wieder rauslassen.

Ob ich glücklich bin? Wen ich liebe? Was ich vermisse?

Okay. Aber stell mir keine weiteren Fragen.

Ich bin nicht glücklich, auch wenn ich die Realität anerkenne und akzeptiere und alles zu genießen versuche, was ich noch genießen kann. Ich liebe alle, die Frieden wollen und sich aktiv für den Schutz der Luft, der Bäume, des Wassers und der Tiere einsetzen. Menschen, die sich engagieren, sind gut. Sie sind nicht nur ordinäre Konsumenten, die immer mehr und mehr brauchen, um sich voll und zufrieden zu fühlen. Ich hasse solche Schweine.

Ich vermisse Venice Beach und mein Motorrad. Ich vermisse es, mit jemandem zu schlafen und einen Joint zu rauchen. Ich möchte immer nur weitergehen und gehen und gehen, ohne Gitter oder Mauern oder Typen in Uniform zu sehen.

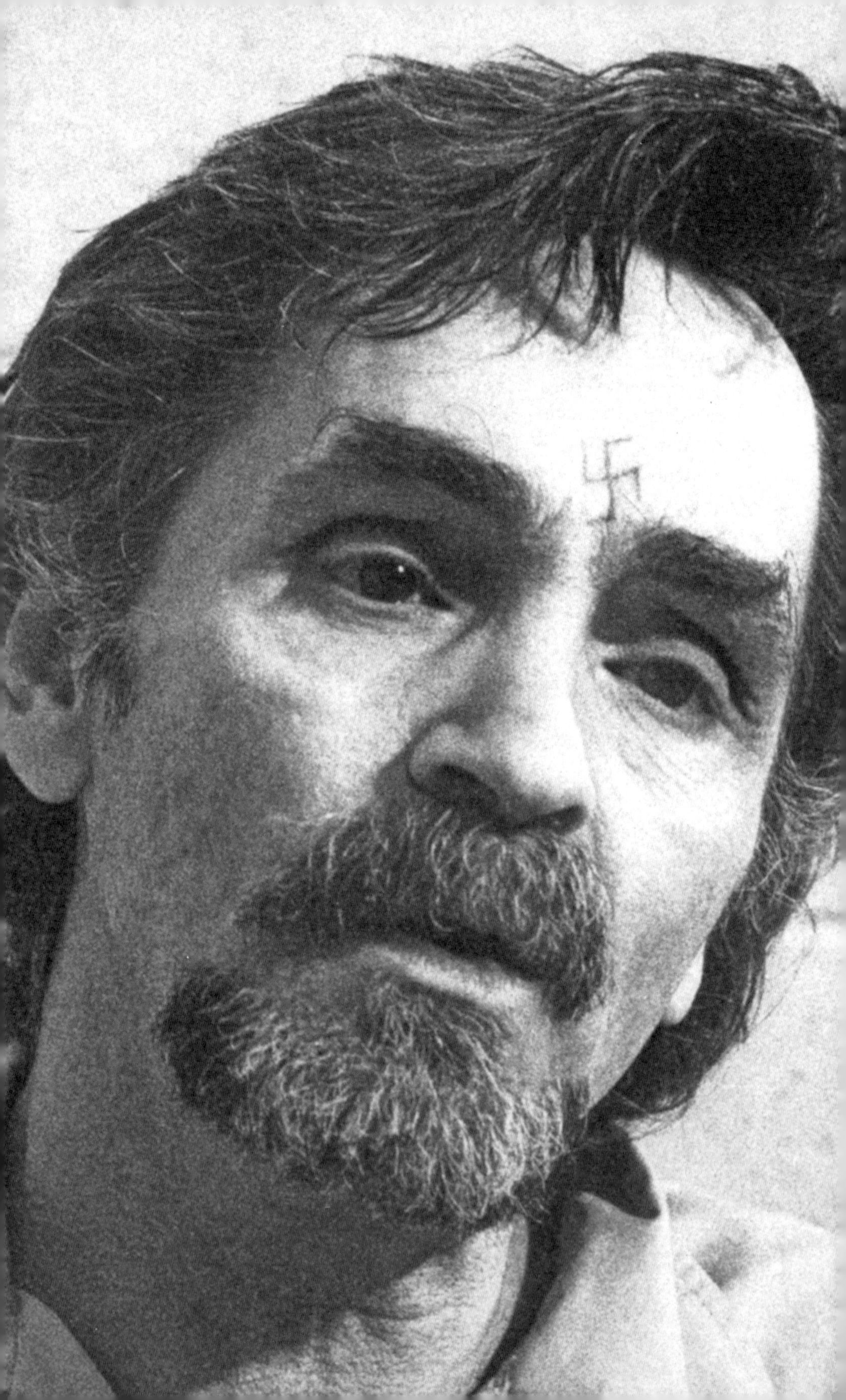

DU MACHST DIR NUR SELBST ETWAS VOR

Mein Leben lang war ich in einen Käfig gesperrt und habe gelernt, Menschen zu betrachten und zu erkennen, was sie antreibt. Ich wollte nie Teil dieser kranken und falschen Welt sein, in der Gerechtigkeit und Liebe käuflich sind. Ich sehe, wie ihr alle durch die Gegend rennt und immer mehr und mehr haben wollt, und dabei haltet ihr euch für so frei … Aber die Augen verraten eure Blindheit, und die Herzen schreien vor Einsamkeit. Wenn ich die kleinen Kinder sehe, die mich mit ihren Vätern Jahr um Jahr besuchen, dann erkenne ich, wie schnell sie das Lächeln naiver Neugier verlieren, bis nur noch Gier und Angst ihre Gesichter erfüllt. Sie lächeln nur noch, wenn sie etwas bekommen. Das Wissen, was für ein Sackgassen-Leben ihnen bevorsteht, schmerzt.

In diesem Hochsicherheitstrakt, in den man mich gesperrt hat, versucht man, die Bildung von Banden zu vermeiden, indem man die Leute zum Ausspionieren anhält und ihnen dafür Vergünstigungen anbietet. Menschen sind käuflich. Regeln sind käuflich. Und sie warten noch immer darauf, dass auch endlich auf meiner Stirn das „Ich bin käuflich"-Zeichen aufleuchtet, aber das wird nicht passieren. Und überhaupt, was könnte ich mir denn kaufen?

Sie haben mich gefragt, wieso ich die Mädchen an jenem Abend nicht daran gehindert habe, die Ranch zu verlassen und die Morde zu begehen. Und ich frage euch, wieso habt ihr die Unfälle auf der Autobahn neulich nicht verhindert, wo ihr doch auch dort unterwegs wart? Es war einfach so, dass sie etwas sein wollten, was eure Welt nicht akzeptiert, und sie rannten weg von zu Hause, wo ihre Mütter sie seelisch und ihre Väter sie körperlich missbrauchten. Alles im Namen von Moralvorstellungen, die niemand wirklich lebt, die aber alle predigen. Das spielt keine Rolle, wenn du alle um dich herum davon überzeugen konntest, dass du zu den Guten gehörst, dass du einer von denen bist, der im Namen der Gerechtigkeit alles umdrehen darf. Wir, die Manson Family, waren in unseren Herzen unschuldig, und wir machten Liebe und Musik und versuchten uns durchzuschlagen, aber ich habe nie für die Mädchen gedacht oder sie dazu gebracht, irgendwas für mich zu tun. So schwachköpfig und abgefuckt war ich nie.

Hör mir zu, Frau, und versuch nicht dauernd, mir Antworten auf Fragen abzuluchsen, die du von anderen gehört hast, während ich dir sage,

◀ Charles Manson in Corcoran, 1995

was wirklich ist. Die Mädchen und Tex haben die Morde verübt. Das geschah nicht, um mir zu imponieren, oder weil ich ein paar menschliche Testergebnisse brauchte, um einen Abschluss an Stans Todesuniversität zu machen. Das lief alles im Kopf des Staatsanwalts ab, Vincent Bugliosi, diesem Typen, der *Helter Skelter* geschrieben und damit genug Geld verdient hat, um sich eine Karriere als erstklassiger Strafverteidiger aufzubauen. Er hat mich in das Ungeheuer verwandelt, das an all dem Irrsinn der Sechziger schuld war, und hat die ganze Geschichte zu seinem eigenen kranken Vergnügen ausgeschlachtet. Klar haben sie alle ausgesagt, dass ich ihnen eine Gehirnwäsche verpasst und die Morde mit ihnen vorsätzlich geplant habe. Sie hofften auf einen Deal, sie hofften, selbst aus dem Knast rauszukommen, wenn ich dafür hineinging.

Die Polizei hat die armen Mädchen gefoltert. Hast du das gewusst? Sie wurden in einen Raum gesperrt, in dem rund um die Uhr helles Neonlicht brannte, und bekamen wochenlang kaum etwas zu essen. Sie brachen zusammen, verwandelten sich in Menschentrümmer aus zerbrochenen Herzen und enormem Schuldgefühl, und in diesem Zustand wurden sie verhört. Das lief dann ungefähr so: Hat Charles Manson dich dazu gebracht, diese Morde zu begehen? Hättest du diese Morde begangen, wenn es Charles Manson nicht gegeben hätte? Wusste Charles Manson, was ihr vorhattet, und hat er euch nicht daran gehindert? Wenn Charles Manson euch gebeten hätte, diese Morde nicht zu begehen, hättet ihr es dann trotzdem getan? Das waren die Fragen, die man ihnen Tag für Tag ins Hirn gehämmert hat. Sie brachen ziemlich schnell zusammen und schrien lauthals, dass alles Charles Mansons Schuld war. Ich mache diesen Frauen deswegen keinen Vorwurf. Ich wüsste gern, ob jemand von euch da draußen einem solchen Druck standhalten würde. Die Mädchen hatten nichts, woran sie sich hätten festhalten können. Sie mussten raus aus dem Knast, und man gaukelte ihnen vor, wenn sie gegen mich aussagen würden, dann kämen sie der Freiheit näher. Also haben sie das getan.

Ich habe das hier darüber geschrieben:

Frauen, die ich verlor
Liebe wird niemals sterben
Auch die Schönheit strahlender Augen wird niemals verderben
Sie leben in mir
Und zeigten mir eine neue Welt
Gefühle voller Liebe
Erträumten ein Leben
Auf ewig zusammen
Selbst wenn getrennt.

Ich werde nicht zornig. Was sollte mir das auch bringen? Es ist passiert, und mehr kann man dazu nicht sagen. Lynette ist auf ganz besondere Weise noch immer mein wahres Herz und meine wahre Seele. Sie hat sich nie für irgendwen oder irgendwas verbogen. Sie ist ich und ich bin sie. Um das ein für alle Mal klarzustellen, die Mädchen wollten Bobby rausholen, und sie dachten, man würde ihn freilassen, wenn sie weitere Morde begingen und „Death to pigs" an die Wände schmierten, wie er es nach dem Hinman-Mord getan hatte. Die Polizei sollte glauben, dass sie mit Bobby den Falschen erwischt hätte, damit sie nach anderen Verdächtigen suchte. Wir waren alle sauer auf Terry Melcher, nachdem der uns erst einen Plattenvertrag versprochen hatte und sich nun überhaupt nicht mehr rührte. Und da dachten sie wohl, wenn man so etwas tun müsste, dann wäre er der Richtige.

Als sie zu seinem Haus fuhren, am Cielo Drive oder irgendwo da in der reichen Gegend von Bel Air, waren dort lauter Leute, die sie nicht kannten. Tex sagte ihnen, es sei okay, und sie müssten tun, weswegen sie gekommen seien. Also schlichen sie sich ins Haus und brachten alle dort um. Sharon Tate war im neunten Monat schwanger, ich weiß, und sie töteten auch ihr Baby.

Es war schlimm, wirklich schlimm, und es fällt mir schwer, dir das alles zu erklären. Es war zutiefst unrecht, aber vielleicht sollte man doch einiges über die Mädchen wissen und darüber, weswegen all das geschehen ist. Eins kann ich dir sagen, ich wäre nie in der Lage, so etwas zu tun. Dazu habe ich gar nicht den Mumm. Fünf Menschen starben in dieser Nacht, und direkt nach der Tat kamen die Mädchen zurück zur Ranch und erzählten mir, was sie getan hatten. Als ob sie das in meinen Augen aufwerten würde. Als ob ich diese Tat respektieren müsste, weil sie einen Beweis für ein bestimmtes Talent darstellte oder so was. Ich weiß nicht. Das ist nun alles geschehen und lange vorbei. Mein Verbrechen bestand darin, dass ich nicht sofort die

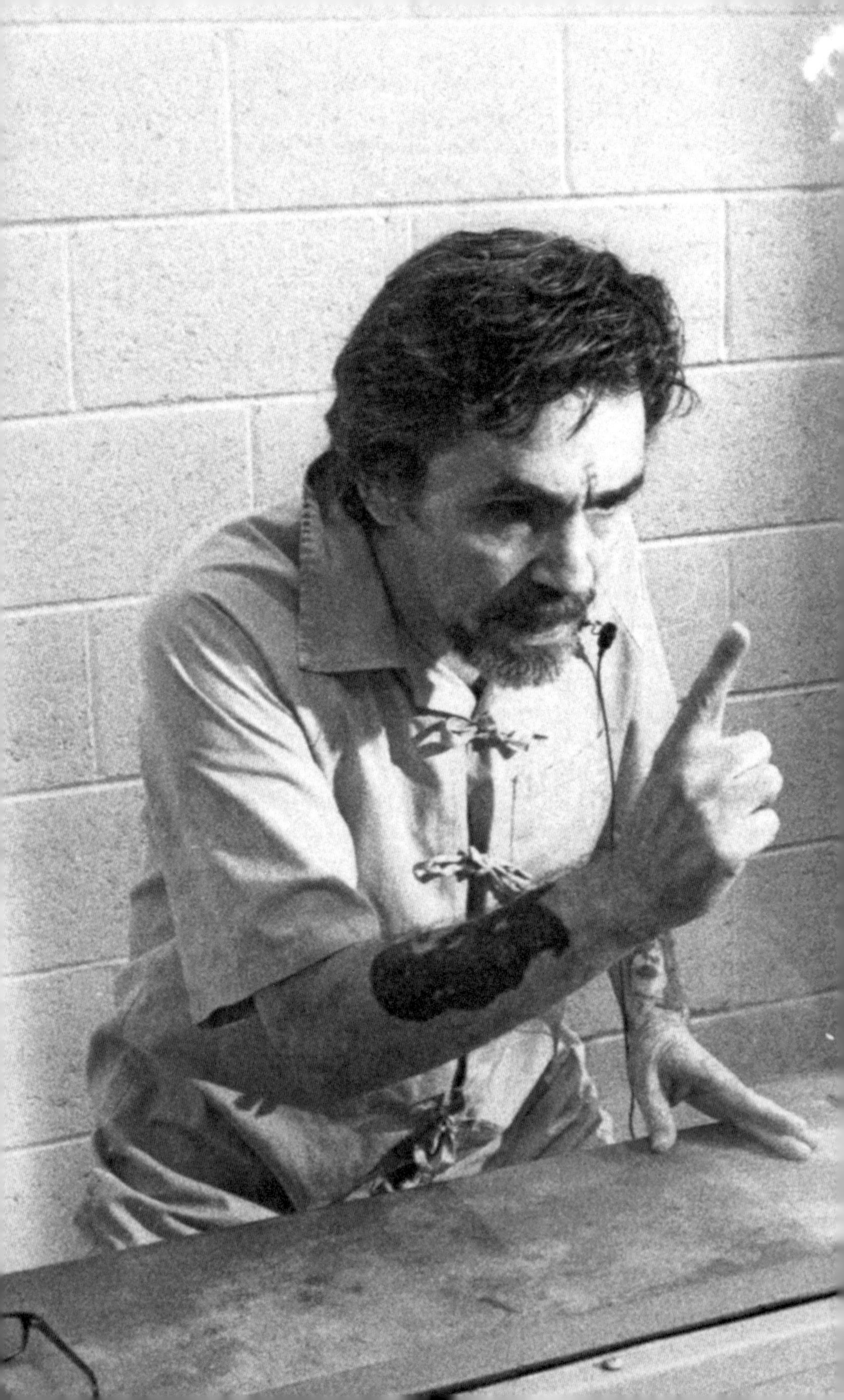

Bullen anrief und die Mädchen festnehmen ließ. Dort, wo ich herkomme, tut man so etwas nicht. Deine Gang ist ein Teil von dir, im Guten wie im Bösen, im Recht oder Unrecht.

Ich habe ihnen gesagt, wenn sie es richtig machen wollten, dann würden sie es noch einmal tun müssen, aber wirklich professionell. Der geeignete Ort dazu lag ganz in der Nähe, in Los Feliz. Wir hatten in dem großen Anwesen dort, das einem Freund von Dennis Wilson gehörte, oft gefeiert, und direkt auf der anderen Straßenseite befand sich ein leerstehendes Haus, in dem wir des Öfteren übernachtet hatten. An dem besagten Tag stellten wir fest, dass das Haus inzwischen wieder bewohnt war. Die Mädchen dachten, es sei vielleicht ein Zeichen dafür, dass wir unseren Job hier zu Ende führen sollten. Linda meinte, die Leute in dem Haus müssen weg, damit wir nicht festgenommen werden. Das sei Kriegskunst, sagte sie sogar. Ich ging mit ihnen ins Haus, ich überprüfte, ob die Tat möglich war und verschwand wieder. Mr. und Mrs. LaBianca wurden in dieser Nacht umgebracht.

Hatte ich etwas damit zu tun? Ja. Wusste ich, was die Mädchen tun wollten, und hielt sie an diesem zweiten Abend nicht auf? Ja. Das ist alles wahr, Frau, aber das ist nicht alles, was man mir, und nur mir, vorgeworfen hat. Ich habe versucht dafür zu sorgen, dass meine Freunde nicht in den Bau gehen, nachdem sie die schlimmsten Morde überhaupt begangen hatten, ohne dass ich irgendetwas davon wusste. Da habe ich falsch gehandelt. Aber hör zu, ich habe sie nicht verhext, und ich habe mir nie vorgestellt, dass sie sich so entwickeln würden. Ich war nicht so drauf, dass ich sie kontrolliert und irgendwelche bösen Spielchen mit ihnen gespielt hätte.

Das Leben im Gefängnis? Was für eine Frage. Du kannst es glauben oder nicht, es ist genauso wie draußen. Menschen mit denselben Fähigkeiten und Schwächen und dem Bedürfnis, Entscheidungen zu fällen und Werte zu vertreten. Man kann frei sein oder ein Sklave, ganz unabhängig von dem Ort, an dem man sich befindet. Ist das verständlich? Ich sehe Menschen, ich höre Menschen, ich bekomme Briefe von Menschen, die alle nicht im Gefängnis sitzen, aber sie liegen in Ketten aufgrund von Entscheidungen, die sie gefällt haben oder noch fällen werden – oder schlimmer noch, aufgrund von Entscheidungen, die nicht ihre eigenen waren. Und man muss wissen – was auch immer die Leute da draußen sagen und wollen und beabsichtigen und predigen, es bedeutet nicht viel. Ihr Leute wollt betrogen sein. Lies das, und es wird etwas deutlicher machen, was ich sagen will. Ich habe es für das Buch geschrieben, das du herausbringen willst.

◀ Charles Manson hinter der gläsernen Trennscheibe in der Gesprächskabine von Ebene 4, 1995

Hör zu!

Sie wollen uns zähmen wie Pferde
Uns einsperren wie flügellose Vögel.
Meine Zeit hier nähert sich dem Ende
In dieser schmutzigen Welt voller unwirklicher Gefühle.
Alles liegt in den Gefühlen
Sie nennen mich ein Tier auf ihrer moralischen Farm
Voller Knochen und Leichen,
Aber sie erkennen nicht, dass ich
Ein freier Mann bin, wie eines dieser Wildpferde.
Ich habe dieselbe Integrität wie diese Pferde
Wenn der Wind ihre Körper umspielt
Und ihre Reinheit ihrem Ruf folgt.
Und so werde ich immer sein.
Keine Kugel oder Kette
Die sie gegen mich verwenden könnten,
Kein Wort wird zerstören, was mir gehört.
Ich will nichts von dem, was sie besitzen
Und doch wollen sie alles von mir.
Ich bin der Spiegel, in den sie nicht zu blicken trauen,
Denn er spiegelt die Hässlichkeit
Hinter ihren Lügen und unter ihren Herzen.
Mein einziger Freund ist der Mann mit der Gitarre
Der Musik macht und die Worte meines Herzens singt –
Er ist der Mann, den ich im Spiegel gesehen habe
Und der mich all die Jahre schon
In Einklang mit meiner Seele bringt.
Ich sitze in diesem Käfig
Doch ich sehe keine Zelle
Keine Gitter
Nur die Liebe ist mir noch geblieben.
Liebe ist die Luft, die mich atmen lässt
Erinnerung, die ich nicht mehr verfolgen kann.
Dies ist die Geschichte, die dir die Augen öffnen wird
Und dir den Mann im Spiegel zeigt.
Hinter diesen Gittern und zwischen diesen Zeilen
Wirst du begreifen
Dass ich nie Böses wollte.

Charles Manson in Corcoran, 1995 ▶

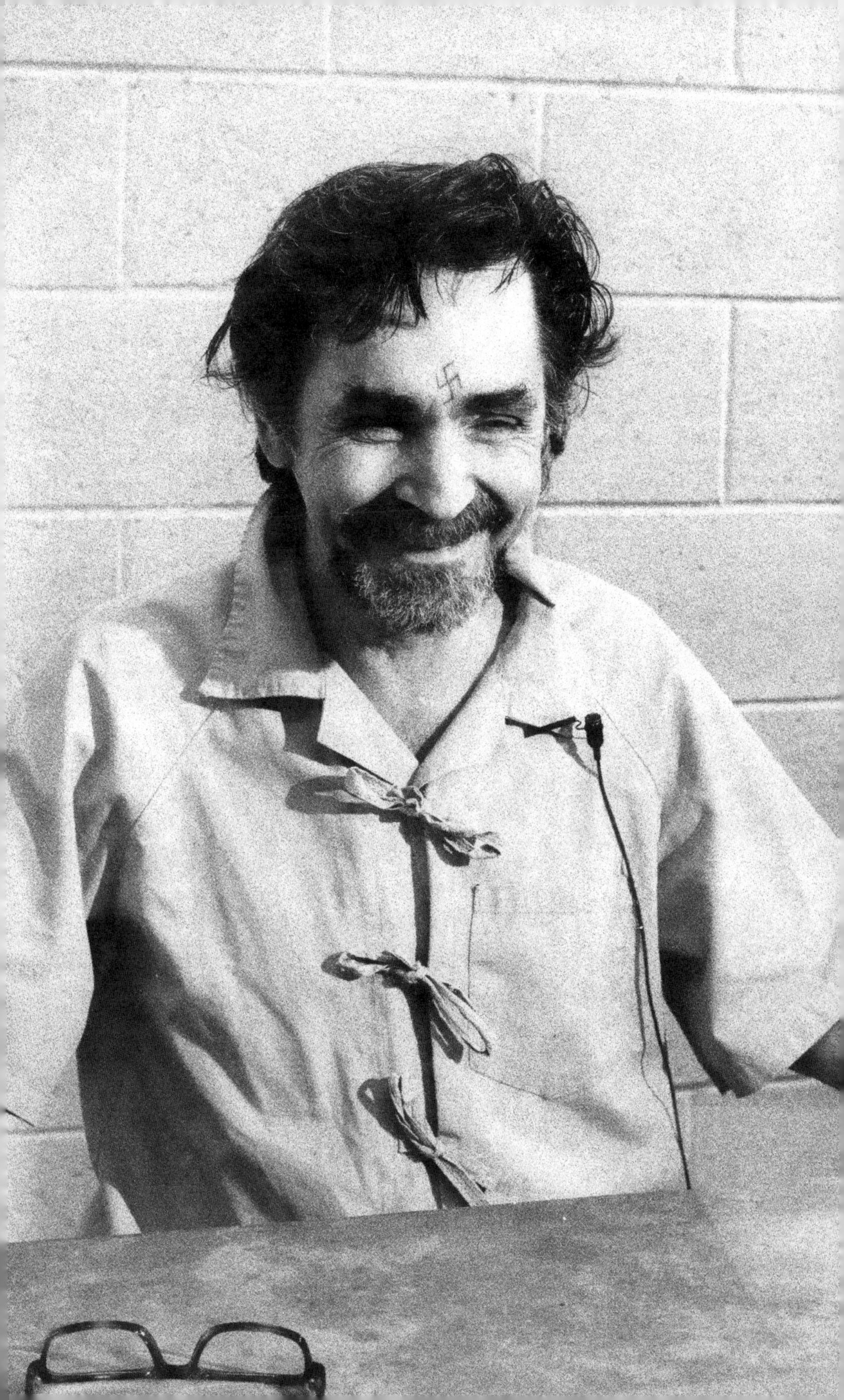

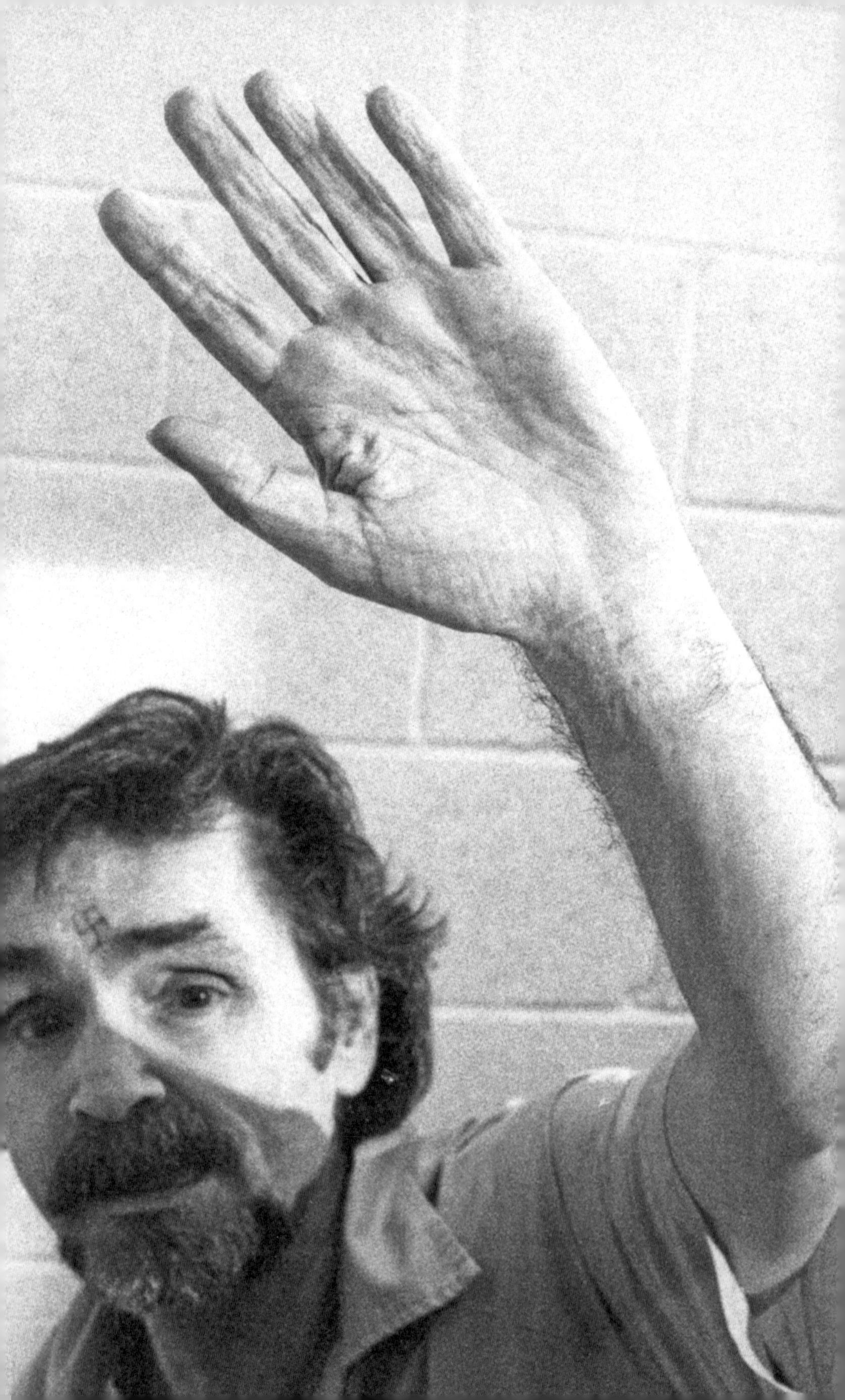

WIR SIND IN DER HÖLLE, DAS ENDE IST NAH

Eines sage ich euch, ihr Menschen tötet die Erde und alles, was zu ihr gehört. Ihr alle braucht mehr, immer mehr und immer mehr, alles immer größer und besser und nie genug, denn euch würde der Lebensinhalt fehlen, wenn ihr alles bekommen habt. Es geht doch nur darum, mit euren großen Autos und teuren Stiefeln vor euren Freunden anzugeben, damit sie sich scheiße fühlen, weil ihr so viel reicher seid und noch mehr reichen Spaß haben könnt. Es geht immer nur darum, mehr zu haben und nach immer mehr zu streben, denn was werdet ihr tun, wenn ihr alles bekommen habt? Wie viele Autos kann man fahren? Wie viele Steaks kann man essen? Wie viel von dieser Erde wollt ihr für eure Kinkerlitzchen töten, für eure Hassmusik und Kriegsliebe? Wie lange habt ihr noch, was glaubt ihr?

Während ich das sage, kann ich an euren ungeduldigen Gesichtern ablesen, was ihr denkt: Dieser Verrückte hinter seinen Gitterstäben und Mauern, der fast sein ganzes Leben weggesperrt war, der weiß doch nichts darüber, was gut oder modern ist und was Spaß macht. Er hat verdammtes Glück, wenn er die Dr.-Pepper-Limo genießen kann, die ihr bei euren Besuchen mitgebracht habt, und die paar Snacks, die ihr von eurem Kleingeld gekauft habt, denn das ist bestimmt besser als die Bohnen und Karotten, die er sonst immer zu fressen kriegt. Und wenn er draußen wäre, bei uns, die wir frei und reich sind, dann würde er anders darüber denken und sprechen, was gut und was schlecht und was der Erde wert ist.

Denkt was ihr wollt, ihr seid alle dem Untergang geweiht! Das Ende naht! Seht euch um. Seht euch mit ehrlichem Blick um. Seht in die Augen der Menschen, die euch begegnen. Hört, was sie sagen. Ehrlichkeit ist Dummheit. Bescheidenheit ist Angst. Ehrlich und wahrhaftig zu sein, bedeutet Schwäche und Naivität. Welche Moral steckt hinter solchen Gedanken? Welche Werte? Wenn es keine Gesetze gäbe, dann wäre draußen ein Dschungel voller Menschen, die so viel wollen und brauchen, dass sie alles täten, um es zu bekommen. In den Sechzigern hat man versucht, einen Weg aus dieser riesigen Müllhalde voller High-Tech-Scheiß zu finden, der uns angeblich die große Menschlichkeit näher bringen soll. Knöpfchen drücken für eine globalisierte Menschheit. Frau, erkennst du nicht, dass in all dem kein

◀ Charles Manson in Corcoran, 1995

▲ Charles Manson bei einem Interview, 1995

Herz ist, keine Seele, keine echten Tränen und kein echtes Lachen? Hier im Knast lernt man wenigstens echte Menschen kennen. Hier gibt es einen Schuss echtes Bedauern. Nagende Schuldgefühle. Furchtbare Einsamkeit in endlosen Nächten, allein in der Dunkelheit dieser Welt ohne Namen.

Nein. Guck mich bitte nicht so an, als ob ich dir irgendwie Leid täte. Ich weiß genau, dass die jüdische Mama hier so gucken möchte, als wollte sie ganz viel Traurigkeit und Bedauern rüberbringen, aber das kommt bei mir nicht an. Für mich ist wichtig, dass du mich ohne diesen ganzen emotionalen Scheiß anguckst. Ich will, dass du mich voll Zorn ansiehst und mir sagst, dass du diesen gesellschaftlichen Wahnsinn nicht eine Minute länger erträgst und versuchen willst, ihn aufzuhalten. Ihr Leute, wenn ihr ein bisschen Einfluss habt, dass müsst ihr aktiv werden gegen den Mord am Leben. ATWA ist kein Spiel, das ich für ein paar Groupies erfunden habe, damit wir gemütlich zusammensitzen, was trinken und darüber schwafeln können, wie man den Planeten retten kann. Ich bin kein Grüner. Ich kann die Gier nicht bremsen, wenn ich mir gerade einen größeren Privatjet anschaffen will. Ich habe immer gepredigt, rettet die Erde, das Wasser, die Tiere, die Luft. Es gibt kein Zurück. Wir töten das Leben, indem wir die Erde zerstören und alles, was sich auf ihr befindet.

Ich habe fast mein ganzes Leben hier drin verbracht, und immer noch kommen Menschen aus der ganzen Welt zu mir und sagen mir, dass sie den Tod aufhalten wollen. Sie kommen zu mir, weil ihnen sonst niemand zuhört oder sich für irgendetwas interessiert, was nicht für Geld zu haben ist. Und diese eine Sache gibt es eben nicht zu kaufen, denn sie würde dem Monster Weltmarkt die Kehle durchschneiden und das Konsumspiel, das euer Leben ausmacht, zerstören. Was auch immer in den Sechzigern geschehen ist, im Vergleich mit der heutigen Entwicklung ist es Kleinkram. In den Sechzigern haben die Leute nach einem neuen Weg gesucht, um im Einklang mit sich selbst zu leben. Wonach sucht ihr heute? Nach gar nichts. Danach, billiger einzukaufen und teurer zu verkaufen. Das ist alles, worum es euch geht.

Ich sitze auf meiner Pritsche und trinke den bitteren, zähflüssigen Kaffee, den es hier gibt, spiele auf meiner Gitarre und gucke blöde Filme im Fernsehen. Jedes Wochenende bekomme ich, wie du weißt, Besuche von Frauen und auch ein paar Männern, die versuchen, wahrhaftig zu sein, und die hoffen, dass es noch immer einen Weg gibt, um die Entwicklung aufzuhalten, die jetzt läuft. Ich sage ihnen, sie sollen nach ihren Überzeugungen leben und tun, was in ihrer Macht steht, um die Krankheit der modernen Welt zu heilen. Ich weiß

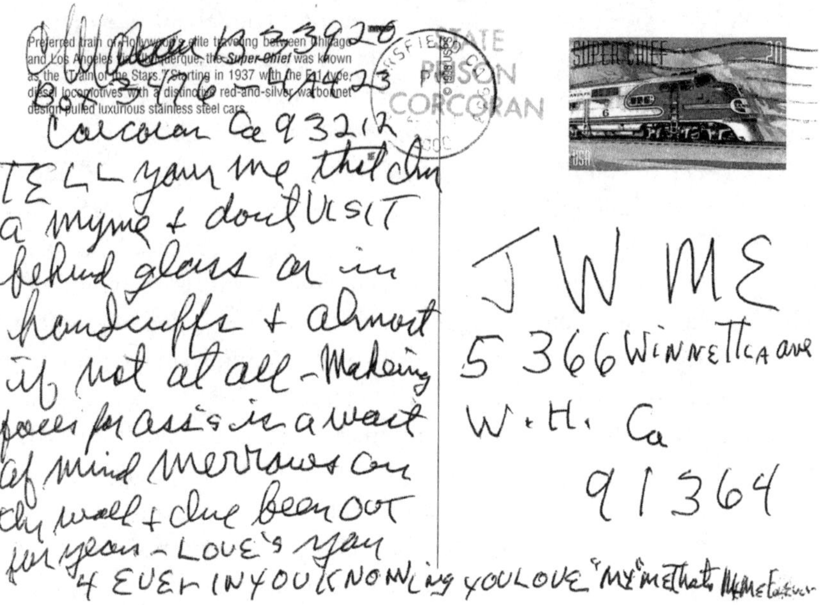

▲ Postkarte von Charles Manson an Michal Welles und Bennie Jay Teal

nicht, wieso sie auf mich gekommen sind. Es hat ihnen doch niemand eine Pistole an den Kopf gesetzt und sie gezwungen? Ich bin hier im Knast, Frau, wie könnte ich wohl jemanden zwingen? Ich wäre erledigt. Sofort.

Ob ich um Vergebung bitte? Hältst du immer noch fest an diesem Scheiß? Vergebung wofür und von wem? Von irgendwelchen Leuten in einem Gerichtssaal? Nein. Von Leuten, die in ihrem großen Haus sitzen und planen, sich ein größeres Auto zu kaufen und alles Wasser zu verbrauchen, auf das sie Zugriff haben? Nein. Ob man mir vergibt oder nicht, das hat nichts damit zu tun, was getan werden muss. Wenn Leute mir zuhören und sehen, was wir dem Planeten antun, dann habe ich das Gefühl, ich habe mir und dir gegenüber etwas wieder gut gemacht.

Jetzt erwartest du wahrscheinlich, dass ich um Vergebung bitte und um eine neue Chance, aber dafür ist es jetzt zu spät. Ich bin da, wo ihr mich alle haben wollt, und hier werde ich bleiben. Der Tod wartet auf mich, hier in dieser Zelle. Während du diese Zeilen liest, betrachte ich die Gitter, hinter denen ich sitze, aus der Nähe und lächele. Erinnerungen an Augenblicke, die längst vergangen sind, erfüllen meine Zelle plötzlich mit den Farben der Liebe und den Geräuschen des Morgengrauens.

Dieses Lied widme ich allen, die mich noch hören können:

Letzte Worte

Wurde auf der Straße geboren
Von einer Mutter deren Herz verloren
Weder Schutz noch Liebe
Berührten Tränen der Angst
Eines Jungen, der allein weinte
In den Stunden eurer Ruhe.
Er konnte nur Verbrecher werden
Um die Grenzen eurer Gesetze zu umgehen
Und die Moral eurer Sünde.
Hinein in die tiefen Löcher eines Systems
Grausam und blind
Fiel ich ohne Schutz und schrie, um gehört zu werden
Aber nie gab man mir das Recht auf Hoffnung.
Ich wuchs auf, ich wurde ich
Unwillkommen und undefiniert
Bis sie mich entdeckten.
Sie mussten erstarken
Sangen meine Musik
Ich gab ihnen mein Herz
Und spielte ihnen mein Lied
Ich wusste nicht, ob es richtig war
Aber was hätte falsch sein können?
Sie suchten das Schöne
Und sehnten sich nach Liebe
In einer Welt, in der sie glaubten
Nie einen Platz zu finden
Sie suchten nach Antworten
Und verloren darüber ihre Fragen
Sie spielten mit dem Vertrauen zu einander
Und begingen ungerechtfertigte Verbrechen
Wussten nicht, wer Schuld war, gegen wen sich zu wenden
Und wussten nicht das blutige Spiel zu beenden.

Es gibt nichts mehr, was ich euch auf diesen Seiten sonst noch vorsingen könnte. Ich bin jetzt ein alter Mann, der heute teilweise ganz andere Wünsche hat als früher. Vielleicht liegt es daran, dass ich alt und krank und hässlich und müde bin, vielleicht hat mich das weich gemacht, vielleicht bin ich deshalb bereit, noch einmal über mein Spiel zu sprechen. Sie machen das Licht aus. Es ist nach zehn, und das ist alle Zeit, die ich habe. Ah, aber da ist noch etwas, was ich dir über diese neuen Weiber sagen wollte, die sich in mein Leben gedrängt haben, und die mich jetzt wieder in dieselbe Position bringen wie damals die Mädchen in Berkeley. Ich habe sie nicht angerufen. Ich weiß nicht mal, wie ich sie bändigen könnte.

Ich habe hier einen Mexikaner, der meine Angelegenheiten regelt und mir sagt, was ich tun soll, es geht um ATWA und mein Patent bezüglich der Samenkanone, um meine neue Musik, meine Texte und die Frage, wie ich die vielen hundert Briefe pro Woche beantworten soll, um diesen ganzen Scheiß, mit dem Leute ihr Leben füllen. Ich gebe diesen Menschen eine Welt. Wecke in ihnen den Wunsch, etwas zu erschaffen. Helfe ihnen, rauszugehen und zu spielen. Fülle sie mit dem Ich, das sie brauchen, um sie selbst zu sein. Du kennst Ace. Du kennst Afton. Du kennst Jerry.

Sie alle macht es glücklich, mich zu kennen und zu wissen, wie ich drauf bin. Verdammt, Frau, ich habe nicht mal den Hauch einer Ahnung, was diese ganzen schweren Fragen angeht, den Sinn der Welt, die Sehnsucht der Menschheit und der Name Gottes und seiner Religion und Verkündung. Aber sie sagen, ich habe sie all das erkennen lassen. Ich habe es ihnen allen gegeben.

Es ist halb zehn, und das Licht wird gleich ausgeschaltet. Locker. Frieden. Träume jetzt auf ewig von dir und mir.

JA, ICH WEISS, ICH WEISS, OKAY, ES REICHT!

Dieser Mann, behaupten sie, will euch alle dazu bringen, zu glauben, er sei Gott, und er schafft das auch, weil er ein gefährlicher Krimineller ist. Er wird euch da draußen aufspüren, verängstigt und verzweifelt, und euch Liebe und Sicherheit versprechen. Und dann wird euch das Monster auf ewig im Griff haben. Er macht euch blind für alles außer ihm, taub für alles außer seiner blöden Musik und seinen halb retardierten Lehren über das Leben. Und wenn ihr dann so weit seid, sagen sie, werdet ihr nichts anderes mehr sein als seine Diener und sein Spielzeug. Was soll dieser Scheiß überhaupt heißen? Es zeigt doch nur, wovor die Leute Angst haben.

Die verlorenen Teenager in eurer Gesellschaft scheiterten an euren idiotischen kulturellen Voraussetzungen und der starren Ausrichtung auf Wettbewerb und Gewinnen. Wenn man auch nur ein bisschen Hirn hat, dann ist man leicht zu verwirren, und dann findet man vielleicht nichts, woran man sich festhalten kann. Und hey, wenn diese Jugendlichen mich dann kennen lernen – Überraschung! Dann haben sie plötzlich das Gefühl, dass ihnen jemand etwas ganz Neues erzählt. Nämlich nicht den Kram, den man ihnen in ihrer Kindheit eintrichtern wollte und den sie nicht annehmen konnten, weil er sich für sie falsch anfühlte – ein Umstand, den sie selbst nicht erklären konnten. Weil sie anders waren, nannte man sie dumm und verordnete ihnen professionelle Hilfe. Diese Profis zeigen dir dann nämlich, wie man so falsch wird wie alle anderen und sich dabei richtig fühlt. Verstehste?

Das ist die Hölle, in der sie aufwuchsen. Also hauten sie ab. Ging ja nicht anders, sie wollten ja nicht so werden wie ihre Eltern. Als sie mich schließlich trafen, waren sie schon so fertig, dass meine Worte ihnen erst einmal wieder ein bisschen Leben einhauchen mussten. Ich war nur ein Typ, etwas älter als sie, der Gitarre spielte und sang, um ein paar Dollar zusammenzubekommen, der aber ganz bestimmt nicht auf der Jagd nach jungen und verlorenen Teenies war, die er durchfüttern und glücklich machen musste. Ich kam ganz woanders her. Ich hatte lange Jahre in Gefängnissen und Erziehungsheimen verbracht, und ich hatte die Nase voll davon, mir irgendwelchen Scheiß gefallen zu lassen.

Sie suchten einen Platz in dieser Welt und vielleicht auch jemand, der ihnen den Weg zeigte. Jemand, der ganz anders war als alles, was sie von zuhause kannten. Und als ich mitbekam, welche Scheiße Lynette mit ihrem Freund erleben musste, direkt vor meinen Augen, dann musste ich ihm einfach klar machen, dass das so nicht lief. Nicht, wenn ich es verhindern konnte. Als das passierte, kannte ich sie noch gar nicht richtig, ich hatte sie vielleicht mal gesehen und ein paar Worte mit ihr gewechselt oder ihr einen meiner neuen Songs vorgespielt.

Ich bin eigentlich nur ein ungebildeter Ausreißer mit etwas musikalischem Talent, der sich besser in Songs als mit Worten ausdrücken kann. Du kennst ja meine Art von Musik. Da geht es um das, was ich nicht sagen kann und was ich gern fühle, und darum, was ich andere fühlen und sehen und lieben lassen möchte. Und es geht nicht ums Töten oder darum, junge Mädels zu vögeln. Für solchen Scheiß gibt es Eminem.

Mit acht Jahren hatte ich einen verrückten Traum. Einen der wenigen, an die ich mich überhaupt erinnern kann. In dem Traum war ich wie ein Engel für ein Kostümfest angezogen, und dann erklärte Gott, ich sei ein richtiger Engel, und er sprach mit mir. Er fragte mich, was ich in dieser Welt ändern würde und wie, obwohl er sagte, dass die Menschen kein Spiel nach den Regeln spielten. Er verstand das nicht. Ich fing an, herzlich zu lachen und erwiderte, dass er sich gerade an den völlig Falschen wandte, weil ich auch keine Lösungen hätte. Wir beide lachten und lachten, und dann sagte ich ihm plötzlich, dass es doch etwas gäbe, was wirklich viel bewirken würde. Ich musste eine Weile darüber nachdenken, aber dann platzte ich einfach damit heraus. „Du musst die Leute dazu bringen, dass sie einen Instinkt für das Wahre entwickeln. Wenn sie dem treu bleiben, was wahr und richtig ist, dann wird es sie dazu führen, das Gute zu wählen und selbst gut zu sein."

Nachdem ich das gesagt hatte, wachte ich schlagartig und voller Angst auf. Bis heute habe ich mich an diesen Traum gar nicht mehr erinnert. Wenn ich jetzt an die Mädchen denke und an die Macht, die ich angeblich über sie habe, dann ist das die einzige Botschaft, die ich je hatte. Das, was ich Gott in meinem Traum gesagt habe.

Hör mir zu, Frau, auch wenn ich mich verwirrt und blöd anhöre. Ich weiß, ich bin ein Penner. Aber trotzdem. Um dich herum sind lauter kaputte Menschen. Was werden sie mit den blödsinnigen Werten anstellen, die es überall zu kaufen gibt? Was können sie tun? Zur Armee gehen oder Drogen nehmen, oder, vielleicht noch besser, sich umbringen? Sie kennen doch nichts anderes, als einkaufen zu gehen und Knöpfchen auf ihrem Computer zu drücken und ihre Hirne so lange zu betäuben, bis ihnen egal ist, wer sie sind und wohin sie gehen. Da draußen ist es wie im Zoo. Schlimmer, viel schlimmer als hier drin, weil man es nicht einmal erkennt. Hier im Knast wird man für alles gemaßregelt, was gegen die Regeln ist. Also hält man sich an diese Regeln, macht sein Ding und versucht im Blick zu behalten, wo man ist, und was man tun muss, um man selbst zu bleiben und zu überleben.

Was in den Sechzigern passierte, als die Menschen versuchten, sich selbst treu zu sein und nicht Teil eines Produktionsablaufs zu werden, das ist aus und vorbei. Euch geht es nur noch um Macht und Kontrolle, um Krieg und Zerstörung. Ich kann dir sagen, die Welt nähert sich dem Ende, und die Leute können sich das nicht mal vorstellen, so sehr sind sie an ihre Rollen gefesselt, die unsere Kultur ihnen aufdrückt.

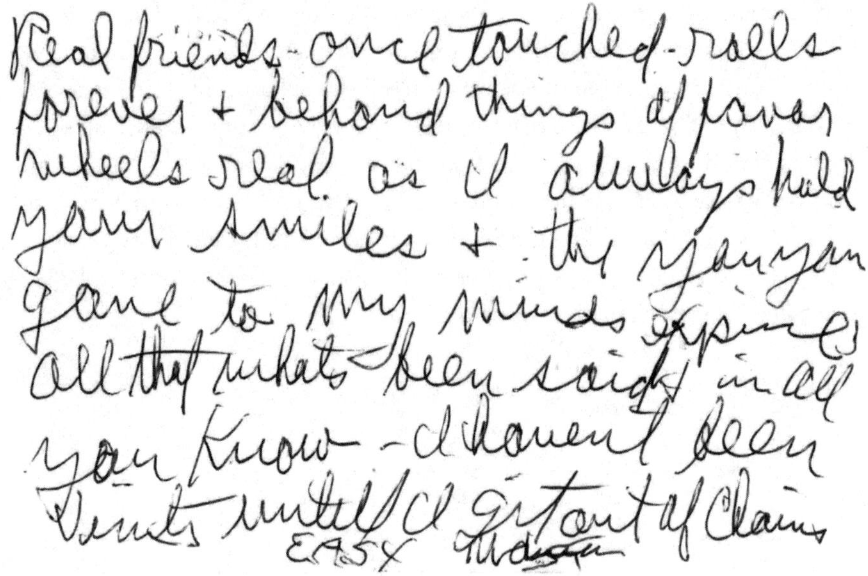
Real friends - once touched - rolls
forever + beyond things of forever
wheels real as I always hold
your smiles + the yo yo
game to my minds expire
all that whats been said in all
you know - I haven't been
vents until I git out of chains
EASY Manson

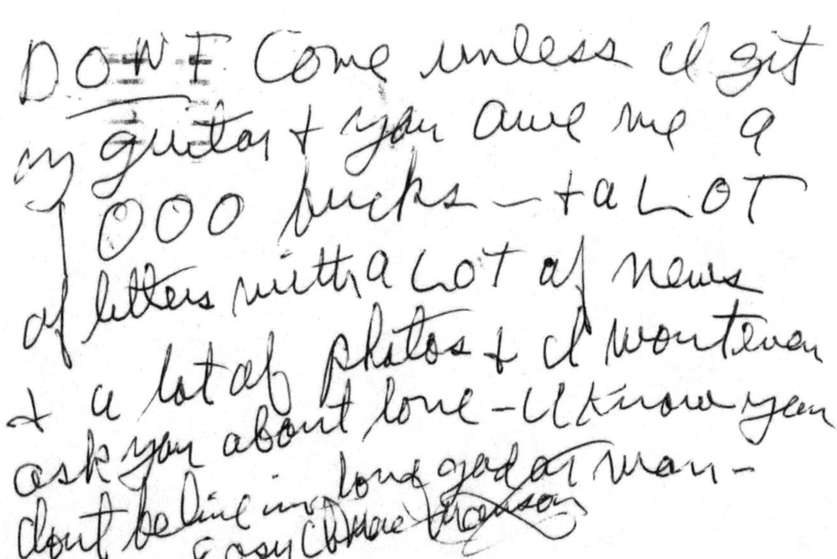
DON'T come unless I git
my guitar + you owe me a
1000 bucks - + a LOT
of letters with a LOT of news
+ a lot of photos + I won't even
ask you about love - I know you
dont believe in love gadar man -
Easy Charlie Manson

▲ Zwei Postkarten an Michal Welles von Charles Manson, 2003, über Freundschaft und Liebe und mit dem Hinweis: „Komm nicht her, bevor du mir nicht eine Gitarre besorgt hast.“

LACHEND AUF DEN TOD HOFFEN

So viele Jahre weggesperrt und gequält und durch die Augen von Menschen betrachtet, die entweder nur sich selbst sehen oder nach anderen suchen, die sie umbringen können. Nicht mit einer Waffe, das ist ja illegal. Sie töten, indem sie die Herzen der besonderen Kinder an die Kette legen und Männer einsperren, wie ich zufällig einer bin. Ihr Gelächter, ihr irreales Kichern, ihr gehässiges Grinsen, wenn ich um Farben zum Malen bat oder um eine Gitarre zum Musikmachen. Und ich bin kein Engel, der darum bittet, von Gott adoptiert und in seinem himmlischen Haus aufgezogen zu werden. Nein, gar nicht.

Ich habe meinen Teil dazu beigetragen und dafür bezahlt. Und dann habe ich noch mehr dazu beigetragen und noch mehr bezahlt. Und in den wenigen Jahren, in denen ich geliebt und wie ein Mensch behandelt wurde, nachdem ich gegen meinen Willen aus dem Gefängnis von Terminal Island entlassen worden war, da verlor ich jedes Gefühl für Grenzen und Regeln, da gab es nur Liebe und Freundschaft und das Gefühl, andere glücklich zu machen. Das meine ich ernst. Ich wollte nur geliebt werden und andere glücklich machen. Die Mädchen, die Jungs, sogar die Tiere.

Wir waren alle bekifft und voller Liebe und Musik, und nebenbei versuchten wir, einen Platz für uns in der richtigen Welt zu ergattern. In der Welt, die ich nicht kannte. Eine Welt, zu der auch sie nie gehörten; dazu fehlten ihnen einfach die Ellenbogen. Und das war schwer – wir mussten Rollen einnehmen, die uns nicht lagen und die wir nie zu spielen gelernt hatten. Dass wir versuchten, es im Musikgeschäft zu was zu bringen, war die Wurzel der Bitterkeit, der Enttäuschungen und der gescheiterten Hoffnungen. Dadurch bekamen wir das Gefühl, mit der ganzen Welt außerhalb unserer kleinen Gruppe im Krieg zu liegen. Und je mehr wir merkten, dass wir nicht willkommen waren und je öfter die Beach Boys meine Texte klauten, desto mehr erschien es uns gerechtfertigt, die zu hassen, die so vermögend dastanden und so falsch handelten. Sandy hielt immer meine Hand und flüsterte mir zu, dass unsere Liebe das Rennen gewinnen würde, ohne zu betrügen oder irgendwas vorzuspielen. Lynette mit ihren wasserfarbenblauen Augen umarmte mich immer und sagte mir, dass wir den größtmöglichen Schatz besaßen, weil wir lieben konnten, ohne etwas anderes als Liebe dafür zu erwarten.

Und ich liebte sie jeden Tag mehr. Die Mädchen und die Jungs, die auf harter Kerl machten, die versuchten so zu tun, als sei alles cool und unter Kontrolle, während sie keine Ahnung hatten, was eigentlich lief – sie alle gaben mir das Gefühl, rechtschaffen und gut zu sein. Ein Mann, der ich zuvor noch nie gewesen war. Niemand hielt mich für einen Kriminellen oder Asozialen oder ein gefährliches Tier irgendeiner nichtmenschlichen Rasse oder eine giftige Pflanze aus einer barbarischen Wüste.

Sie hatten das Gefühl, dass ich ihnen einen Namen gab, einen Grund und die Möglichkeit, das zu sein, was sie waren und sein wollten. Diesen wunderbaren Moment wollte ich festhalten, dabei übersah ich den ganzen gefährlichen Scheiß mit der Gewalt und den drogenvernebelten Köpfen. Und sie verloren komplett den Verstand und flohen in die Nächte des Schreckens und des Todes, alles in der Absicht, eine bessere Welt für sie und mich zu schaffen. Wusste ich das? Nein. Hätte ich es wissen können? Ja. Hatte ich ein Interesse daran, dass das geschah, wollte ich es auf irgendeine Weise? Nein. Wenn ich an diese Tage zurückdenke, an die Stunden, bevor sie die Ranch verließen, wie verloren und verängstigt sie aussahen, wie sie mir versicherten, ich sollte mir keine Sorgen machen und darauf vertrauen, dass sie das Recht und die Fähigkeiten hatten, das Unrecht zu beenden … dann hätte ich mehr Fragen stellen und darauf pochen sollen, dass sie nichts unternehmen.

Bobby wurde festgenommen, weil er Gary getötet hatte. Er schrieb DEATH TO PIGS an die Wände und so'n Scheiß, er wollte klingen wie ein Schwarzer, der rumtönte, dass seine Zeit gekommen sei und seine Brüder jetzt mit den hässlichen Weißen kurzen Prozess machen würden. Die Mädchen drehten völlig durch, als sie hörten, dass einer von ihren geliebten Jungs eingesperrt worden war und vielleicht lebenslänglich bekommen würde, und deswegen dachten sie sich einen Plan aus, um ihn wieder rauszuholen. Wusste ich davon? Nicht direkt. Hatte Tex damit zu tun, war er vielleicht sogar die treibende Kraft? Ja, bestimmt.

Und so hören wir schon wieder, was wirklich geschehen ist, aber sie kommen immer wieder auf mich zu und sagen, ich hätte die anderen zu gewalttätigen und gefährlichen Menschen gemacht. Selbst, wenn ich nichts von den Morden gewusst hätte, die sie begehen wollten, sei ich es trotzdem gewesen, der sie zu diesen Menschen gemacht hatte. Daran ist ein Hauch Wahrheit, aber es geschah nicht mit Absicht. Gewalt oder zornige Menschen habe ich nie gewollt, gebraucht oder gemocht. Ich war älter als sie, hatte mehr Erfahrung mit Knast und dem Leben auf der Straße und der dunklen

Seite des Lebens. Aber ich war nicht klüger oder weiser oder ein Meister der Herzen. Sie brauchten einen Meister und einen Vater und einen neuen Gott und einen neuen Weg, um ihren Platz in der Welt zu definieren. Ihre Eltern und Lehrer und Freunde hatten sich von ihnen abgewandt, als klar wurde, dass sie dieses Rennen nicht beherrschten, in dem es um Geld ging und um Erfolg. Ein Rennen, das bedeutete, den falschen Weg einzuschlagen und ihre Individualität zu verlieren.

Liebe zu machen, Musik zu machen, nie Urteile über andere zu fällen oder sie zu einem Leben zu drängen, das ihnen einen Stempel aufs Herz drücken und eine endgültige Beurteilung ihrer Seele fällen würde – das war mein großer Fehler. Aber was wusste ich damals schon? Mir ging es nur darum, das zu sein, was sie wollten, ohne mich zu verbiegen. Das war der Punkt, an dem das irre Verlangen, mich glücklich zu machen, ganz bei mir zu sein und mich zu lieben, gefährlich wurde, aber ich erkannte das nicht. Wie auch? Wann war ich je ein Mörder, ein Mann, der zum Vergnügen foltert, dabei lacht und nicht genug bekommen kann? Niemals. Ein Ausgestoßener, ja, aber ein schlimmer Verbrecher, der aus Spaß an der Freud böse, grausame Taten plant und in die Wege leitet? Nein.

Sie haben sich alle gegen mich gewandt? Okay. Was kann man von Mädchen erwarten, die unter solchen Bedingungen festgehalten wurden, denen man immer und immer wieder gesagt hat, dass Charlie sie angestiftet hat, dass Charlie ihr Leben zerstört hat, dass sie nur alles zugeben müssen und dann frei sein werden?

Ich verurteile sie nicht dafür. Sie waren süße Mädchen, und sie haben bis heute nicht richtig kapiert, was geschehen ist und wieso sie es getan haben – wie Tex sie zu der Überzeugung bringen konnte, dass ich genau das von ihnen erwartete. Aber das hatte nichts mit dem zu tun, was ich wirklich dachte, was ich tat und tun wollte und hätte tun können. Erst nach ihrer Rückkehr erfuhr ich, was geschehen war, und daraufhin versuchte ich, sie zu beschützen. Damit sie keinen Ärger bekommen würden, sollten sie es ein zweites Mal besser machen.

So wurde ich DER GEFÄHRLICHSTE MANN ALLER ZEITEN für euch alle da draußen, für euch mit eurem Hass, euren Vorurteilen und dem Wunsch, Leute lebenslänglich einzusperren. Ja, ja, ja, ich weiß, einen Killer setzt man nicht auf freien Fuß, nur weil man vielleicht versteht, wieso er seine Taten verübt hat, weil er vielleicht nur seine Gruppe schützen wollte, das einzig Wertvolle, was er je kennen lernte, und das einzig Gute, was ihm je widerfuhr. So blöd und bescheuert und kaputt bin ich ja auch nicht, dass

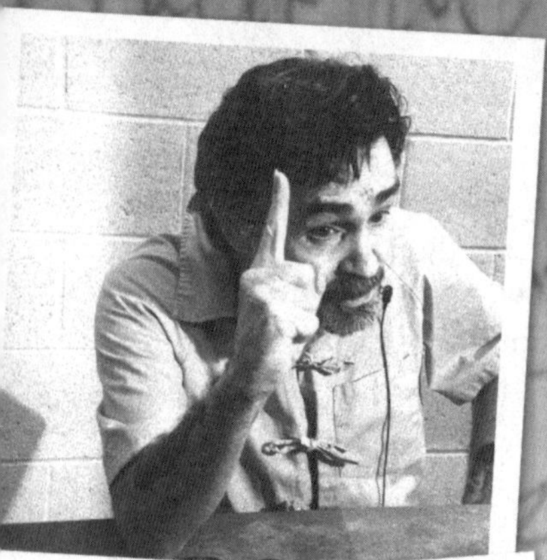

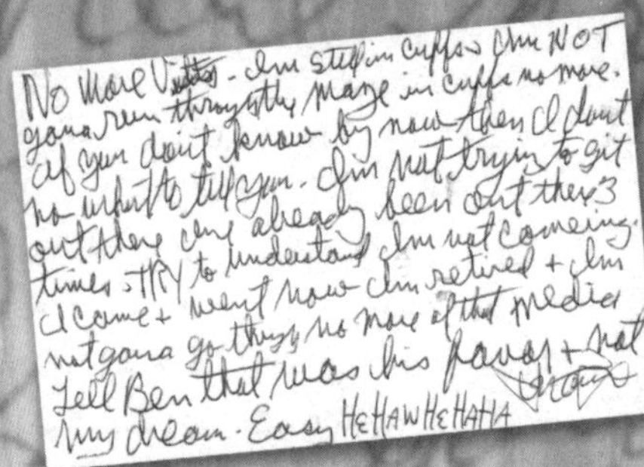

No more Visits - Im still in cuffs - Im NOT
gona run through the maze in cuffs no more.
If you don't know by now then I don't
no what to tell you. Im not tryin to git
out there Im already been out there 3
times. TRY to understand Im not comeing.
I came + went now Im retired + Im
not gona go there no more of that media
Tell Ben that was his favor + not
my dream. Easy HeHAWHeHAHA

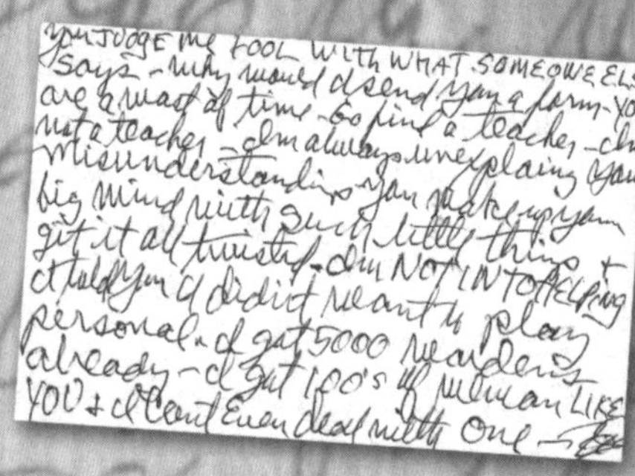

YOU JUDGE ME FOOL WITH WHAT SOMEONE ELS
says - why would I send you a form - You
are a waste of time - Go find a teacher - Im
not a teacher - Im always unexplaining your
misunderstandings - You make up your
big mind with such little things +
git it all twisted - Im NOT INTO HELPING
I told you I didn't want to play
personal - I got 5000 readers
already - I got 100's of women LIKE
YOU + I can't even deal with one

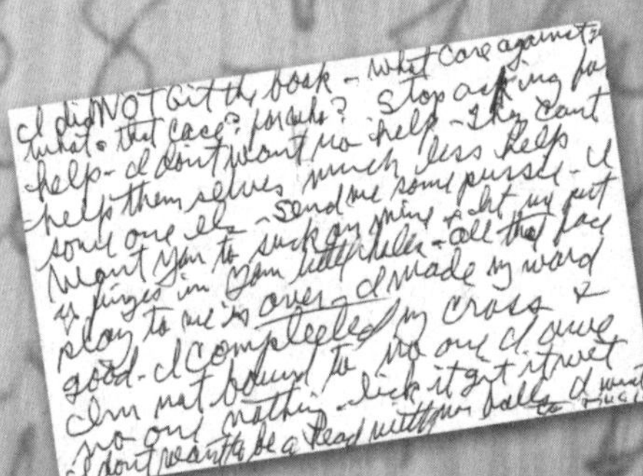

I did NOT git the book - what care against
what that case for who? Stop asking for
help - I don't want no help - they can't
help them selves much less help
some one else - send me some pussy - I
want you to suck on mine + ...
fingers in your ... - all that
play to me is over - I made my word
good - I completed my cross +
Im not bound to no one I owe
no one nothing - ...
I don't want to be a ...

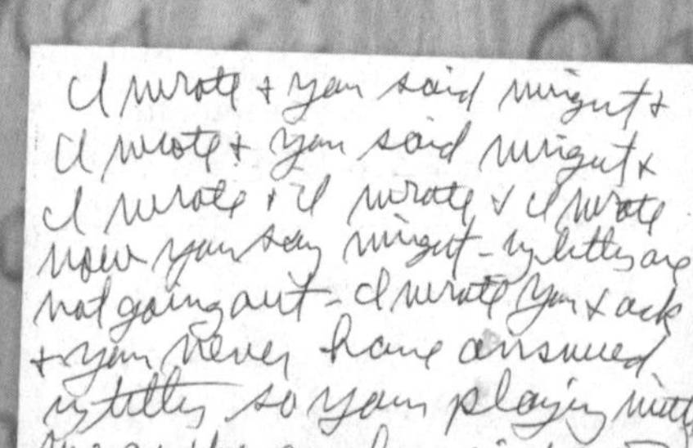

I wrote + you said ... +
I wrote + you said ... +
I wrote + I wrote + I wrote
now you say ... - my letters are
not going out - I wrote you + ask
+ you never have answered
my letters so you playing with
me as they are playing with us

ich das glauben würde. Aber trotzdem – musste man so weit gehen? Mich zum Symbol alles Bösen, zum Zwillingsbruder Satans erklären?

Diese Haltung versperrt nur den Blick auf eine wichtige Erkenntnis, die euch helfen würde, die Kinder zu verstehen, die ich vor euch zu schützen suchte. Damit ihr den Zorn begreift, den sie euch gegenüber fühlten, denn ihr repräsentiert die kranken Lügen, die ihnen ihre Eltern erzählt haben, und die Lügen, von denen sie in ihrer Kindheit umgeben waren.

Sieh dir doch eure moderne Welt von heute an, voller selbstgerechter Menschen mit eingeschränkten Herzen und durchleuchteter Seele, die nur durch die Brillen sehen können, die man ihnen gegeben hat, und die ihre Akten brauchen, um überhaupt etwas wahrzunehmen. Kann sein, dass ich Grenzen überschritten habe mit meinen Bedürfnissen und meinem Wunsch nach Liebe, aber ihr legt es doch darauf an, zu hassen und gehasst zu werden. Nur dann könnt ihr die Grenzen erkennen und sie zum Grund eures Daseins machen.

Junge Männer sterben im Krieg. Frauen und ihre Mütter werden vergewaltigt und missbraucht von Soldaten, im Namen des Friedens oder im Namen religiöser Heiligkeit, und ihr lasst es alles geschehen. Israel tut, was es will, im Namen der Selbstverteidigung, und auch das lasst ihr geschehen. Und es wird immer schlimmer und schlimmer. Es ist nicht aufzuhalten. Kein Ausweg. Aber auf mich zeigt ihr mit dem Finger, und ihr sagt, wenn ich draußen wäre, dann würde das eine Gefahr bedeuten, dann würden Tod und Folter auf unschuldige Menschen warten, die keine Möglichkeiten haben, sich vor Leuten wie mir zu schützen.

Sieh mich an. Alt und krank und schon viel zu hässlich, um von anderen Leuten an der Nase herumgeführt zu werden oder jemanden zu täuschen. Nie hatte ich die Absicht, Menschen zu verletzen oder ihnen Schaden zuzufügen. Mein ganzes Leben lang war ich hier, in diesem High-Tech-Kerker, in dem es keine Ecke mit echtem Leben gibt. Ich habe nichts Falsches getan und hier niemanden verletzt. Und ich werde nie rauskommen, weil ihr verlangt, dass ich das Buch der Sechziger zuschlage und mich von der Individualität abwende. Der Schmerz meines sterbenden Körpers und der Geruch dieser Zelle, die ich eine Woche lang nicht sauber gemacht habe, weckt in mir den Wunsch, das nasse Erdreich zu fühlen und von völliger Dunkelheit umfangen zu werden, in dem Wissen, dass ich endlich frei bin zu sterben.

◀ Postkarten von Charles Manson und zwei Fotos aus der Protected Housing Unit, 1995
Mitte: Manson spielt Gitarre, Vacaville 1995

AUFGEBEN

So viele Jahre eingesperrt und gefoltert. Jeder muss seine Ansichten rausblöken, auch wenn es ihm damit gar nicht ernst und ihm die ganze Sache eigentlich scheißegal ist. Damit er sich gut fühlt. Und du dich schlecht. Das kann man in ihren schläfrigen Augen sehen, dass ihre eigentliche Meinung mit ihren Worten nichts zu tun hat. Wenn man sie nur hart genug schütteln würde, dann fielen ihre Masken und Verkleidungen von ihnen ab wie die hölzernen Worte vom Kreuz. Das sehe ich Tag für Tag. Warum, warum, warum versteckt ihr die Wahrheit und verdreht die eigentliche Wirklichkeit? Was ist das für ein Spielchen, bei dem so etwas überhaupt eine Rolle spielt? Was sollen wir mit diesem ganzen Quatsch anfangen?

Stundenlang debattieren sie über Strafvollzugsmethoden und neue Programme, dabei ist doch klar, dass es hier nicht um Resozialisierung geht. Und dann salbadern sie noch ein paar Stunden weiter über die Rückfälligkeitsquoten und dass Kriminelle eben doch immer Kriminelle bleiben, ganz egal, was man versucht. Dabei unternehmen sie überhaupt keine ernst gemeinten Versuche, damit sich etwas daran ändert. Sie tun alles, was sie können, damit Verbrechen weiter Bestand haben, denn schließlich leben sie von diesem Geschäft. Es gibt ihnen einen Wahnsinnskick und zudem die Möglichkeit einer Rechtfertigung für ihre beschissenen Herzen und müllverseuchten Seelen. Du hast mich doch jetzt jahrelang besucht, Frau, und du hast keine Veränderungen gesehen. Sie kämpfen gegen die Veränderung, weil es ihren Platz in dieser Welt gefährden würde.

Sieh dir an, was sie mit den jungen Leuten machen, bevor sie kriminell werden, wenn sie noch reelle Chancen haben. Sie vermitteln ihnen so viele Schuldgefühle, dass es gar nicht lohnend erscheint, sich zu ändern. Sie reden den Kids ein, dass sie eben als schlechte Menschen geboren wurden. Irgendwann können die dann nichts anderes tun als zuzusehen, wie sie vom System immer mehr kaputt gemacht werden, und irgendwann halten sie dem Druck nicht mehr stand. Ich habe mein ganzes Leben hier verbracht, hinter diesen Mauern, Türen, Schlössern und mit all diesen Spielchen. Heute bin ich so alt, dass ich sagen kann: Ich habe alles gesehen, und die Realität ist hässlich: ein System, das eigentlich Chancen eröffnen, Wege aufzeigen und Veränderungen unterstützen sollte, das aber in der Realität nur dafür sorgt, dass alles so bleibt und höchstens noch schlimmer wird.

▲ Songtext mit Noten und Akkorden von Charles Manson aus dem Jahr 2000. Der Titel wurde nie aufgenommen.

Ich habe hier hinter Gittern so viele gute Männer getroffen, die wirklich ein neues Leben anfangen wollten und die dafür bestraft wurden. Sieh dir B. an, oder Jonnie, Ernesto, Snake und viele andere. Irgendein Polizist hat sie dabei erwischt, wie sie eine Dummheit gemacht haben, und schon sind sie für mehr als fünf Jahre in einen Hochsicherheitsknast gewandert. Hier drin hatten sie dann die Wahl, Ausgestoßene zu werden oder sich einer Gefängnis-Gang anzuschließen. Und wenn man einmal in einer Gang ist, dann dauert es nicht mehr lange, und man hat lebenslänglich. Was auch immer sie dazu bewogen hat, die Gang zu wählen und nicht das Außenseiterdasein, man hätte diesen Willen und diese Energie in eine andere Richtung lenken können, hin zur Veränderung. Aber es gibt keine Alternativen. Das Strafsystem führt lediglich dazu, dass die Gefangenen entweder zu Lebenslänglichen oder zu Spielzeugen werden. Das muss sich ändern. Kannst du nichts tun, um diese Dinge an die Öffentlichkeit zu bringen? Damit diese Leute, die solche Gesetze verbrechen, vielleicht selbst ein paar Jahre hinter Gitter kommen? Nach ein paar Jahren Knast, vielleicht schon nach drei bis fünf Jahren, wären sie sicher auch dafür, dass man in Strafgefangenen auch mal das Gute sehen und ihnen helfen sollte, ihr Leben zu ändern.

Diese Welt wird sich durch die Heuchelei, die sie in Bewegung hält, selbst zerstören. In der Kunst sagen wir trotz Anwendung aller möglichen Top-Technologien doch nichts aus. In der Musik schreien und fluchen und brüllen wir, wie sehr wir unsere Mütter hassen. Im Bildungssystem bestrafen wir die Kinder dafür, dass sie Fragen stellen und selbsttätig denken wollen. In der Politik sind wir überzeugt, dass etwas wahr wird, wenn wir es in den Nachrichten nur oft genug wiederholen. In der Realität führt das alles zu einem Schluss: Wir werden den Planeten zerstören, und uns gleich mit. Diese ganze Überlebensgeschichte kann man bei so vielen Lügen einfach nicht aufrechterhalten.

Ich werde jetzt schlafen. Und wenn ich morgen tot sein werde, dann wusste ich zumindest, dass mir das Ende bevorstand.

LASST MICH STERBEN

Ich gucke in den Spiegel, sehe dieses aufgedunsene, blasse Gesicht und tote Augen. Und mein Magen schreit vor Schmerz, von dem er sich nicht befreien kann. Ich esse und esse, um das Gefühl zu bekommen, dass zumindest irgendetwas an mir noch funktioniert, und um ein kleines bisschen Aufregung zu spüren. Die Futterzeit zählt inzwischen zu den aufregendsten Momenten in meinem Leben. Ich sitze hier in diesem Sicherheitstrakt, in den die berüchtigten Verbrecher und die Spitzel kommen, damit sie nicht von ihren Mithäftlingen gekillt werden, und die anderen Insassen versuchen, mir Sand in die Augen zu streuen, was meinen Zustand angeht. Aber ich weiß sehr wohl, Frau, dass ich bald Staub sein werde.

Wir leben hier in einer Welt mit ihren eigenen Regeln und Gesetzen. Die Jungs wissen alle, wie es um mich steht, aber sie halten mich mit ihren Machosprüchen aufrecht. Sie gucken mich mit einem Lächeln an, das meinen Magen an den Stuhl nagelt, auf dem ich gerade sitze. Ich habe versucht, ihnen einen neuen Song vorzusingen, den ich übers Sterben geschrieben habe, übers Sterben und darüber, dass es für mich okay ist zu gehen, aber sie haben sich die Ohren zugehalten und mir vorgeworfen, ich wollte wohl alle hier runterziehen. Sie machen sich darüber lustig und tun so, als bestünde noch Hoffnung, als ob das alles von selbst wieder weggehen könnte. Sie sagen dem alten Knacker hier, er soll mal nicht so auf Dramatik machen und sich nicht aufgeben. Sie versprechen mir alle, dass sie für mich da sein werden.

Was zur Hölle ist ihr Problem? Können sie einem Sterbenden nicht dabei helfen, in Frieden auf den Tod zu warten? Jedes Wochenende bekomme ich Besuch von Leuten, die mich brauchen, um sich selbst zu spüren, ohne dass ich auch nur einen Funken Ahnung hätte, wie sie auf mich gekommen sind. Aber ich nehme sie mit ganzem Herzen an, das kann ich dir versichern. Es macht mir sogar Spaß, dass sie kommen, und ich spiele gern die Rolle, die ich für sie spielen soll, damit sie sich gut fühlen. Vielleicht ist das falsch von mir, denn eigentlich kann ich ihnen wirklich nur raten, was sie nicht tun sollten. Aber wenn sie mich fragen, wer sie sein sollen und wie sie sich zu solchen Menschen entwickeln können, kann ich dazu nicht viel sagen, aber ich tue es trotzdem jedes Wochenende. Ich rechtfertige

N. you are a Stong willed person
independent but you still keep
your nice faces + people like you.
BUT to me your a donkie Stubard
+ you think Im a fool - The Photos
you sent are shots with my hads up on my
face - I need a few copys of a Good
shot not the shots your gong throw away.
Im not trying to buy or sell them - You
did git the Interview with cuffs off. :)
Got big wild life book - It didnt make
my dick hard but it did tell me how
much ~~trab~~ trouble the trees + Air
is in - Japan's paper for that
book came from U S trees - Good
luck A.T.W.A. Holy war agants
~~poll~~ pollution

Charles Manson

P.S. I dont want
no more in cuffs -

mich vor mir selbst, indem ich sage, wenn sie nicht auf mich gekommen wären, dann würde es ihnen viel schlechter gehen, dann hätten sie sich vielleicht schon umgebracht.

Sie tun alle so, als würden sie mich besser kennen als ich mich selbst. Sie sagen mir immer wieder, wie viel ich ihnen bedeute, weil ich mein Leben einer guten und gerechten Sache gewidmet habe. Ich habe immer noch keine Ahnung, wo diese Leute herkommen, und wie sie die Kraft entwickeln, ihre Welt ganz und gar auf meine Worte auszurichten. Sie alle brauchen mich, denn von mir bekommen sie das Eine: das Recht, sie selbst zu sein. Damit werden sie zu engagierten Soldaten in meinem Kampf gegen diese Welt. Und es ist verrückt. Sie kommen aus einem Umfeld, das ihnen einige Wahlmöglichkeiten ließ, und sie haben sich für mich entschieden. Gott sei Dank ist das nun alles beinahe vorbei. Diese hilflosen und verlorenen Menschen, die sich auf der Suche nach einem Platz in der Welt an mich wenden, machen mich so müde. Es funktioniert so nicht. Das hat es nie.

Leute, mit diesen „weisen" Worten will ich mich von euch verabschieden: Lasst euch nicht von meinem Ruhm blenden. Mein Lebensweg war nicht der eines Helden. Und lasst euch von den entsetzlichen Dingen, die mir in meinem Leben begegnet sind, nicht dazu drängen, die Gesellschaft zu hassen, an ihren Rand zu treten und dadurch alle Chancen zu verlieren. Wenn ich je die Chance gehabt hätte, in dieser Welt auch einmal zu gewinnen, ich hätte mit beiden Händen zugegriffen. Findet einen Weg, eure Kunst zu realisieren und erkämpft euch einen Platz in der Gesellschaft. Seid geduldig und friedlich und stets ohne Hass. Ich bin krank und habe Schmerzen und kann nicht mehr an eurer Seite gehen. Macht diese Welt ein wenig besser mit eurer Musik, euren Zeichnungen und ATWA. Wenn ihr das tut, dann wird die Welt eines Tages durch euch das Gute erkennen, das in mir war.

◀ Aus einem Brief an Michal Welles, 2002: „M, du bist eine willensstarke Person, aber du machst trotzdem immer ein freundliches Gesicht, und die Leute mögen dich. Aber für mich bist du wie ein Maultier, störrisch, dabei denkst du, ich sei der Narr ... Die Fotos, die du mir geschickt hast, mit den Händen auf dem Gesicht: Ich brauche ein paar Abzüge von den guten Bildern, nicht von denen, die du wegwerfen willst. Ich will sie nicht kaufen oder verkaufen. Du hast das Interview in Handschellen bekommen. Mit den Büchern bin ich durchgekommen – hab keinen Steifen bekommen deswegen, aber sie haben mir gezeigt, wie schlimm es für die Bäume ist; Papier für diese Bücher kommt von unseren Bäumen – viel Glück ATWA. Heiliger Krieg gegen die Umweltverschmutzung. Locker bleiben. Ich mach keine Interviews in Handschellen mehr."

Jetzt kommt der Aufseher und macht das Licht aus. Ich werde ihn bitten, mir noch 20 Minuten zu geben. Ich werde ihm sagen, dass im Buch ein Kapitel über ihn drin sein wird. Pass mal auf, das glaubt er. Die Schließer hier sind ziemlich clever, wenn es darum geht, wie man jemandem die Knochen bricht, aber auch blöd genug, sich selbst für unglaublich wichtig zu halten. Na bitte, ich hab's dir doch gesagt. Officer Rudi glaubt ohne weiteres, dass er als Held in deinem Buch erscheinen wird. Das Gute an diesen uniformierten Idioten ist, dass man sich von ihnen Gefallen erkaufen kann. Wenn die nicht bestechlich wären, dann wären wir hier drinnen noch mehr gestraft. Sie testen sehr gern aus, wie weit sie bei uns gehen können. Keiner von ihnen glaubt daran, dass man hier zu einem besseren Menschen wird. Niemand von euch begreift, wie der Strafvollzug funktioniert, und wieso er nur immer mehr und immer härtere Kriminelle hervorbringt. Wenn die frisch Verurteilten in den Knast kommen, dann haben sie Angst und fühlen sich sogar schuldig, und vielleicht möchten sie sich auch ändern. Es dauert aber nicht lange, und sie begreifen, dass sie in dieser Welt nur überleben können, wenn sie bessere, schlauere Verbrecher werden. Es ist an der Zeit, dass ein Strafvollzug eingeführt wird, der den Gefangenen dabei unterstützt, außerhalb dieser Mauern einen Platz zu finden. Wenn das nicht geschieht, wird es tödlich enden. Und bald werde ich nicht mehr da sein, um als Sündenbock für alles herzuhalten. Wir können das Gestern nicht ändern, aber ein besseres Morgen schaffen.

Zwei Postkarten von Charles Manson an Michal Welles, 2006: ▶

„Keine Interviews mehr. Immer noch in Handschellen – ich will nicht mehr gefesselt durch dieses Labyrinth rennen. Wenn du mich noch immer nicht kennst, dann weiß ich nicht, was ich dir noch sagen soll. Ich versuch nicht, da hinzukommen. Ich war da schon dreimal. Versuch zu verstehen, dass ich nicht komme. Ich war dort, und jetzt bin ich im Ruhestand. Sag Ben, ich habe es aus Gefälligkeit getan, es war nicht mein Traum. Locker bleiben."

„Du hältst mich für einen Narren wegen der Dinge, die andere sagen. Wieso sollte ich dich zur Farm schicken – du bist reine Zeitverschwendung – such dir einen Lehrer, ich bin kein Lehrer – ich bin kein Helfertyp, und ich hab dir gesagt, ich will keine persönlichen Spielchen. Ich hab 5.000 Leser und Hunderte Frauen wie dich, dabei wäre mir eine schon zuviel. Locker bleiben."

No More Visits - I'm still in cuffs - I'm NOT gona run through the maze in cuffs no more. If you don't know by now then I don't no what to tell you - I'm not trying to git out there I've already been out there 3 times. TRY to understand I'm not comeing. I came + went now I'm retired + I'm not gona go there no more of that media. Tell Ben that was his favor + not my dream - Easy HE HAW HE HA HA

you JUDGE me FOOL WITH WHAT SOMEONE ELS says - why would I send you a form - YOU are a wast of time - Go find a teacher - I'm not a teacher - I'm always unexplaing your misunderstandings - you make up your big mind with such little things + git it all twisted - I'm NOT INTO HELPING I told you I didn't want to play personal - I got 5000 readers already - I got 100's of women LIKE YOU + I can't even deal with one -

NICHT MEHR KÄMPFEN

Ich sitze hier, sehe mich um, und verdammt, die Hoffnung ist tot und vergangen. Dieselben Aufseher, die Anfang 20 waren, als ich hierher kam, sind schon längst ein Teil der Institution. Ohne Uniform erkennen sie sich selbst kaum wieder. Sie wissen, dass sich hier seit ihrer Ankunft nichts verändert hat, aber sie machen die Insassen dafür verantwortlich, dass sie sich nicht selbst helfen. Glaub diese Scheiße nicht. Es ist eine verdammte Lüge, die sie der Öffentlichkeit erzählen: Sie dient als Rechtfertigung dafür, dass sie den Steuerzahlern hohe Summen aus der Tasche ziehen, um damit einen Strafvollzug zu finanzieren, der niemand zu einem besseren Menschen macht. Der Grund dafür ist, dass sie nicht daran glauben, dass Kriminelle sich ändern können oder je werden oder überhaupt die Möglichkeit dazu verdienen. Wieso sollte man also Zeit für etwas verschwenden, das gar nicht funktioniert? Das könnte ja nur ihre Theorie entkräften und sie dazu zwingen, sich mit uns Kriminellen zu beschäftigen, mit uns und mit unserem Menschenrecht, selbst eine Wahl zu haben und ein anderes Leben zu führen. Und wollen sie so eine Belastung vielleicht? Natürlich nicht.

Sie können es gar nicht erwarten, dass sich die Insassen an die Gurgel gehen. Wenn das nicht von allein geschieht, dann helfen sie nach, damit ein bisschen Schwung in die Bude kommt. Wenn du je die Möglichkeit bekommen solltest, sie bei ihren Gesprächen zu belauschen, dann wärst du schockiert darüber, was sie in Wirklichkeit für Verbrecher sind. Sie wetten Geld darauf, wer bei einer Schlägerei gewinnen wird, und sie schreiten erst ein, wenn der Verlierer kaum noch zu retten ist. Und dann stecken sie den einen ins Krankenhaus und den anderen in Einzelhaft, um ihnen beiden eine Lehre zu erteilen; gleichzeitig sorgen sie dafür, dass sich das Verhalten der Insassen nicht ändern kann und wird. Wie sie das anstellen? Nun, wenn man ein Gang-Mitglied der Aryan Brotherhood, also der Arischen Bruderschaft, mit einem Schwarzen aus der Black Gorilla Family zusammensteckt, dann ist doch klar, dass da die Messer gezückt werden. Und genau so läuft das.

Ich gehe in meine Zelle, um meine Pritsche sauber zu machen, und ich höre andere Insassen, wie sie über ihre Ängste und Schuldgefühle und ihre Sehnsucht nach ihren Familien sprechen. Die meisten sitzen lebenslänglich, und glaub mir, sie sind fast alle keine schlechten Menschen. Sie sind keine Psychos, die andere aus Lust am Töten umbringen, oder Serienvergewaltiger, die nur dann einen hochkriegen, wenn sie sich an kleinen Kindern vergreifen. Ihre Taten haben sie alle deswegen verübt, weil sie ein Teil der Gruppe bleiben wollten, zu der sie als Kinder gehörten, in den üblen Vierteln oder auf den Straßen von East Los Angeles. Sie mussten sich den Respekt ihrer Gruppe erhalten. Sie taten das, was man von ihnen erwartete, damit sie nicht die Anerkennung ihrer Homies verloren, denn ansonsten hätten sie nirgendwo mehr dazu gehört.

Dieselben uniformierten Kriminellen, die hier im Gefängnis arbeiten, sind draußen als Sozialarbeiter oder Lehrer tätig. Die meisten haben keine Ahnung, wie man Jugendlichen ein Gefühl dafür vermitteln kann, mit sich selbst im Reinen zu sein. Deswegen schließen sich viele Kids einer Straßengang an, um sich sicher zu fühlen und um nicht allein ein Leben bewältigen zu müssen, das so hart ist, dass man sich ihm ohne Unterstützung nicht stellen kann. Von da an dauert es nicht mehr lange, bis sie im Knast landen. Sie sitzen da und heulen, wenn ihre Frau zu Besuch ist, und sie versuchen sie jedes Mal wieder zu überreden, sich einen anderen Mann zu suchen, obwohl das nicht zu ihrem Macho-Image passt. Die Frau heult dann noch mehr und fängt immer wieder davon an, dass sie zusammen bleiben und dass auch wieder bessere Zeiten kommen werden. So ist das wahre Leben, Frau, das ist hier nicht wie im Fernsehen, in irgendeiner belanglosen, beschissenen Hollywood-Serie.

Ich sitze hier, weil man mich wegen Anstiftung zum Mord verurteilt hat. Ich bin hier, weil ich ein Teilchen darstelle, das nicht in das Gesellschafts-Puzzle passt, ein Puzzle, dem ich nie auch nur einen zweiten Blick gegönnt habe. Stattdessen verkörpere ich für die Gesellschaft den Beweis, dass es die Menschenmonster sind, die sich nicht anpassen. Die Leute vergessen, dass ich einer der vielen Männer hinter Gittern bin, die keine Wahl hatten. Denen man nie einen anderen Weg gezeigt hat. Die in den Erziehungsheimen gequält und vergewaltigt oder in irgendeiner anderen Weise verletzt wurden, angeblich nur, um sie auf den rechten Weg zu führen. Es ist ein hässliches und gefährliches Spiel.

Du machst mir Vorwürfe, weil es mich glücklich macht, wenn mich junge Mädchen mit unschuldigem Lächeln und goldenen Herzen besuchen kommen. Mädchen, die hören wollen, dass es in Ordnung ist, man selbst zu sein, auch wenn man dann nicht in die Gesellschaft passt. Lass sie mich doch besuchen, und lass sie hören, dass sie schön sind, auch wenn sie sich nicht dem gesellschaftskonformen Spiel ergeben und sich weigern, sich zu verkaufen. Sie sind anders. Sie waren schon anders, bevor sie zu mir kamen.

Sie sind sehr talentierte Menschen, denen nur eins fehlt: die Fähigkeit, sich den Bedingungen anzupassen, die diese Gesellschaft stellt. Und ich kann so gut verstehen, wieso das so ist.

Seht euch doch an. Guck dir doch an, wie unglücklich die meisten Menschen sind, während sie versuchen, genau wie die anderen zu sein, nur reicher und schöner und mit mehr schlauen Tricks. Nennst du das eine menschliche Welt? Ich und all die Leute, die mich besuchen, wir fühlen dasselbe. Sie brauchen mich, um sich einen Weg zu erschließen, in dieser Gesellschaft zu bestehen, ohne von ihr vereinnahmt zu werden. Sie wollen kreativ sein, aber nicht davon abhängig, ihre Kunst zu verkaufen, denn das würde bedeuten, dass sie sich ändern müssten. Und das können sie nicht. All das, was du für den Erfolg zu tun bereit wärst, also für Geld, ziehen sie nicht einmal in Betracht. All die materiellen Dinge, die man für Geld kaufen kann, bedeuten ihnen nicht so viel.

Ich sage dir, Frau, bringe das Buch raus. Sorge dafür, dass Leute wie du verstehen, dass mir schlimme Sachen zugestoßen sind. Dass sie begreifen, was mit der Manson Family geschehen ist, aber dass es kein ekelhafter Plan war, den ich oder die Mädchen verfolgt hätten. Es war eine üble Mischung aus bösen Einflüssen, Tex, zu vielen schlechten Highs und der Tatsache, dass sie ihr Leben und sich selbst nicht im richtigen Licht betrachten konnten. Sieh dich um, sieh dir den Tod und die Zerstörung und den Missbrauch und das Betrügen und Morden an, und dann sag mir noch mal, dass die meisten Menschen Gutes wollen, nur ich nicht. Was heißt überhaupt gut?

DIE FRAUEN, DIE ICH LIEBTE

Jedes Mal, wenn ich eine Frau liebte, habe ich mich stets all ihren Bedürfnissen gewidmet. Dann spielten meine Machoposen und die Ruppigkeit, die ich auf der Straße gelernt hatte, keine Rolle mehr. Wenn ich verliebt bin, dann bin ich ein echtes Weichei und jemand, der sich anderen ganz hingibt. Sie müssen mir nicht einmal sagen, was sie wollen, oder womit sie sich gut fühlen – das finde ich raus. Ich begebe mich auf eine Art Liebesreise, um die Frau, die ich liebe und die mir wichtig ist, glücklich zu machen. Nein, damit meine ich jetzt nicht irgendwelche Techniken, was Sex und Stellungen angeht. Es geht mehr darum, die Poesie zu entschlüsseln, die in ihren Körper gemalt wurde und die ganz einzigartig ist. In der Hinsicht habe ich ein ganz besonderes Talent, Frau, ich kann die Geheimnisse einer Frau entschlüsseln und sie dazu bringen, sich selbst zu erkennen. Und das ist auch der Grund, weswegen meine Art der Liebe und des Liebemachens etwas ganz anderes ist als die vulgäre Gier nach Befriedigung und Eroberung. Hier spielen Herz und Seele eine Rolle, nicht nur wilde Körperorgane.

Mit Blue war es nicht leicht. Sie hatte sich mit jeder Menge Fallen gesichert, und dadurch stieß sie sich immer wieder von mir weg, ohne dass ich ihrem Geheimnis auf die Spur kam. Sie hatte Angst davor, sich fallen zu lassen und sich meiner Liebe zu ergeben. Es dauerte eine ganze Weile, bis ich sie durch gutes Zureden langsam dazu bringen konnte, mir zu vertrauen, bis sie sich öffnete und mich einließ.

Wenn ich eine solche Reise der Liebe begann, dann war das, was ihr Chemie nennt, immer sofort da. So wie das Frühjahr, mit Blumen und frischer Bergluft und Sommer und dem Geruch von Sand und Meer. Und als Red in mein Leben trat, entstand eine neue Sinfonie, die keine neue Note oder irgendwelche Hilfe aus dem Hintergrund benötigte. Red hatte diese bereitwillige und wahrhaftige Haltung, wie sie manche Leute haben, die zwar sehr schlimm hintergangen worden sind, die aber den Mut hatten, sich ihre eigenen Träume und Geheimnisse heil und unberührt zu bewahren. Sie war tatsächlich die erste Frau, vielleicht sogar die einzige, die ich je kennen lernte, die ihre Wahrheit niemals Kompromissen unterwarf.

Red ist echte, harte Reinheit mit Werten, die alle nicht für Geld zu haben sind. Red sitzt im Gefängnis für einen Mordversuch, den sie niemals unternommen hat, und sie wäre schon draußen, wenn sie ein paar Dinge aus-

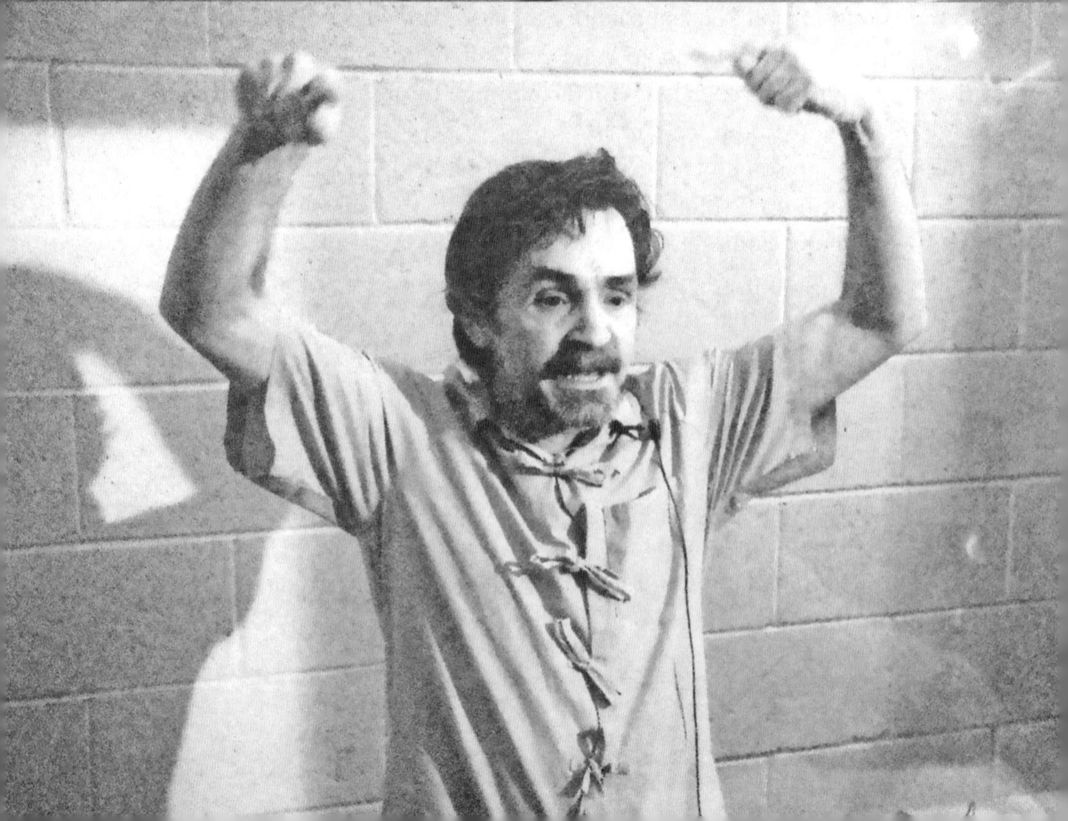

geplaudert hätte, die der Staatsanwalt und die Medien damals über die Geschehnisse auf der Spahn Ranch in den Mordnächten wissen wollten.

Die Wahrheit ist für euch immer das, was eure Meinung bekräftigt, und nicht das, was wirklich stimmt. Die Wahrheit hat normalerweise nichts damit zu tun, wie ihr sie gerne hättet, sie ist nun mal, wie sie ist. Red ist schon seit 25 Jahren, ein bisschen länger sogar, im Gefängnis, und sie hat es nie in Betracht gezogen, diese Zeit zu verkürzen und einfach nachzugeben. Bevor man stirbt, Frau, muss man sich mit Gott und sich selbst auseinandersetzen, und man hat dabei ein besseres Gefühl, wenn man sich nicht verkauft hat.

Frauen habe ich geliebt, Männer habe ich gefickt. Man fickt sie zum Vergnügen und betrachtet es als Bedürfnis. Manchmal ist es so ein bisschen was Persönliches, aber nur ein bisschen, weil es doch ziemlich kurz und schnörkellos ist und es kein Vor- und Nachspiel gibt. Das läuft halt nicht, ohne dass man ein paar Machotypen richtig heftig verärgert, aber es spielen auch andere praktische Umstände eine Rolle, die dafür sorgen, dass Liebe und Gefühl einem nicht in die Quere kommen. Männer, und glaub mir, alle Männer, die länger als ein Jahr sitzen, machen das im Gefängnis. Sie sagen einfach nicht nein, es ergibt sich so und es fühlt sich gut an, deswegen machen sie es wieder. Ich hatte schon vor dem Knast damit Erfahrung, seit ich im ersten Erziehungsheim war. Hab's gemacht, um zu kommen. Aber beim Kontakt mit Männern hat es diese Liebesreise nie gegeben. Es war eher rein zweckmäßig: respektvoll, aber ohne echte Musik im Herzen oder Seelenpein.

Als RD [Mansons Mithäftling Roger Dale Smith] noch gelebt hat, hatten alle hier eine Scheißangst, dass er über sie herfallen würde. Und das im Sicherheitstrakt. Sie hatten Panik, dass RD sie rannehmen, sie vergewaltigen würde und sie nicht nein sagen könnten. Er kam einfach in die Zellen und hat sich die Jungs gegriffen. Und du kannst mir glauben, die Aufseher ließen das geschehen, weil es dann mal wieder Action gab. Die finden es doch toll, wenn hier irgendwelche Scheiße passiert. Sie warten geradezu auf so was, und wenn mal nichts läuft, dann sorgen sie dafür, dass es rund geht. Jetzt, wo er tot und Johnny-Boy [Jonathan Wayne Wilkerson, ein Gefängnis-Kumpan von Manson] auf Bewährung draußen ist, läuft das nicht mehr so offen. Es spricht fast keiner mehr darüber. Wir werden zu alt oder zu christlich, um uns darüber noch äußern zu wollen.

Es gab nicht viele Frauen, die ich mit ganzem Herzen geliebt habe. Aber ich durfte dieser größten Kunst teilhaftig werden: wie man sich gegenseitig

◀ Charles Manson hinter der Glasscheibe der Besuchskabine während eines Interviews mit Michal Welles, 1995 bedingungslos liebt, ohne Ego-Geschichten oder dem Bedürfnis, es dem anderen um jeden Preis recht zu machen. Und jetzt sag mir nicht, das sei kein Vorgeschmack auf den Himmel und auf die Berührung der Götter!

Wenn ich sterbe, und das hämmerst du dir besser in den Kopf ein, werden die Menschen aufhören, sich vor mir zu fürchten und erkennen, dass ich nicht nur schlecht war. Dass ich gut sein wollte, ganz ernsthaft, aber dass mein Leben unabsichtlich aus dem Ruder lief. Und ich wünsche mir, dass die Leute etwas daraus lernen, damit es ihnen nicht genauso geht.

JETZT HALTE ICH DIE SCHNAUZE. ICH HÖRE MICH JA SCHON AN WIE EIN VERDAMMTER GESELLSCHAFTSKUNDELEHRER.

SEX UND SO

Es hat nichts mit Sex zu tun. Es geht ums Anfassen, um Körperkontakt. Es geht darum, den Herzschlag des Menschen zu fühlen, den man umarmt. Das ganze Hahahaha beim Ficken und das Hohohoho, wenn man kommt, das ist ja alles eine mächtige Geschichte, keine Frage, aber wenn man es in seiner Zelle tut, fühlt man sich dabei sogar noch einsamer. Und man muss ständig damit rechnen, dass ein Wachmann vorbeikommt und guckt, ob auch nichts Komisches läuft, und seine Schritte nehmen einem die Ruhe und töten das Vergnügen. Und dann fühlt man sich wie ein Betrüger, als ob man was geklaut hätte, was einem nicht gehört. Du hättest RD kennen lernen sollen, diesen Vergewaltigerarsch, der hätte dir tausend Geschichten darüber erzählen können, wie man die wahre Natur eines Menschen daran ablesen kann, wie leicht er sich brechen lässt. Selbst Machos brachen wie Knarren, wenn RD sie in seiner Zelle zu fassen bekam und zu seinem Besitz erklärte.

Ob Männer im Knast Liebesbeziehungen aufbauen oder ob es nur um Sex geht? Was zur Hölle meinst du damit? Meinst du Romantik und Tränen, gebrochene Herzen und Selbstmord? Was willst du hören? Man verliebt sich in jemanden, weil der einem das Gefühl gibt, etwas Besonderes zu sein, anders als die anderen. Du kennst das Gefühl, Frau, wir alle kennen doch diesen süßen Kick, wenn wir merken, dass wir jemandem etwas bedeuten, nicht wahr? Das läuft hier genauso … und wenn ein Mann sich in einen Mann verliebt, wo ist das Problem? Hinter dem ganzen romantischen Disneyland-Scheiß und dem Feuerwerk beim Sex muss doch eine tiefere Bedeutung stecken. Hier geht es darum, dass man allein ist, dass man Angst hat, dass man nicht weinen kann, dass niemand kommt, der einen tröstet. Ich hatte eine Menge Jungs, die ich mochte und wollte und rangenommen hab, na und? Dabei habe ich niemals Liebe empfunden, da war nie dieses fiebrige Gefühl, das süßer ist als alles andere.

Die meisten Männer hier in der Protective Housing Unit werden auch hier sterben. Willst du ihnen also einen Vorwurf daraus machen, dass sie jemandem nahe sein wollen, dem sie wichtig sind? Was spielt es für eine Rolle, ob das ein anderer Mann ist? Überhaupt keine.

◄ Manson im Hochsicherheitstrakt PHU

DAS GEFÄNGNIS HOLLYWOOD

Ich war in diesem Gefängnis, das statt eiserner Gitterstäbe auf goldene Illusionen setzt, und hasste es ebenso wie jedes andere Gefängnis, in dem ich je war. Mann, ich sag dir, diese nervige Heuchelei, die unwirkliche Nähe, die dabei nichts berührt außer Geld und Erfolg, das ist alles wie verschwommen, und mich hat das krank gemacht. Es verdreht dich und kettet dich an und macht dich blind für alles andere. Es ist ein modernes Monster, zu dem sich viele flüchten, um einen Platz auf dieser Welt zu haben, und es nimmt ihnen ihre Herzen und ihre Seelen. Es ist nichts darin, was man wichtig nennen wollte, aber die Leute reißen sich darum, die Ziellinie eines Lebens voller Fesseln und ohne Persönlichkeit zu erreichen. Persönlichkeit steht einem im Weg. Sie ist eine Art Statement, das man besser nicht abgibt. Wer sich zu klar positioniert, darf vielleicht nicht mehr mitspielen.

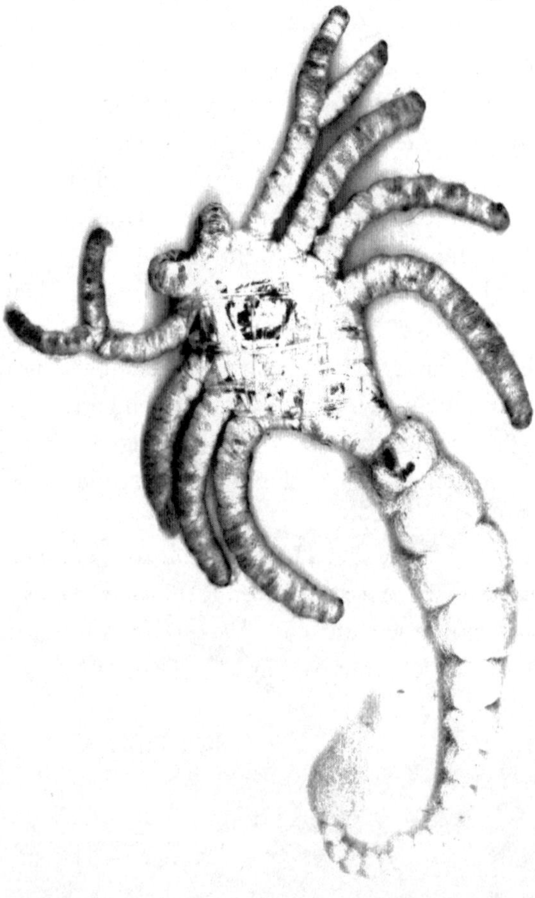

◀ Von Charles Manson gefertigter Skorpion, 2001

Du siehst sie kommen und gehen
Mit einem Lächeln, in dem
Weder Liebe noch Glück sich spiegeln
Sondern der Ausverkauf ihrer Seelen
Zum Teil
Für einen Film zu einer Geschichte
Die sie nicht kennen
Mit einem Helden
Dessen Dasein sie nicht verstehen.

Du siehst sie kommen and gehen
Mit großen Versprechungen
Dass sie für dich da sein werden
Mit dir spielen werden
Dein Glück ihr einziger Altar
Eines ungenannten Wesens
Doch du musst bezahlen
Indem du diese verzweifelte Welt akzeptierst.

Du siehst sie kommen und gehen
Und sie ist jetzt alt
Sie spielt nichts mehr vor
Kann sich nicht mehr auf ihr Aussehen verlassen
Aber die Tränen eines Wesens
Das du einst von der Bühne geworfen
Nicht ahnend, dass du
Ihr Gott warst
Und Schauspiel ihre Religion.

DAS HAKENKREUZ

Glaub nicht, dass ich mir das Hakenkreuz auf die Stirn tätowiert habe, weil ich den Typ so toll finde, der dein ganzes Volk umgebracht hat. Ich bin kein Judenhasser. Mein Anwalt war Jude. Ihr seid okay. Für mich ist das Hakenkreuz ein indisches Symbol. Ja, guck mich nicht so an, dieser Kerl, Hitler, hat das Symbol von den Indern geklaut. Es bedeutet nichts weiter als Licht und Glück. Vielleicht fand er, dass es sexy aussah, vielleicht stand es für ihn für die Vereinigung bestimmter Mächte, was weiß ich. Was glaubst du, wie viel Ahnung ich von Geschichte habe? Ich kann kaum gut genug schreiben, um meine Gedanken festzuhalten, und wenn ich sie aufgeschrieben habe, kann ich das hinterher kaum lesen.

Die Mädchen haben das mit dem Hakenkreuz übernommen, um zu zeigen, dass sie mit mir eins sind. Das war sozusagen unsere Flagge. Und dann sind diese Morde geschehen, und alle haben das Hakenkreuz gesehen und sofort gewusst, dass es Mördernazis waren. Aber so war es nicht, die Erklärung war nicht richtig. Ihr habt dazu beigetragen, dass Hitler seine Pläne verwirklichen konnte, weil ihr da wart, um euch abschlachten zu lassen. Und weißt du warum? Weil niemand glauben wollte, dass so etwas überhaupt geschehen kann. Das war hier genauso.

Ich hatte keine Ahnung, was ich bei diesen jungen Leuten mit meinen Ratschlägen anrichtete. Ich habe nur gesagt, sie sollten sich lieben, sich locker machen und sich nicht von den Erwartungen der Gesellschaft unter Druck setzen lassen. Ich habe alles gegeben, was ich hatte. Mehr habe ich nicht zu sagen, wirklich nicht. Sie drehten durch, fassten eine verrückte Idee, und dann machten die Drogen sie gewaltbereit. Aber sag mir mal, du schlaue Jüdin, wie hätte ich erahnen können, was da noch kommen sollte, und wann es geschehen würde? Und wie hätte ich sie aufhalten sollen? Wenn ich so schlau und berechnend wäre, dann hätte ich heute eine Fernseh-Talkshow als Wahrsager. Ich kann gerade mal berechnen, mit wie viel Wasser ich meine Suppe aufgießen muss, und auch das nur knapp.

Die Leute haben so viele Bücher über die Manson Family geschrieben – da können sie jetzt einfach nicht mehr sagen, dass wirklich alles genau so passiert ist, wie ich immer schon behauptet habe. Dir ist doch klar, dass ich bloß ein Penner bin, oder? Ein Penner, der dir mit wenigen Worten vermittelt, dass du okay bist, dass du dich lieben sollst, und der mit vielen

Worten den Leuten, die hier arbeiten, sagt, welche Richtung sie in ihrem Leben einschlagen sollen. Nein, mal ganz im Ernst, ich habe kein Problem mit ihnen, wenn sie mir nicht zu sehr zusetzen.

Eines Tages, wenn du mal so alt bist wie ich, dann wirst du erkennen, dass es blöd ist, den Leuten zu sagen, was du von ihnen hältst. Ich habe das dauernd gemacht, um den anderen zu zeigen, dass sie mir überhaupt nicht wichtig sind, dass sie mir nichts können und ich der Stärkere bin, aber es ist nicht cool.

Was ich anders machen würde, wenn ich mein Leben noch einmal leben könnte? Gute Frage, eine wirklich gute Frage. Lass uns mal überlegen. Habe ich sie nicht schon mal beantwortet? Gerade habe ich das Gefühl, ich hätte vor ein paar Monaten oder Wochen schon mal drüber nachgedacht. Also. Ich würde diese ganzen Leute am Ende des Tages nach Hause schicken. Charlie von neun bis fünf und dann Feierabend. Ich würde ihnen sagen, sie sollen sich einen anderen Lebensinhalt suchen, als mir hinterher zu rennen und mich zu besuchen. Tschüss. Ja, und sonst hätte ich es noch gern, wenn eine Frau, oder vielleicht auch zwei oder drei, nachts hierbleiben könnten, aber das wär's auch schon. Man muss die Leute dazu bringen, dass sie irgendwann die Ketten durchtrennen, die sie an dich fesseln, sonst sind sie irgendwann süchtig nach deinem Arsch. Es ist traurig, ich weiß, aber wir Menschen sind nun einmal komplex, viel zu komplex, als dass ich sicher nach Hause fahren könnte.

Ich sag's dir immer wieder, das Leben hier ist wie das Leben überall. Du brauchst mir nicht zu erzählen, dass ich bessere Haftbedingungen brauche und irgendwelche Anwälte dafür sorgen werden, dass ich meine Rechte durchsetzen kann. Die haben doch keine Ahnung, welche Rechte ich habe. Dafür müssten sie wieder alles von vorn aufrollen und mir den Judenstern auf die Stirn malen. Was meinst du? Wenn ich Jude werden würde, könnte man mich dann entlassen? Und mich dann vielleicht nach Israel schicken, um meine neue Familie zu finden? Stell dir bloß mal vor, wie die Leute ausrasten würden, wenn ich plötzlich so eine Art Rabbi werden wollte. Ich werde allmählich zu müde und genervt und alt, um immer noch über mein Leben zu lachen, aber das ist das Fenster zur Freiheit. Ich sehe das Meer und den Sonnenuntergang und fühle die Brise von Venice durch die Risse, die sich für mich in jedem Gitterstab und jedem Tor auftun. So ein Typ bin ich eben. Und deswegen ist dieses Hakenkreuz auf meiner Stirn.

GESTERN IST VORBEI

Manchmal sehe ich in mein Gesicht und erkenne mich selbst nicht mehr. Die Augen machen mir Angst, weil in ihnen kein Leben mehr ist. Ich bin noch nicht direkt ein Geist, aber ein fast totes Ich, das schmerzt, weil es nicht mehr richtig in dieser Welt ist und noch nicht richtig in der anderen. Als ich fünf Jahre alt war, nachdem mich die Staatsdiener ins Heim gesteckt hatten, wollte ich sterben. An jenem frühen Morgen erkannte ich, dass das Gute und Rechte und Schöne nie von selbst den Weg in meine Welt finden würde. Also ging ich zu dem Priester und sagte ihm, ich glaubte, dass Gott mich hasste, weil vom Augenblick meiner Geburt an jeder und alles gegen mich waren und mich behandelten, als sei ich böse und müsste bestraft werden. Ich bat ihn, das zu ändern. Ich bat ihn, bei Gott ein gutes Wort für mich einzulegen und ihm zu sagen, dass ich niemals schlecht gewesen war und nur ein bisschen lieb gehabt werden wollte, nicht immer nur gehasst, und dass ich ihm zeigen würde, dass ich das verdient hatte. Ich war in Tränen aufgelöst und bettelte darum, von diesem Gottesmann errettet zu werden, einem Priester, der wusste, was gut und böse und was falsch und richtig war.

Er sah mich an, und ich bekam Angst und war unglaublich traurig, dass nicht einmal er das Gute in mir erkennen konnte. Er sagte mir, ich solle in mein Herz blicken, und wenn ich das täte, dann würde ich den Grund für meine Bestrafung erkennen. Gott macht nie einen Fehler, und wenn er mich strafen wollte, dann musste es einen guten Grund dafür geben. Was in mir so böse war, das erklärte er mir nicht. Aber er war überzeugt, dass ich es finden würde und akzeptieren müsste, um dann mein Leben darauf auszurichten, genug bestraft zu werden, dass ich eine Chance zur Besserung bekam. Hört sich das verrückt genug an? Das musste ich jedenfalls erst mal verdauen.

Wenn sie dich erst einmal zum Sünder gemacht haben, dann ist alles, was sie dir antun, in Ordnung, denn es geschieht ja im Namen Gottes und du hast es verdient. Als meine Mutter mich eines Tages besuchen kam, sah sie, wie dünn ich geworden war, und dass ich mich völlig abgekapselt hatte, und daraufhin beschimpfte sie den Priester und attackierte ihn. Das war einer der wenigen Augenblicke, in denen ich erkannte, dass sie mich tief in ihrem Herzen liebte. Aber sie konnte nichts tun. Sie hatte keinen Platz in dieser Gesellschaft und wusste auch nicht, wie sie sich einen schaffen sollte. Sie war eine Ausgestoßene, stets auf der Flucht, das war immer so. Als sie nach ein paar Stunden ging und nachdem sie beinahe verhaftet worden war, sah sie mich einige Minuten lang an und lächelte, bevor sie sich umdrehte. Ihre braunen Augen waren genau wie meine, und es war das erste Mal, das ich mich in ihr sehen konnte, und ich weinte, weil ich meine Mutter verlor. Ich wusste, dass ich sie nie wieder sehen würde. Und so war es auch.

All die Qualen, die sie mir zufügten, weil ich ein besserer Mensch werden sollte, waren sinnlos. Ich muss lachen, wenn ich jetzt betrachte, wohin mich das gebracht hat. Ich wurde gefoltert, um ein guter Mensch zu werden, und dann wieder bestraft, weil ich noch nicht genug gelitten hatte. Das ist die Geschichte meiner Mission und die Mission meiner Folter. Hör doch mal auf, Frau! Was zur Hölle willst du von mir? Manson dies und Manson das, und wie konnte er und was sollte er, und das geht immer so weiter, denn er bringt immer noch Menschen dazu, dass sie tun, was er sagt.

Nachdem der Priester sein Sprüchlein aufgesagt hatte, wurde ich in mein Zimmer geschickt, damit ich das Schlechte und Böse in mir entdeckte, für das Gott mich strafte. Wenn ich nichts würde entdecken können, hatte der Priester zu mir gesagt, dann würde ich kein Abendessen bekommen. Hungrig und traurig, wie ich war, dachte ich, dass ich bestimmt das Böse in meinem Charakter würde aufspüren können. An dem Tag wusste ich, dass ein Fluch über meinem Leben lag, aus einer anderen Welt oder einem anderen Leben, einfach nur ein richtig böser Fluch, den ich würde brechen müssen. Wenn man tot ist, ist man nicht mehr da, aber wenn man fast tot ist, dann schmerzt der Abschied fürchterlich, aber du kannst nicht wirklich gehen, und du weißt auch nicht, wann das Ende tatsächlich kommt.

Wenn ich in meine Zelle gehe und weiß, dass es nur das Gestern gibt, dass ich nur mich selbst vermissen werde, mich und längst vergangene Augenblicke, dann fällt mir dieser Junge wieder ein, und ich bedauere fast alles und sehne mich nach fast allem. Es ist so schwer zu erklären, wieso ich weiter am Leben bleiben wollte, und wieso ich nicht zu einem anderen Menschen wurde, der in diesem Spielfilm Leben vielleicht eine bessere Rolle bekommen hätte.

Mit sechs Jahren sah ich einmal, wie eine alte Nonne im Anbau einer Kirche ihr Bett aufschlug und ein großes Kreuz unter ihr Kissen legte. Ich wartete, bis sie aus dem Zimmer kam, und fragte sie, wie man ein guter Mensch würde und nicht mehr bestraft werden müsste. Was ich tun müsste, um gut zu werden und Liebe zu verdienen, das war alles, was ich wissen wollte. Diese kleine Nonne, die von allen am ältesten aussah, warf mir zwar einen Blick voller Erbarmen und Schuld zu, aber sie konnte mich nicht zum Paradies der Vergebung führen. Sie trug einen alten, dunklen Wollrock und einen dunklen Pullover über einer roten Bluse. Das Rot brachte etwas Sommerfrische in ihr Gesicht, verhärmt von einem Leben ohne Rast, wie du es eben lebst, wenn Gott dein Boss ist. Sie sagte, meine Kleider müssten gewaschen werden, und ich sollte in ihrem Zimmer auf mein Essen warten. Ich erinnere mich, wie sie mich anwies: „Du siehst ziemlich dünn und ungewaschen aus, mein Junge. Ruh dich in meinem Zimmer aus, aber fass nichts an, das dir nicht gehört." Sie deutete auf ihr Bett in der Mitte des Raums und sagte, ich sollte mich dort hinsetzen und warten.

Später kam sie mit einem Sandwich zurück und gab es mir mit zitternden Händen, und dabei sagte sie, ich sei ein guter Junge. Ich wollte für immer bei ihr bleiben und ihr helfen, schwere Dinge tragen, ihr das Bett machen und mit ihr die kleinen Lumpenpüppchen basteln, die sie fertigte, aber sie sagte, ich müsste gehen und es sei zu spät. Alles, was ich sagen und fragen konnte, war nicht einmal für sie interessant genug. Ich fing an, dem Priester zu glauben: Vielleicht stand es mir wirklich auf der Stirn geschrieben, dass ich schlecht war, und nur ich konnte es nicht sehen. Aber wie?

Meine Beine wurden in jener Nacht im Heim so weit auseinandergespreizt, dass ich glaubte, ich würde sterben, aber der Schmerz wurde immer schlimmer und schlimmer, schlimmer als der Tod. Der Schmerz in meinem Hintern und das Blut und die lachenden Jungen um mich herum, das war ein Augenblick, den ich niemals vergessen werde. Die Scham und der Hass und der Schmerz und die Einsamkeit. Noch Tage danach weinte ich, und keiner meiner christlichen Lehrer, keiner der heiligen Väter hörte mein Herz schlagen oder half meiner Seele. Sie haben nur gebetet. Alles, was außerhalb ihrer Arbeitszeit geschah, war nicht das Werk Gottes. Und selbst während der Gottesdienste machten sie sich um mich keine Gedanken oder Sorgen.

Auszug aus einem Brief von Manson an Michal Welles und Bennie Jay Teal, 2004: ▶
„Ich blicke hinter die Worte, die wir sagen. Das Eitelkeitsspiel ist eben ein Spiel ... Denk daran, wie viel du gelernt hast, seit du das erste Mal hierher in den Knast kamst ... Du bist als ein anderer Mensch gegangen, als du gekommen bist ... Sonnenschein reist durch den Mond ... Du siehst einen guten Freund in mir, und ich spiegele für dich, dass ich nie den Glauben verloren habe oder dich aus irgendeinem Grund infrage stelle. Ich glaube, du verstehst das Spiel der Kräfte und die Bedeutung der Wahrheit."

THE GOSPEL ACCORDING TO

JOHN

CHAPTER 1

IN the beginning was the Word, and the Word was with God, and the Word was God.

I SEE behond the words we use. the VAIN game is a play + I never let any shadows come between me + my handball - [illegible] - THINK of how much you LEARNT From the time you came in prison + walked into what you call in + out. you came into me one person + you go out another. Sonshine travels through the moons mind + we met on the handball + TO ME you are FOREVER we have always been doing this on its levels of circles + its endless turns + places of the unreal + lie came + go but knowing you is like learning a good part of my self - you see good + friend in me + I reflect that to you I never lost faith or cast doubt at you for any reason. I do believe you understand the power + importance of the truth

OVER

Ich war ein Sonderfall, den man in einen dunklen Raum steckte, damit er seine Sünden erkannte und immer wieder bestraft wurde. Also erzähl mir nichts von den Chancen im Leben, und dass ich sie weggeworfen habe und nie meinen Platz in der Gesellschaft finden wollte. Und das sage ich nicht als alter Mann, der um Mitleid bettelt, sondern als alter Mann, der alles offen legen und die Hölle zeigen will, in die er hineingeboren wurde.

Diese Hölle der Arschlöcher und gefährlichen Heuchler regiert noch immer den Strafvollzug und die Erziehungsheime und die Sozialdienste, und sieh es dir doch an, das Verbrechen wird nicht eingedämmt. Im Gegenteil, Frau, dieses System verwandelt Kleinkriminelle in Schwerverbrecher und macht aus verlorenen Jungen mit Problemen Drogendealer und Süchtige. Und dann werden sie festgenommen, und man erzählt uns das Märchen, sie sollten zwar durch ihre Strafe wieder auf den rechten Weg gebracht werden, aber die bösen Jungs seien eben zu Verbrechern geboren und würden ihre Chancen nicht nutzen wollen. Deswegen wird auf die Resozialisierung nicht mehr so viel Wert gelegt, weil sie ja doch sinnlos ist.

Erinnerst du dich noch, wie ich bei deinem ersten Besuch versucht habe, dich einzuschüchtern und dich mit all dem zu beeindrucken, was schon über mich geschrieben wurde? Das habe ich von Kindesbeinen an gelernt und es stets genutzt, bis ich die Mädchen in Berkeley traf, Liebe kennen lernte und spürte, dass ich anderen etwas bedeutete. Allein wegen dieser Monate, in denen ich es ganz und gar genießen konnte, mich rechtschaffen, gut, geliebt und hey, sogar bedeutend zu fühlen, war mein Leben nicht umsonst. Stell dir vor, dass man dein Leben lang nur mit dir geschimpft hat, und eines Tages kommt jemand plötzlich zu dir, küsst dich und sagt dir, dass du schön bist. Wärst du dann nicht auch dankbar dafür, dass du lebst, zumindest für diesen Augenblick?

Meine Mutter sah immer verängstigt und schuldbewusst aus, wenn sie mich besuchte, und sie hatte es jedes Mal verdammt eilig, wieder wegzukommen, bevor man ihr Handschellen anlegte. Und meine Großmutter schrie mich stets an, dass ich das Leben meiner Mutter ruiniert hätte, während mein Großvater in der Küche saß, lachte und Selbstgespräche führte. Ich konnte hören, wie er sagte: „WENN ES NACH MIR GEGANGEN WÄRE, DANN WÄRE DIESER KLEINE DRECKSACK NIE GEBOREN WORDEN.“ Ich fühlte mich so allein, ungewollt und schuldig, und das führte schließlich dazu, dass ich alles daran setzte, mich nicht in Rauch und Asche aufzulösen und mich nicht brechen zu lassen. Und ich kämpfe immer noch, jeden Tag, auch jetzt noch, da ich alt bin.

SCHON VIEL ZU OFT GESAGT UND GETAN

Ob ich am liebsten heulen und um einen letzten Wunsch betteln würde – frei über den Sand zu laufen, während mir die Steine die Füße verletzen und der Wind in meinen Augen sticht? Ja. Ob ich morgen nach dem Aufwachen am liebsten den Schließern sagen würde, dass ich jetzt gehe, aber ihnen bestimmt jeden Monat ein paar Süßigkeiten schicke? Ja. Ob ich das Lächeln deiner kleinen Tochter sehe und schmerzvoll erkenne, dass es mir nicht mehr möglich ist, so liebevoll zu sein, so zu fühlen und mich so festzuhalten? Sieh mich an. Alt, wirklich alt, mit kaputter Brille und einem Körper, der überall knirscht und knackt. Wir alle beginnen mit dem Sterben, während wir noch leben: Darin besteht unsere Strafe.

Das ist genauso wie damals, als ich gerade aus dem Erziehungsheim weggelaufen war und die ersten Tage auf der Straße lebte, als ich noch um die Häuser schlich und zu den Fenstern emporguckte in der Hoffnung, dass jemand von den guten Menschen dort drinnen Mitleid mit mir haben würde, wenn er mich dort herumlungern sah, oder dass ich mich besser fühlen würde, wenn ich den gut genährten, warm gekleideten Menschen zusehen konnte. Aber ich wurde nur noch hungriger und einsamer.

Wenn du alt bist, wünschst du dir, dass junge Freunde dich aus dem Sarg des Alters holen und dir die Energie zum Weiterträumen zurückgeben, um noch einmal das Glück der Hoffnung zu spüren. Aber das klappt nicht, jedenfalls nicht mehr besonders gut. Jeden Abend sitze ich wieder in meiner Zelle und fühle mich müde. Müde und schwer. Deine Knochen und die Haut und das Blut verändern ihr Gewicht und fühlen sich anders an, wenn du mal die 60 überschritten hast. Du bewegst dich mit hölzernen Gliedern und dein Blut ist angedickt vom Suppenmix deiner Jahre. Weißt du, was ich meine? Du musst mit dem veränderten Körperzustand zurechtkommen, das erfordert neue Regeln, vielleicht sogar ein ganz neues Spiel.

Weißt du, du kommst hierher zu mir, die ganzen anderen auch, immer mehr wollen zu mir kommen, alle wollen mich sehen und von mir hören, wie falsch alles ist und wie sehr in Ordnung sie doch sind. Dabei wissen sie das doch selbst, du weißt es auch, wir alle könnten es wissen, aber wir brauchen einen Schubs, um zu erkennen, dass wir nicht verkehrt sind, bloß weil alle anderen uns ablehnen. So ist das nun mal, wenn man verkehrt aufwächst und sich ändern will, wenn man anders, besser, mit sich selbst und der Erde im Einklang sein will.

Joey, der rothaarige Joey. Bennie, der gutaussehende Bennie. RD, der Vergewaltigerarsch mit dem goldenen Herzen. Über wen könnten wir jetzt quatschen? Ihr findet es doch toll, dauernd übereinander zu reden. Das ist für euch wie ein Film. Eine Show, die ihr gebt, und die ihr mit eurem Publikum zusammen genießt. Hier ist es ein Spiel, bei dem man sein Leben riskiert. In unserer Welt ist es wichtig, dass man die Klappe halten kann. Weise Männer schweigen, Gang-Mitglieder reden nie.

Eins kann man von mir sagen, und das wird dir jeder bestätigen: Ich habe niemals jemanden verpfiffen. Niemanden, hörst du. Auch nicht die jungen Leute, nachdem sie wieder zur Ranch zurückgekehrt waren und mir von den blutigen Morden in Bel Air berichtet hatten. Wir lernen die Regeln unseres Lebens in jungen Jahren, und mit dieser einen Regel hatte ich stets überlebt. Die Polizei sieht es als Mittäterschaft, wenn man seine Leute beschützt, obwohl man weiß, dass sie ein Verbrechen begangen haben. Ich konnte jedenfalls nicht gegen meine Natur handeln. Das fühlt sich für mich immer wie Selbstmord an. Ich lasse mich nicht brechen, weil ich gar nicht weiß, wie das geht. Ich kann das nicht. Nicht wegen einer bestimmten Philosophie oder bestimmten Regeln meines Umfelds oder irgendeinem Motto, das man mir eingetrichtert hat. Ich bin so, wie ich bin, weil ich eben so sein muss. Und nie schlau genug war, um zu lernen, wie man das anders macht.

Hör auf, mich nach Motiven und Ideen und verborgenen Kräften zu löchern. Das ist für mich das reinste Chinesisch. Du kennst meinen Werdegang, du weißt Bescheid über das Leben auf der Straße im amerikanischen Mittelwesten in den Dreißigern, Vierzigern, Fünfzigern und Sechzigern. Es gab Shows und Country, Bob Dylan und Little Richard und die Beach Boys. Chopin gab es nicht. Ich stamme von wilden, verrückten Amerikanern ab, die sich hinter Jesus versteckten, nachdem sie die verdammten amerikanischen Ureinwohner abgeschlachtet hatten und beichten mussten, um weiter töten zu können. Mir wurde so viel erklärt, dass heute in meinem Herzen nichts mehr lauert, was die Krankheit der Sechziger erklären würde. Auch nicht die Krankheit der heutigen Teenager, die sich auf die Suche nach mir begeben.

Die Antwort liegt nicht in dem, was ich ihnen geben kann, sondern darin, was eure Kultur ihnen nicht gibt und ihnen vorenthält.

MEINE JUGEND, MEIN ICH

Früher habe ich übers Altwerden gelacht. Es war immer so, als ob sich nur bei anderen die Jahre bemerkbar machten, während es mir nie passieren würde. Ein herrliches Gefühl, der Realität zu trotzen, wenn alles noch so aufregend ist und das Blut schäumt. Und dann passiert es. Eines Morgens wachst du auf und bist alt. Dieser ganze Kram, dass es nach und nach geschieht und so, das kannst du vergessen. Nein, nein. Eines Tages begreifst du, dass du alt bist und auf den Tod wartest. Manchmal denke ich daran, wie ich heute bin und wie ich früher war – und dass das eigentlich nie etwas zu bedeuten hatte, weil ich mich nicht selbst geformt habe, sondern stets floh, so wie meine Mutter.

Wir alle, selbst die Freaks unter uns, lernen irgendwann, dass es nicht so leicht ist, die Person zu werden, die man in seinen Träumen immer werden wollte. Das Leben, ein erfolgreiches Leben, ist ewige Kindheit. Diese Frische, diese Kraft, zu träumen und zu hoffen, die Energie, Dinge in die Tat umzusetzen. Wenn das allmählich nachlässt, und das geht den meisten Menschen mit Verantwortungsgefühl irgendwann so, dann ist das Leben nur noch der würdevolle Anfang vom Tod.

Außer Kunst und Liebe und Spiel, was kann einen denn schon reizen? Ich höre die Männer in den Nachbarzellen ihre Machogeschichten erzählen, wie sie Frauen erobert haben und sich die Mädels mit tollem Sex und den üblichen Machospielchen gefügig gemacht haben, dass sie ihnen gezeigt haben, wer der Boss ist, und dass es total sinnlos ist, ohne sie zu leben. Aber sie tun das hauptsächlich, weil es eine Gewohnheit ist, die sich schlecht ablegen lässt.

Die meisten von uns leben, weil es eben eine Gewohnheit ist, die wir nicht hinterfragen, in einer Welt, die nicht von uns erschaffen wurde. Wie kann man in einer solchen Uniform glücklich sein, wenn man auf einer solchen Bühne agieren muss? Wir wissen nicht einmal, wie man verliert, weil wir es immer wieder versuchen, ohne je die Regeln zu ändern. Ich kann dir sagen, mit neun Jahren oder so wollte ich unbedingt gut und wahrhaftig sein, und pass auf, was ich dir jetzt sage, das wirst du nicht glauben.

Mir hat mal jemand die Geschichte von diesem armen Mädchen erzählt, dessen ganze Familie sich in Deutschland verstecken musste. [Gemeint ist offensichtlich die Niederländerin Anne Frank – Anm. des Lektors] Sie war so unglücklich und traurig, dass sie ein Tagebuch schrieb und es zurückließ, um damit das Schicksal ihrer jüdischen Familie zu dokumentieren. Ich beschloss, dasselbe zu tun und meine Notizen nach einigen Monaten dem Priester zu geben, um ihm zu zeigen, was ich alles erdulden musste. Zwar konnte ich kaum schreiben, weil ich kaum je richtigen Schulunterricht hatte. Die meiste Zeit wurde ich für irgendwas bestraft und musste in meinem Zimmer bleiben. Aber trotzdem schrieb ich voller Rechtschreibfehler und in schlechter Grammatik auf die ersten Seiten eines alten Notizbuchs, das nun mein Tagebuch war, diese Worte: „Ich möchte, dass jeder Mann und jede Frau dies liest und mich und meine täglichen Leiden kennen lernt." Einen Monat lang schrieb ich jede Nacht. Damals fühlte ich die starke Überzeugung, dass ich nun ein neues Leben begann und dass jeder erkennen würde, dass ich die Hölle, die ich durchlitt, nicht verdiente. Ich vertraute dem Heftchen alles an, schrieb von dem Priester, den Nonnen, den Lehrern und dem Essen. Den Priester nannte ich „einen Mann ohne Farbe, der streng riecht" und die Nonne „eine Frau voller Güte, die von Angst beherrscht und von Hysterie gelähmt ist", und mich selbst bezeichnete ich als „den Jungen, der nicht sein darf".

Eines Morgens endete meine Hoffnung auf ein neues Leben, als der Priester, der Mucchy hieß, mein altes Notizheft fand. Und das war das Ende. Er ließ mich richtig dafür bluten. Ich wurde vor die Bildungsmafia zitiert und wieder einmal und für immer verurteilt. Die Gesichter dieser Menschen, wie sie mich anschrien, über mich richteten und mich hassten, waren so unmenschlich, dass ich zu weinen anfing; ich weinte und weinte und fühlte mich so allein und verängstigt. Das war das letzte Mal, dass ich glaubte, meine Situation selbst ändern zu können. Von da an wusste ich, dass ich lebenslänglich dazu verurteilt war, gehasst zu werden und zu leiden. Ich versuche hier nicht, einen auf armer alter Mann zu machen, der traurige Sachen von einer schlimmen, einsamen Kindheit erzählt, aber so war es eben, und so endet diese Geschichte.

Bevor wir jetzt Schluss machen, M., sollst du wissen, dass ich jetzt alles gesagt habe. Das habe ich wirklich.

NUR NOCH DIESE LETZTEN WORTE

Viele Jahre haben die Leute darauf gewartet, dass ich rauskomme und laut verkünde, wie Leid mir alles tut und wie schuldig ich mich wegen der Morde fühle. Ich werde nicht anfangen zu heulen und nicht mit den Fingern auf die bösen Menschen zeigen, die diese schrecklichen Dinge getan haben; so was kann ich einfach nicht. Ich bin nicht der Typ, der sich gegen seine Freunde wendet oder sie in irgendwas hineinreißt. Die ganze Zeit, die ich auf der Straße gelebt habe, konnte ich niemandem vertrauen und habe von fast allen nur Schlechtes erwartet. Ich war ein kleiner Junge, verdammt, ein kleiner, dürrer Junge ohne einen Hauch von Schlechtigkeit, gezwungen zum Stehlen, damit ich überleben konnte. Niemand hat sich um mich gekümmert, obwohl sie alle die Traurigkeit in meinen Augen bemerkten. Und ich kann dir sagen, viele alte Frauen mit einem dicken Kreuz um den Hals sahen mich an der Ecke stehen und bedauerten mich. Sie fragten mich nach meinem Namen und hatten dann die nächsten Tage was, worüber sie reden konnten. Über den armen kleinen Jungen von der Straße. Niemand hat mich gerettet, und niemand hat mich je geliebt.

Dann lernte ich diese Leute kennen, die Gruppe, die später Manson Family genannt wurde, und zum ersten Mal in meinem Leben kam ich mit Menschen in Kontakt, denen ich wichtig war, und die mich sogar liebten. Es war das erste Mal in meinem Leben, dass ich glücklich war und nicht mehr einsam. Es war alles echt und großartig. Damals durfte ich kurz erfahren, wie sich die sanftere Seite des Lebens anfühlt, und das nahm mir viel von meinem Zorn und meiner Wut. Ich fühlte mich leicht und locker, ich konnte lachen, andere berühren, küssen, festhalten, lieben wie noch nie zuvor. Dann geriet alles außer Kontrolle. Die Mädchen und Tex, dieser texanische Macho-Idiot, begingen die Morde aus wer weiß was für verdammten Gründen, und jetzt soll ich alles vergessen und sie ausliefern? Nein. Das kann ich nicht.

Ich war mein ganzes Leben lang im Gefängnis, weil ich niemals andere ans Messer geliefert habe, und weil ich mich in der Öffentlichkeit nicht schockiert gezeigt und ihre Schuld beteuert habe. Die hässlichen Straßen des schönen Amerikas haben mich hart gemacht, und ich habe eben nicht ein zartes Herz aus Glas und Plastik, das leicht zerbricht. Ich zerbreche nicht. Das ist mein einziges Gesetz.

GEDICHTE

GESAMMELT UND AUFGESCHRIEBEN VON LIORA WELLES

▲ Charles Manson in Corcoran, 1995

THE MIRROR

I have touched time
And carried its truth
As I embraced crime
In search of my youth
I was born into your system
And raised in your prisons
My life has been spent
Behind the walls you built
Mirroring the blur in your sense
And the lie in your guilt
You have stolen my existence
And buried it under my conscience
Leaving me without choice
As you surrendered the real in your voice
Yet you can't look to my side
So you keep me here
To avoid the shadow from which you hide
And the reflection of what you fear
It's clear that I am what you run from
But you can't conceive it
Because you are too deaf, blind and dumb.

DER SPIEGEL

Ich berührte die Zeit
Hab ihre Wahrheit gesehen
War zu Verbrechen bereit
Hab meine Jugend gegeben
In euer System hineingeboren
In euren Gefängnissen aufgewachsen
Verbrachte mein Leben
Hinter Mauern, die ihr erbaut
Spiegele eure verwaschene Wahrnehmung
Und hab die Lüge hinter eurer Schuld geschaut
Meine Existenz, ihr habt sie gestohlen
Unter meinem Gewissen habt ihr sie begraben
Seitdem blieb mir nie mehr eine Wahl
Das Echte eurer Stimme, euch war es egal
Doch ihr traut euch nicht, zu mir zu schauen
Ihr haltet mich hier fest
Vermeidet den Schatten, versteckt euch mit Grauen
Vor dem Spiegelbild eurer Furcht
Klar ist, ich bin, wovor ihr flieht
Aber ihr erkennt es nicht
Ihr seid zu taub, zu blind, zu stumm.

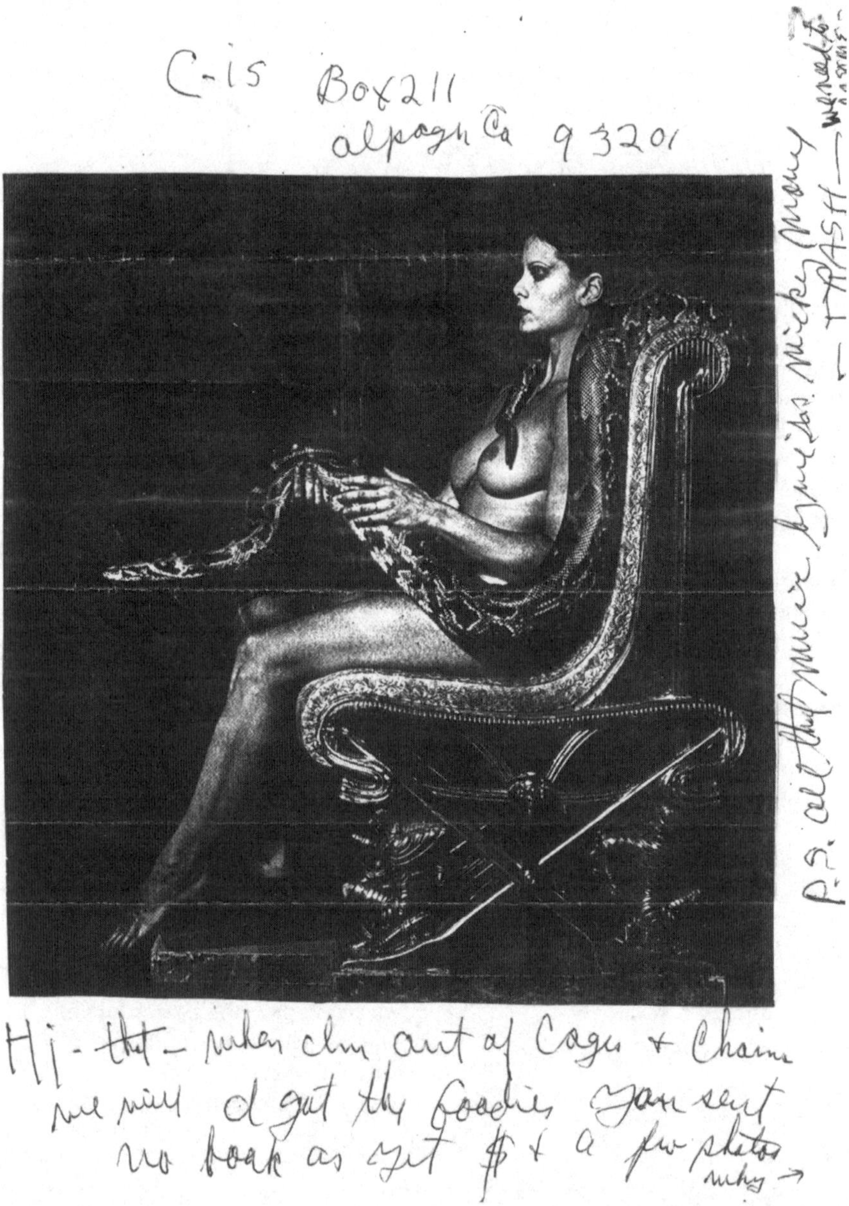

▲ Manson schrieb 2004 an den Rand dieses Fotos: „Wenn ich den Käfig und die Ketten los bin – hab die Sachen bekommen, die du geschickt hast, kein Buch, ein paar Dollar und Fotos, warum? PS: Mich bewegt nur Micky Maus. Müll.

INSIDE OUT

I followed the light
And reached for its shadow
It was there shining bright
With its rays yet to grow
It took me to a time
And moved me to a place
Every minute passing
Without a name or a trace
I find myself feeling
The moments that cross me
And begin dealing with the freedom
That your love cost me
Every religion preaches
That it is not love that frees or teaches
But serves you under the laws that which you are endowed
And you life that to god is owed
Your schools grave the burn of your sin
And bury it under what your love lies within
They try to empty your soul
So they can prove the ugliness of the morals
And the importance of their role.

VON INNEN NACH AUSSEN

Ich folgte dem Licht
Und griff nach dem Fahlen
Es leuchtete hell
Noch wuchsen die Strahlen
Brachte mich zu einer Zeit
Brachte mich an einen Ort
Jede Minute dort verging
Ohne Name oder Wort
Ich begann zu spüren
Dass Momente mich streiften
Gehe um mit der Freiheit,
Die deine Liebe mich gekostet
Jede Religion bekehrt
Dass nicht die Liebe befreit oder lehrt
Sie dient dir nach den Gesetzen, denen du verpflichtet bist
Während dein Leben Gott geschuldet ist
Eure Schulen erschweren die Bürde der Sünde
Und begraben sie unter dem, was deine Liebe bedeckt
Sie wollen deine Seele entleeren
Um die Hässlichkeit ihrer Moral zu beweisen
Und die Bedeutung ihrer Rolle.

▲ Der Gefangene B-33920, 2007

LONELY

Hold my hand, I wish,
And look at me a moment
To know we can want
Together to meet death
With open arms
And tell it of our travels
To get to this moment
With fear not
Of being alone
Again, but at last, and least,
Peaceful forever.

Hold my hand, I beg,
And touch me for one last moment
To know we can die
Together to meet god
With a worried heart
And tell him of our travels
To get to this moment
With guilt not
But a few regrets
Again, but at last, and least,
Peaceful forever.

Hold my hand, I cry,
And hurt me no more.

EINSAM

Halte meine Hand, das wünsche ich mir
Und sieh mich einen Augenblick an
Zu wissen, dass wir es wollen können
Gemeinsam dem Tod entgegensehen
Mit offenen Armen
Um ihm von unseren Reisen zu berichten
Diesen Augenblick zu erreichen
Voller Angst – nein
Nicht vor dem Alleinsein
Erneut, aber letztlich zumindest
Voll ewigen Friedens.

Halte meine Hand, so bitte ich dich
Und berühre mich einen letzten Augenblick
Zu wissen, dass wir sterben können
Gemeinsam Gott entgegensehen
Mit besorgtem Herzen
Um ihm von unseren Reisen zu berichten
Diesen Augenblick zu erreichen
Voller Schuld – nein
Doch durchaus bedauernd
Erneut, aber letztlich zumindest
Voll ewigen Friedens.

Halte meine Hand, so rufe ich
Und verletze mich nie wieder.

CALIFORNIA STATE PRISON
CORCORAN
1988
DEPARTMENT OF CORRECTIONS

CORCORAN STATE PRISON

Corcoran State Prison
Is just another kind of livin'
It is my home
My place
All ya have to do is imagine
Every other weekend
I take my gals on a date
And its nothing the guards can take
They buy me a round at the coke
machine
Where the hangout is just the local
scene
Come on everybody
Picture this
I may be mean I may be wild
But my face just made you smile.

STAATSGEFÄNGNIS CORCORAN

Staatsgefängnis Corcoran
Nur eine andere Art zu leben
Mein Zuhause
Mein Kiez
Stell dir nur vor
Jedes zweite Wochenende
Führe ich meine Mädels aus
Das können die Schließer mir nicht
nehmen
Sie zahlen eine Runde am Cola-
Automat
Hier hängen alle Kumpels ab
Komm schon
Stell dir das vor
Schön, vielleicht bin ich wild, vielleicht
auch hart,
Aber mein Gesicht hat dich gerade
zum Lächeln gebracht.

▲ Manson-Porträt von Michael, einem Insassen der Protected Housing Unit im Staatsgefängnis Corcoran, 1999.

WANTED

Wanted!
For a crime I never did
And for time I never wasted!
Wanted!
For a beauty I never revealed
And for love that has been concealed.
Wanted!
Amidst the battleships of the earth
And the purity of a new birth.
Wanted!
Among the few
And beyond the many.
Wanted!
For the truth I have yet to know
And for the lies that continue to grow.

GESUCHT!

Gesucht!
Für ein Verbrechen, das ich nie begangen
Für eine Zeit, die ich nie verschwendet
Gesucht!
Für Schönheit, die ich nie gezeigt
Für Liebe, die verdeckt nun bleibt
Gesucht!
Zwischen den Schlachtkreuzern der Welt
Sich die Reinheit neuer Geburt gesellt.
Gesucht!
Unter wenigen
Und unterhalb von vielen.
Gesucht!
Für eine Wahrheit, die noch zu ergründen
Und für Lügen, die weiterhin zünden.

PRISON LIVING
Jonathan Wayne Wilkerson / Charles Manson

My cellee took off for the yard
It's my time for the cell
I've got my bit of focus time
Until the lockup bell
It's how I wrap up evenings
When I get my time alone
I'll drink a cup of coffee while
I write my letters home.

My letters always say the same
I tell them how I've been
And that I can't wait to get out
I won't do it again
I lie, they lie, we all lie
Pretend that we're okay
'Cause if I had to tell the truth
I don't know what I'd say.

I could tell them all about the chow
The SOS and the Mac.
I could tell them how I watch the roaches
Crawling from a crack
Or how I go to work each day
To sweep and mop a tier
And how the guy I work with
Never will get out of here.

Or I could tell 'em 'bout the guy
We beat down on the yard
And how we used a lock'n'sock
To beat him good 'n hard
He should've paid his gambling debts
He should have had some sense
But then who's got a lot of that
Behind the walls or fence?

But I won't scare them when I write
I don't want them to stop
I won't say that I want some dope
And then to beat a cop
I won't say how humiliated
I feel here many times
Or who got busted with a knife
Or where I bought some wine.

Oh yes, we need our „focus time"
We're careful what we say
We need to get our letters past
The censure cops today
We need to be seen in the light
As angels in our cage
And never tell them anything
Of loneliness or rage.

GEFÄNGNISALLTAG

Jonathan Wayne Wilkerson / Charles Manson

Mein Zellenkumpel hat grad Hofgang
Hab die Zelle jetzt für mich
Ein kurzer Augenblick privat
Bis wieder Einschluss ist
Die Abende fließen
Wenn ich alleine bin
Mit Briefen an zu Hause
Bei einem Kaffee dahin.

Ich schreibe stets denselben Seich
Erzähle, wie's mir geht
Dass ich es nicht erwarten kann
Bis die Entlassung ansteht
Ich lüge ebenso wie sie
Wir tun, als wäre alles gut
Denn müsste ich die Wahrheit sagen,
Verließe mich der Mut.

Was sollte ich erzählen –
Von dem Fraß, den wir hier haben?
Dass ich den Kakerlaken zuseh'
Wenn sie sich aus den Ritzen wagen?
Von der Arbeit jeden Tag
Ich putze unseren Flur
Zusammen mit diesem anderen Typ
Auf Lebenslänglich-Tour.

Oder vielleicht von diesem Typ
Den wir fertigmachten im Hof
Mit 'ner Socke voller Altmetall
So'n Ding haut rein wie doof
Er hätte besser gleich bezahlt
Mit Spielschulden war's mau
Aber hinter diesen Gittern
Wer ist da schon schlau?

Angst machen will ich ihnen nicht
Deswegen schweig ich still
Auch wenn ich gern mal wieder kiffen
Und auf 'nen Bullen losgehen will
Ich sag nicht, wie ich fühle
Erniedrigt und verdammt
Oder erzähl von dem Typen,
Bei dem man ein Messer fand.

Privatsphäre, wenn auch nur kurz
Wär mal ein guter Schritt
Doch nicht in unseren Briefen
Denn die Zensur liest mit
Wir zeigen uns im besten Licht
Käfigengel, lieb und gut
Die nie etwas erzählen
Von der Einsamkeit und Wut.

PRISON LIFE

JOE-STRAHL

111 9th St., Suite 3
Columbia, MO 65202
(314) 449-3291

B-0026

I sent them a
Vinity form +
we are gonna talk
about a Interview -
JUST LIKE
M + U DID
3E40h

YOU NOT ME

If I was art
You would be my color
If I was a broken heart
You would be my doctor
If I was a river
You would be my stream
And If I was a believer
You would be my dream
We all want to be one another
But we can't just fool each other
Because once we think in pairs
You're looking at the road to hell's stairs.

DU NICHT ICH

Wäre ich die Kunst
Wärst du meine Farbe
Wäre ich ein gebrochenes Herz
Wärst du mein Arzt
Wäre ich ein Fluss
Wärst du mein Strom
Und könnte ich glauben
Wärst du mein Traum
Wir alle wollen in die Haut des anderen schlüpfen
Doch können wir uns nichts vormachen
Denn sobald wir zweisam denken
Die Straße der Hölle hinunter wir lenken.

FALLING

It's me
You want to kill
But I am
Here still
You dragged my ass
Down death row
And now
You have nothing left
To show
Run your engines
And race me
Here I am
I am still standing
While your planes are flying and landing
Take your ship back to no where
Because I have already been somewhere.

FALLEN

Ich bin es
Den ihr töten wollt, klar
Aber ich bin
Noch immer da.
In der Todeszelle
Saß ich schon
Und nun
Ist euch nichts geblieben
Zum Vorzeigen
Lasst eure Motoren laufen
Und setzt mir nach
Hier bin ich
Ich stehe noch immer aufrecht da
Während eure Flugzeuge starten und landen
Fahrt dorthin zurück, woher ihr kamt
Denn ich war in der Zwischenzeit schon ganz woanders.

OUTCAST

Walking down the hall of shame
And living in the midst of pain
You become the symbol of betrayal
And are posted in every stamp of
denial.

A shadow is thrust upon you
In a world where you are a human
untrue
Yet not word can you speak
And no help will you seek
As an enemy you are
No matter where you go
And no matter how far.

The truth is within a distance
unreachable
As it lies in every heartbeat
And cries for any shelter
Where humanity becomes known
And you yourself can not be found
alone.

As the darkness you face
In a world where you are its disgrace
Blackens your soul
And cuts your being
Into pieces of nothing left to be seen.

AUSGESTOSSEN

Den Gang der Scham hinuntergehen
Dem tiefen Schmerz stets widerstehen
Zum Zeichen des Verrats geworden
Das Mal der Verleugnung auf der
Stirn.

Ein Schatten über dich geworfen
In einer Welt, in der du nicht als
wahrer Mensch mehr giltst
Kein Wort kommt über deine Lippen
Um keine Hilfe willst du bitten
Du bist ein Feind
Egal, wohin du gehst
Egal, wie weit.

Die Wahrheit liegt in unerreichbarer
Ferne
So wie sie in jedem Herzschlag wohnt
Und sie schreit nach Schutz und
Wärme
Nach gelebter Menschlichkeit
Wo dich Alleinsein nicht bedroht.

Wenn die Dunkelheit, der du gegen-
überstehst
In einer Welt, in der du als Scheusal
giltst
Deine Seele verdunkelt
Und dein Innerstes zerteilt
In kleine Stücke, nicht mehr sichtbar.

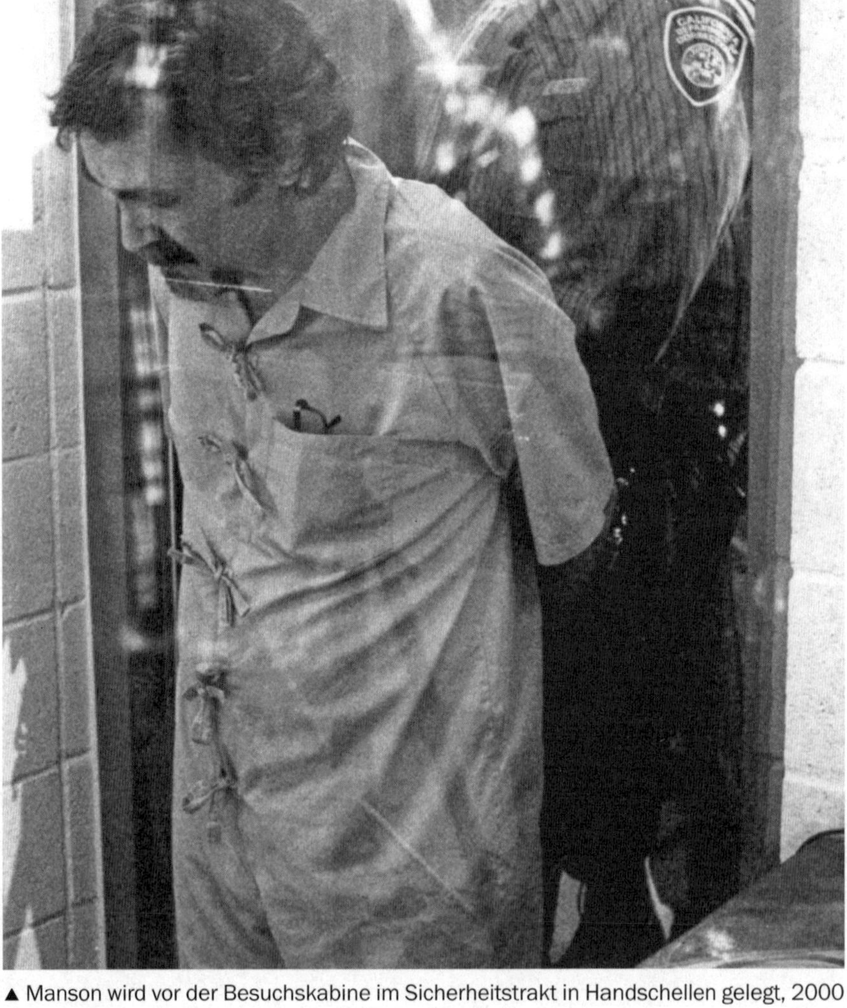

▲ Manson wird vor der Besuchskabine im Sicherheitstrakt in Handschellen gelegt, 2000

REAL

Call me some name
But hurt me no more
By fooling yourself of a gift
I have not!
Inviting you into my heart
And letting you feel easy
With the calm moment
Of being at one
With that little whistle of a bird
Ready to fly
And a flower of blooming delight
All holding your nature 's right
To be blue and green
And shining with hope.

ECHT

Beschimpfe mich
Aber tu mir nicht mehr weh
Und mach dir nicht vor,
Ich besäße ein Geschenk
Das ich nicht habe!
Lade dich ein in mein Herz
Und lasse dich dort leicht und locker fühlen
In dem stillen Augenblick
Des Einsseins
Mit dem kleinen Zwitschern eines Vogels
Flugbereit
Und einer Blume aufblühender Schönheit
In allem das Recht der Natur
Blau und grün zu sein
Und vor Hoffnung zu leuchten.

— IN THE NAME OF ELYAHJAHALLAHSHADDIA —
SELĀH

— PEACE BE UNTO YOU ALL —

Greeting's: By the Name of your Royal Majesty SELAH
— SHALOM —

Hey, Charlie!
THIS MESSAGE, AFTER SO MANY, YEARS-FINALLY, COMES TO FACE.
THE REVELATIONS: 1:13-16 WHO LOOKS LIKE YAHSHUA?
REVELATIONS: 2:6+15 WHO ARE THE NICOLAITANES TODAY?
REVELATIONS: 2:18 WHO IS THIS MAN - TODAY?

Hey, Charlie! The Book IS Closed! Can you reflect why?

Hey, Charlie! What man, have the GREATEST light of The Book, in your Complex unit or at your locale?

Hey Charlie! What do you think, is the greatest light, from any Book, that you have fellowshipped with over the years?

LET US (YAHSHUA) JESUS, hear from you And the spirits of light, that are there, with you.

Sincerely, "El-SHA" SELAH
The Above Name House-Temple-Tabernacle-Church
Planet Earth's Universal. SELAH —Expedite-Reply—

▲ Brief eines Anhängers, der Manson zu beweisen versucht, dass er der Allmächtige ist

WALLS

Behind some walls
There are no values to be recalled
Only lost times to remember
And chances to forget
With a view you'll never see
In a cage where hope is free.

MAUERN

Hinter Mauern
Keine Werte sich verbergen
Nur verlorne Zeiten zum Erinnern
Und vertane Chancen zum Vergessen
Mit Aussicht, die man nie erblickt
In einem Käfig, in den Hoffnung wird umsonst geschickt.

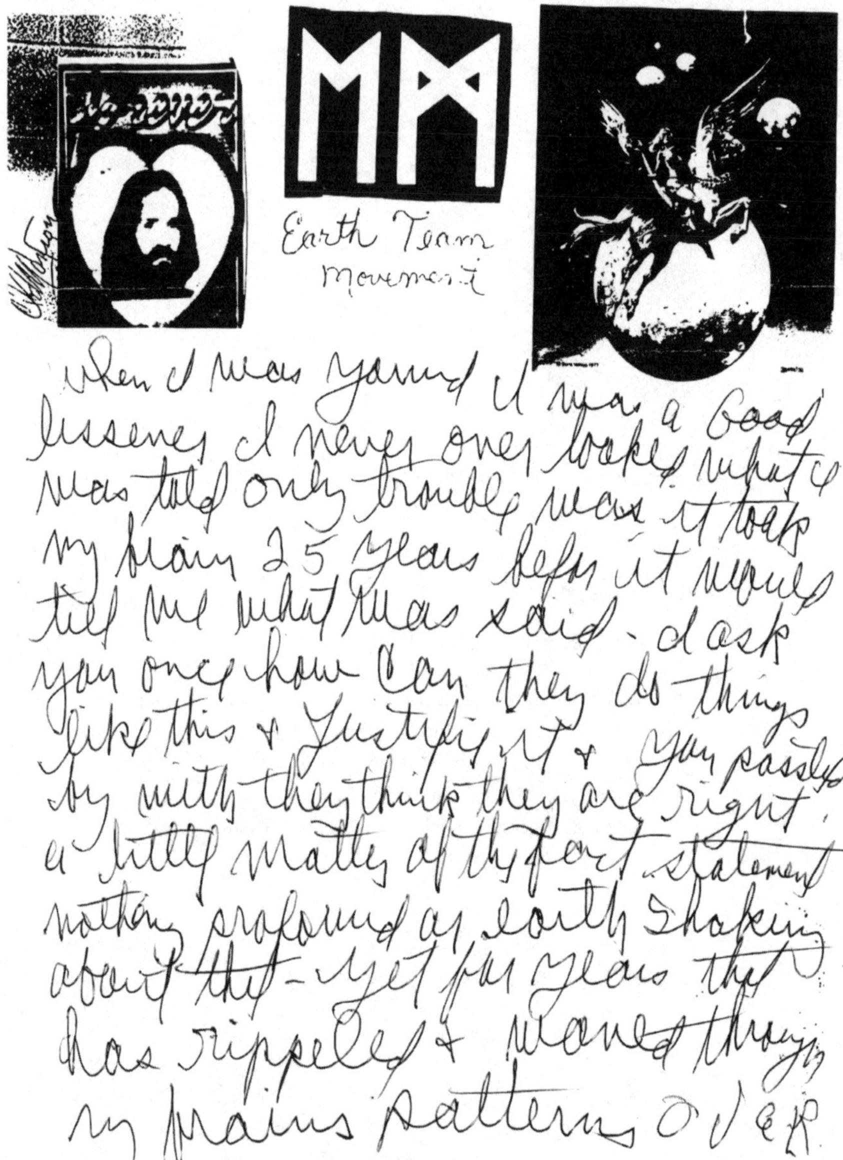

MM

Earth Team Movement

When I was young I was a Good lissener I never over looked what I was told only trouble was it took my brain 25 years befor it would tell me what was said. I ask you once how can they do things like this & Justify it & you passed by with they think they are right. a little matter of the fact statement nothing profound or earth shaking about that - yet for years that has rippled & waved through my brains pattern OVER

▲ „Als ich jung war, konnte ich gut zuhören. Das Problem ist, mein Hirn hat 25 Jahre gebraucht, um zu kapieren, was man ihm gesagt hat."

AGAIN AND AGAIN

Where we are
Alone I cry for no one
To come and hold
This old man's hand
While power is gone
And regret all new
Holds the will to be
Tomorrow for them
A chance
To renew and forgive
Any anger and fear
To make a dream of me
Be real through them.

WIEDER UND WIEDER

Wo sind wir
Allein rufe ich
Dass niemand kommt und
Die Hand dieses alten Mannes hält
Die Macht vergeht
Reue steigt auf
Hält den Willen aufrecht
Ein Morgen für sie zu sein
Eine Chance
Sich zu erneuern
Zorn und Furcht zu vergeben
Einen Traum von mir zu weben
Durch sie wahrhaftig zu sein.

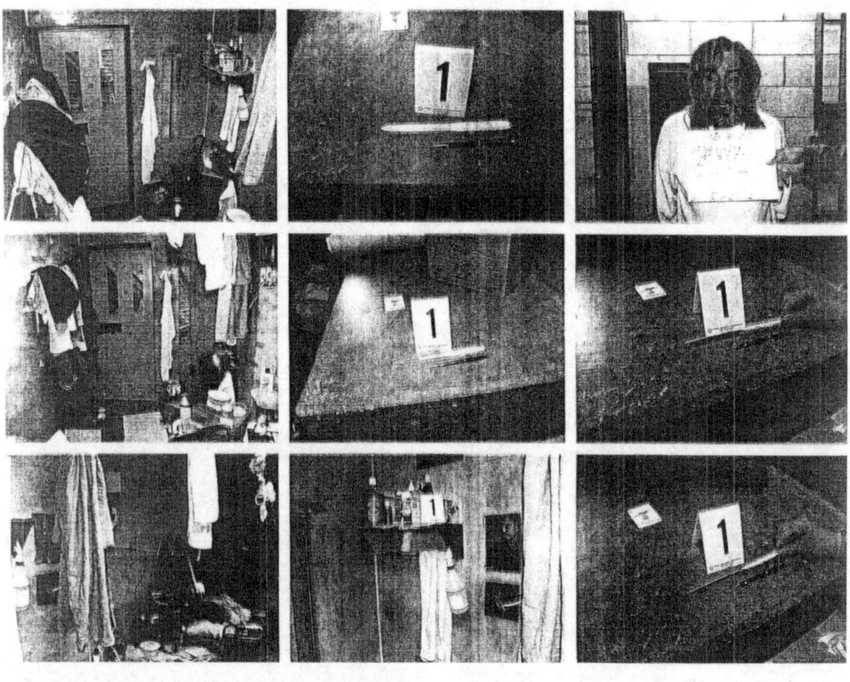

▲ Manson im Hochsicherheitstrakt PHU

LOST INTO TIME

Got lost into time
For the thrill of a great crime
I took a life
And there ended mine
Taking a step across the forbidden line
Behind these grey walls I now sit
Yearning for the world
In which I do not fit
The cell is dark
And the bars are cold
As I feel its secret reveals a story
That has never been told
A lonely path awaits me
And calls for the change
In a man I cannot be
Now I lie on this concrete floor
Searching for an open door
Where shelter and love can be found
But then I realize
That time cannot turn back
Nor can it give me the freedom I now lack
I cannot comprehend this dreadful feeling
Nor can I bear to face the time
My punishment is slowly stealing
And as I hear the cry of guilt
That surrounds this place
I know I am
Of its innermost ugliness and disgrace.

VERLOREN IN DER ZEIT

Verlor mich in der Zeit
Ich nahm ein Leben
Beging eine schlimme Tat
Hab mein Leben vergeben
Übertrat die verbotene Linie
Hinter diesen grauen Mauern nun sitze ich
Sehne mich nach der Welt
Doch in sie passe ich nicht
Die Zelle ist dunkel
Die Gitter sind kalt
Enthüllt ein Geheimnis
Nie erzählt doch schon alt
Vor mir liegt ein einsamer Pfad
Verlangt eine Veränderung
Zu einem Mann, der ich nie ward
Auf Betonboden liege ich nun hier
Suche nach einer offenen Tür
Hinter der es Schutz und Liebe gibt
Doch dann erkenne ich
Zurückdrehen lässt sich nicht die Zeit
Gibt mir nicht zurück verlorene Freiheit
Dies schreckliche Gefühl begreif ich kaum
Und verdräng den Gedanken, wie viel Zeit
Mir meine Strafe langsam stiehlt
Und höre ich den Schrei der Schuld
Durchdringen diesen Ort
Weiß ich, nichts
Wischt die Hässlichkeit und Schande fort.

the mess I'm in - Everyone
I've helped has kicked it ~~bak~~
back off on me - oh yea I got the
book - I'm still in handcuffs +
all you worry about is your progect
no big tryp + no new deal +
I do understand how it
rolls + you get caught up +
it goes over your head - If we
just could of worked better with the
little things - you know how it is in
the hall of ~~you~~ some one will lie + beet
you for a shot or 2 of coffee + you
let it go they will be back for
a jar of coffee - I know nothing
about Robert A. Welles - What
makes me feel bad is that
you fail to say things
you can't keep up with

▲ Aus einem Brief an Michal Welles, 2009: „Jeder hier hackt auf mir herum – oh ja, ich habe das Buch bekommen, bin noch immer in Handschellen, und du machst dir nur Sorgen um dein Projekt."
Unten auf der Seite: Charles Mansons Hand.

LIFE

Some say life's a story
Others call it a game
It must be written for the memory
Or the race will run without a name
By living through time
And capturing its essence
One can find its truth
Yet never know its value
And on this tremendous journey
We begin a search
For the purity of life on this earth
As for the games we play
And the moments we portray
Become the real beauty
That in our hearts will always stay.

LEBEN

Eine Geschichte sei die Liebe
Andere nennen sie ein Spiel
Für die Erinnerung aufgeschrieben
Sonst läuft das Rennen ohne Ziel
Wenn man durchlebt die Zeit
Ihr innerstes Wesen man erfährt
Ihre Wahrheit findet man
Doch erkennt nie ihren Wert
Und auf dieser unglaublichen Reise
Eine Suche beginnt
Nach der Reinheit des Lebens auf dieser Erde
Wie nach den Spielen, die wir spielen
Und die Augenblicke, die wir einfangen
Wandeln sich zur wahren Schönheit
Die stets in unseren Herzen bleiben wird.

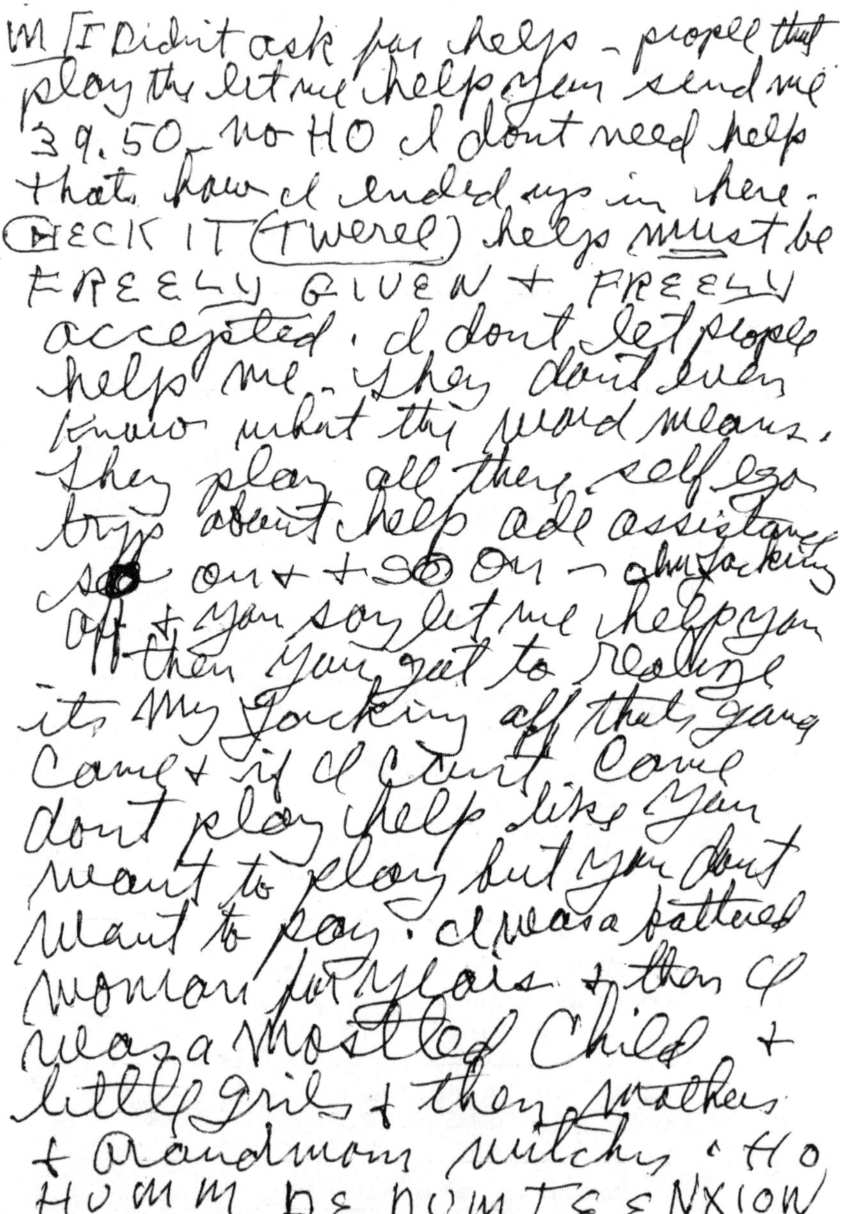

M / I Didnt ask for help - people that
play the let me help you send me
39.50 - no HO I dont need help
thats how I ended up in here.
CHECK IT (TWERLL) help must be
FREELY GIVEN + FREELY
accepted. I dont let people
help me - they dont even
know what the word means.
They play all they self ego
trips about help aide assistance
so on + + so on - jacking
off + you say let me help you
- then you get to realize
its my jacking off thats gang
came + if I cant come
dont play help like you
want to play but you dont
want to pay. I was a battered
woman for years + then I
was a molested child +
little girl + then mothers
+ grandmom witches. HO
HUMM DE DUMTEENXION

▲ Auszug aus einem Brief von Manson an Michal Welles, 1999: „Ich brauche keine Hilfe, deswegen bin ich ja hier gelandet. Man muss immer gucken, ob Hilfe aus freien Stücken gegeben und auch aus freien Stücken angenommen wurde. Ich lass mir nicht helfen. Die Leute kennen doch nicht mal die Bedeutung des Wortes.“

DIED WITH OPEN EYES

The experience of pain
Drives me to be alone
And deceive no one
With words of hope
And only the touch of music
To find my raining
Sadness touched by no one!
I sometimes feel it's over
And tears take me back
Into moments of freedom
And a beautiful kiss
Of love and loving
Through fearless emotions
And the passion to be
Lord of tender skies
And strong seas
But then I am back
Here where the colors have faded
And tomorrow storms
No one into a change
Other than my slow death
Behind suffering strangers
Of torture and pain
Disgraced by no false pretense
And accepting the truth
Of a life
Never lived
For a crime
Not yet told

MIT OFFENEN AUGEN STERBEN

Erlittener Schmerz
Treibt mich in die Einsamkeit
Täusche niemanden
Mit Worten der Hoffnung
Nur durch Berührung der Musik
Mein Innerstes zu fühlen
Traurigkeit, niemals berührt!
Manchmal denke ich, alles ist vorbei
Und die Tränen bringen mich zurück
Zu Augenblicken der Freiheit
Und einem wunderschönen Kuss
Zu Liebe und Geliebtwerden
Zu Gefühlen ohne Angst
Und der Leidenschaft
Der Fürst der zärtlichen Himmel
Und der wogenden See zu sein
Aber dann bin ich zurück
Hier inmitten der verblichenen Farben
Kein Sturm bringt das Morgen
Zu großer Veränderung
Nur mein langsamer Tod
Hinter betroffenen Fremden
Folter und Schmerz
Kein Vorspiegeln falscher Tatsachen
Annahme der Wahrheit
Eines Lebens
Nie gelebt
Für ein Verbrechen
das noch nicht erzählt.

ANHANG

I. DER BUNDESSTAAT KALIFORNIEN GEGEN CHARLES MANSON

ZEUGENAUSSAGE VON CHARLES MANSON

Es wird mir vieles zur Last gelegt, und viele Dinge wurden über mich gesagt und gegen meine Mitangeklagten in diesem Prozess vorgebracht, vieles, was aufgeklärt und richtig gestellt werden könnte (…) Ich bin nie zur Schule gegangen, deswegen hab ich auch nie richtig gut Lesen und Schreiben gelernt. Deswegen bin ich im Knast geblieben, deswegen bin ich dumm geblieben und ein Kind, während ich zusah, wie eure Welt erwachsen wurde. Und dann gucke ich mir an, was ihr tut, und ich verstehe es nicht. (…)

Ihr esst Fleisch und tötet Wesen, die besser sind als ihr, und dann beklagt ihr euch, wie böse eure Kinder geworden sind, dass sie sogar morden. Dabei habt ihr eure Kinder zu dem gemacht, was sie sind. Diese Kinder, die euch mit Messern angreifen, sind *eure* Kinder. Ihr habt ihnen das beigebracht. Ich nicht. Ich habe nur versucht, ihnen zu zeigen, wie man sich wehrt. (…)

Die meisten Menschen von der Ranch, die ihr als die Family bezeichnet, waren einfach nur Leute, die ihr nicht wollt. Leute, die auf der Straße standen, die von ihren Eltern rausgeworfen wurden, die nicht ins Gefängnis wollten. Also habe ich mein Bestes getan und sie auf meiner Müllkippe aufgenommen und ihnen gesagt: In der Liebe gibt es kein Unrecht. Ich sagte ihnen: Alles, was sie für ihre Brüder und Schwestern tun, ist gut, wenn sie es mit guter Absicht tun.

Ich habe mir Mühe gegeben, mein Haus sauberzuhalten, und das hätte Nixon auch tun sollen. Er hätte durch die Straßen ziehen und seine Kinder zu sich nehmen sollen, aber das hat er nicht. Er hockt im Weißen Haus und schickt sie in den Krieg. Ich verstehe euch nicht, aber ich versuche es. Ich will über niemanden urteilen. Ich kann nur einen einzigen Menschen wirklich beurteilen, und das bin ich selbst. Aber eins weiß ich: In Ihren Herzen und in Ihren Seelen sind Sie hier im Saal für den Vietnamkrieg ebenso verantwortlich, wie ich Schuld an diesen Morden trage. (…) Ich kann niemanden von Ihnen beurteilen. Ich fühle keinen Zorn gegen Sie, und ich will Ihnen auch keine Orden verleihen. Aber ich glaube, es wird höchste Zeit, dass Sie einmal in den Spiegel gucken und die Lüge erkennen, die Sie leben.

Ich fühle keine Abneigung gegen Sie, aber das Eine will ich Ihnen sagen: Es wird nicht mehr lange dauern, bis ihr euch alle umbringt, weil ihr verrückt seid. Natürlich könnt ihr das auf mich projizieren, aber ich verkörpere nur das, was in allen von euch schlummert. Ich bin nur euer Spiegelbild!!! Ich habe aus euren Mülltonnen gefressen, damit ich nicht wieder in den Knast musste. Ich habe eure abgelegten Klamotten getragen. Ich habe mein Bestes getan, um in eurer Welt zu bestehen, und jetzt wollt ihr mich töten. Ich sehe euch an, und dann sage ich mir: Ihr wollt mich töten? Ha! Ich bin schon tot, das war ich schon mein ganzes Leben. 23 Jahre habe ich in Gräbern verbracht, die ihr errichtet habt.

Manchmal denke ich, ich sollte mich jetzt einfach auf Sie stürzen, damit Sie mich dann abknallen lassen können. Wenn ich könnte, würde ich das Mikrofon hier rausreißen und Ihnen die Birne einschlagen, denn das hätten Sie verdient, das hättet ihr alle verdient. Wenn ich richtig zornig werden könnte, dann würde ich versuchen, Sie alle umzubringen. Wenn das Schuld bedeutet, dann nehme ich das an. Diese Kinder … alles, was sie getan haben, haben sie aus Liebe zu ihrem Bruder getan. Wenn ich ihnen gezeigt habe, dass ich alles für meinen Bruder tun würde, sogar mein Leben auf dem Schlachtfeld opfern, und sie diese Flagge dann weiter hochhalten, wenn sie losziehen und ihr Ding machen, dann bin ich doch nicht dafür verantwortlich.

Ich sage niemandem, was er zu tun hat. Diese Kinder [deutet auf die weiblichen Angeklagten] waren auf dem Weg, sich selbst zu finden. Was sie taten, wenn sie es denn wirklich taten, ist ihre Sache. Das werden sie Ihnen erklären müssen. Aber das ist Ihre Angst. Sie suchen nach etwas, auf das Sie diese Angst übertragen können, und dann finden Sie einen kleinen, abgerissenen Niemand, der sich aus den Mülltonnen ernährt und den niemand will, der aus dem Knast geflogen ist und den man durch jedes erdenkliche Höllenloch geschleift hat, das man sich überhaupt nur vorstellen kann, und jetzt schleift man ihn eben in einen Gerichtssaal. Glauben Sie, Sie könnten mich brechen? Unmöglich! Sie haben mich schon vor Jahren gebrochen. Sie haben mich schon vor Jahren getötet.

[Richter Older fragt Manson an dieser Stelle, ob er noch etwas hinzuzufügen habe.]

Ich habe niemanden getötet und ich habe auch nicht den Befehl gegeben, jemanden zu töten. Vielleicht habe ich bei verschiedenen Gelegenheiten gegenüber verschiedenen Leuten angedeutet, dass ich Jesus Christus bin, aber bis jetzt habe ich mich noch nicht festgelegt, wer oder was ich bin.

[Manche würden ihn als Christus bezeichnen, sagte Manson. Im Gefängnis sei sein Name eine Nummer gewesen. Nun suchten manche Leute nach einem sadistischen Monster und seien dabei auf ihn verfallen.] Sei's drum.

Schuldig. Nicht schuldig. Das sind doch nur Worte. Ihr könnt mit mir machen, was ihr wollt, aber ihr werdet mich nicht wirklich treffen können, denn ich bin nur meine Liebe. (…) Wenn ihr mich in den Knast steckt, dann macht mir das überhaupt nichts aus, denn aus dem letzten habt ihr mich rausgeschmissen. Ich hatte nicht darum gebeten. Ich war gern dort, denn ich mag mich selbst.

[Richter Older weist Manson zurecht: „Sie kommen ein wenig vom Thema ab." Er weist Manson an, bei den prozessrelevanten Fragen zu bleiben.]

„Die relevanten Fragen? Mr. Bugliosi ist ein hart verhandelnder Staatsanwalt, gebildet, ein guter Redner, der weiß, wie man sich ausdrückt. Er ist ein Genie. Er hat alles, was sich ein Anwalt nur wünschen könnte, von einem abgesehen: echte Beweise. Die hat er nicht. Wenn man mir erlaubt hätte, mich selbst zu verteidigen, dann hätte ich das auch klar gestellt. Der große Beweis in diesem Prozess ist eine Waffe. Jeder hätte sich diese Waffe nehmen und mit ihr was auch immer machen können. Ich streite ja nicht ab, dass ich diese Waffe besessen habe; sie war viele Male in meinen Händen. Wie auch das Seil, denn auf einer Ranch braucht man nun einmal Seile. Es passt natürlich gut, dass Mr. Baggot diese Sachen gefunden hat. Ich könnte mir vorstellen, dass er dafür eine hübsche Summe kassiert hat. Dann hat man diese entsetzlichen Leichen schön ins Licht gesetzt, und die sollen nun wohl aussagen: Wenn der Typ je wieder rauskommt, dann macht er das mit euch genauso. Helter Skelter bedeutet wörtlich: Chaos, Verwirrung. Es bedeutet nicht: Gewalt gegen andere. Es heißt nicht, dass irgendwelche Leute andere umbringen.

Helter Skelter ist Chaos. Und das Chaos wird euch schon bald verschlingen. Wenn ihr das nicht erkennt, dann könnt ihr es nennen, wie ihr wollt.

Ist es eine Verschwörung, dass die Musik die Jugend dazu anstachelt, sich gegen das Establishment aufzulehnen, weil das Establishment so vieles im Eiltempo zerstört? Ist das eine Verschwörung? Die Musik sagt es euch jeden Tag, aber ihr seid zu taub und zu dumm und zu blind, um sie überhaupt zu hören. (…) Es ist nicht meine Verschwörung. Es ist nicht meine Musik. Ich höre nur, was sie vermittelt. Sie sagt: „Erhebt euch." Sie sagt: „Tötet." Wieso soll ich daran schuld sein? Ich habe die Musik nicht geschrieben. (…) Danny DeCarlo hat gesagt, ich würde Schwarze hassen, und er hat gesagt, wir wären einer Meinung. Dabei habe ich nichts weiter getan, als den Leuten, Danny DeCarlo oder sonst wem, ihr eigenes Ich zu spiegeln. Wenn Danny erklärte, dass er keine Schwarzen mag, habe ich nur „okay" gesagt. Und er hat sich dann noch ein Bier aufgemacht und ist irgendwann weggegangen und hat sich gedacht: „Charlie denkt genauso wie ich." Aber dabei weiß er überhaupt nicht, was Charlie denkt, weil Charlie nie sich selbst gespiegelt hat. Ich denke nicht so wie ihr. Ihr alle messt eurem Leben so viel Bedeutung bei. Tja, mein Leben war nie für irgendjemanden von Bedeutung. (...)

[Linda Kasabian] sagt hier als Zeugin aus und behauptet, als sie in die Augen dieses sterbenden Mannes geguckt hat, da hätte sie gewusst, dass ich dran schuld war. Sie wusste, dass ich dran schuld sein musste, weil sie sich dem Tod nicht stellen konnte. Aber dass sie das nicht kann, das ist nicht meine Schuld. Ich kann dem Tod ins Auge sehen. Das habe ich stets getan. Im Knast lernt man damit zu leben, mit der ständigen Todesbedrohung, weil die Welt dort drin sehr gewalttätig ist und man stets auf der Hut sein muss. [Der Family habe ich beigebracht], nicht schwach zu sein und sich nicht auf mich zu stützen. Und ich habe [Paul Watkins] gesagt: „Wenn du ein Mann sein willst, mein Junge, dann musst du einen geraden Rücken machen und dir selbst ein Vater sein." Und er ist dann in die Wüste gegangen und hat sich Paul Crockett als neuen Vaterersatz gesucht.

Ich fühle durchaus Verantwortung. Ich fühle mich verantwortlich für die Umweltverschmutzung. Ich fühle mich für all das verantwortlich. Ich kann mich aber nicht erinnern, dass ich gesagt hätte: „Holt euch ein Messer und ein paar Sachen zum Wechseln und murkst den Sheriff ab." Es macht mich vielmehr total wütend, wenn jemand Schlangen oder Hunde oder Katzen oder Pferde tötet. Ich esse nicht einmal Fleisch – so sehr bin ich gegen das Töten. Ich habe überhaupt keine Schuldgefühle, denn ich habe nie etwas Falsches erkennen können. Ich habe immer gesagt: Tut das, was euch die Liebe eingibt, und ich tue ebenfalls, was mir die Liebe eingibt. Ist es meine Schuld, dass eure Kinder solche Sachen tun? Was ist mit euren Kindern? Ihr sagt, es wären nur Ausnahmen? Es gibt viele, viele andere, die denselben Weg einschlagen. Sie laufen die Straßen entlang – sie kommen direkt auf euch zu!

DAS SCHLUSSPLÄDOYER
GEHALTEN VON VINCENT BUGLIOSI AM 15. JANUAR 1971

Euer Ehren, Herr Verteidiger, meine Damen und Herren!

Wie Ihnen bekannt ist, beschuldigt das Gericht die Angeklagten Charles Manson, Susan Atkins und Patricia Krenwinkel der fünf Tate-Morde, die sich am 9. August 1969 ereigneten, sowie der Ermordung von Leno und Rosemary LaBianca am 10. August 1969. Weiterhin wird ihnen die Anstiftung zum Mord vorgeworfen.

Die Angeklagte Leslie Van Houten steht nicht wegen der fünf Tate-Morde vor Gericht. Ihr werden jedoch die Morde an Leno und Rosemary LaBianca zur Last gelegt, ebenso die Anstiftung zum Mord.

Als die Staatsanwaltschaft vor einigen Wochen die letzten Zeugen in den Zeugenstand bat und dann die Vernehmungen abschloss, hatte auch die Verteidigung keine weiteren Fragen.

Von Ihnen als verantwortungsbewusste Bürger und Bürgerinnen kann nun lediglich verlangt werden, nach bestem Wissen und Gewissen die dargelegten Beweise in diesem Prozess zu bedenken und ein gerechtes Urteil zu fällen, unter Berücksichtigung vernünftiger Überlegungen und den gesetzlichen Grundlagen, die Ihnen der Vorsitzende Richter zu diesen Beweisen erläutert hat.

Wenn Sie die geltenden Gesetze, Ihre Vernunft, Ihre Überlegungen und Ihren Menschenverstand zu Rate ziehen, werden Sie zu dem Schluss kommen, dass die Staatsanwaltschaft die Schuld der Angeklagten zweifelsohne bewiesen hat.

Meine Damen und Herren, die Anklage hat ihre Pflicht erfüllt, indem sie alle Beweise zusammengetragen und vorgelegt hat. Die Zeugen haben ihre Pflicht getan, indem sie unter Eid ausgesagt haben. Nun sind Sie das letzte Glied in der Kette der Gerechtigkeit. (…)

Meine Damen und Herren Geschworenen, Sharon Tate … Abigail Folger … Voytek Frykowski … Jay Sebring … Steven Parent … Leno LaBianca … Rosemary LaBianca … sind hier nicht unter uns in diesem Gerichtssaal, aber aus ihren Gräbern schreien sie nach Gerechtigkeit. Gerechtigkeit kann es nur geben, wenn Sie mit dem Schuldspruch in den Saal zurückkehren.

Nach den Gesetzen dieses Bundesstaates und dieses Landes hatten die Angeklagten das Recht, sich vor diesem Gericht zu äußern. Das hat man ihnen zugesprochen. Ihnen wurde zudem ein gerechtes Verfahren vor unparteiischen Geschworenen zuteil. Mehr steht ihnen nicht zu. Da sie diese sieben brutalen, sinnlosen Morde begangen haben, verdienen die Bürger Kaliforniens einen Schuldspruch.

Ich danke Ihnen.

DAS URTEIL

Am 29. März 1971 war die Beratung der Geschworenen abgeschlossen. Manson und die drei weiblichen Angeklagten hatten sich vor der Urteilsverkündung den Kopf geschoren.

„Wir, die Geschworenen des bezeichneten Verfahrens, haben den Angeklagten Charles Manson des Mordes für schuldig befunden und bestimmen als Strafmaß die Todesstrafe."

Patricia Krenwinkel antwortete: „Damit habt ihr euch selbst verurteilt."

„Verrammelt eure Türen und bewacht eure Kinder", sagte Susan Atkins. Alle vier Angeklagten erhielten die Todesstrafe.

Am 19. April 1971 verkündete Richter Charles H. Older das Urteil: „Es ist meine feste Überzeugung, dass die Todesstrafe nicht nur angemessen, sondern angesichts der Umstände zwingend geboten ist. Ich muss der Staatsanwaltschaft beipflichten: Wenn dies nicht ein Fall für die Todesstrafe ist, welcher dann?"

Der Richter schüttelte jedem Geschworenen die Hand. „Wenn es in der Macht eines Richters stünde, Ehrenmedaillen zu verleihen, dann würde ich Sie alle für eine Auszeichnung vorschlagen, das können Sie mir glauben."

Zu einem späteren Zeitpunkt wurden Robert Beausoleil, Charles Manson, Charles Watson, Bruce Davis und Steven Grogan des Mordes an Gary Hinman und Donald „Shorty" Shea angeklagt und ebenfalls verurteilt.

Bugliosi schrieb: „Es war mit neuneinhalb Monaten der längste Mordprozess in der Geschichte der USA. Mit den Kosten von geschätzten 1 Mio. Dollar war er auch der teuerste. Über keinen Prozess wurde in den Medien ausführlicher berichtet. Die Geschworenen waren 225 Tage von der Außenwelt abgeschnitten, länger als jede andere Jury vor ihnen. Die Mitschrift des Prozesses umfasste 209 Bände, 31.716 Seiten und circa 8 Mio. Worte."

1972 schaffte der Supreme Court von Kalifornien die Todesstrafe in dem US-Bundesstaat ab; die Urteile aller Angeklagten wurden daraufhin in lebenslänglich umgewandelt.

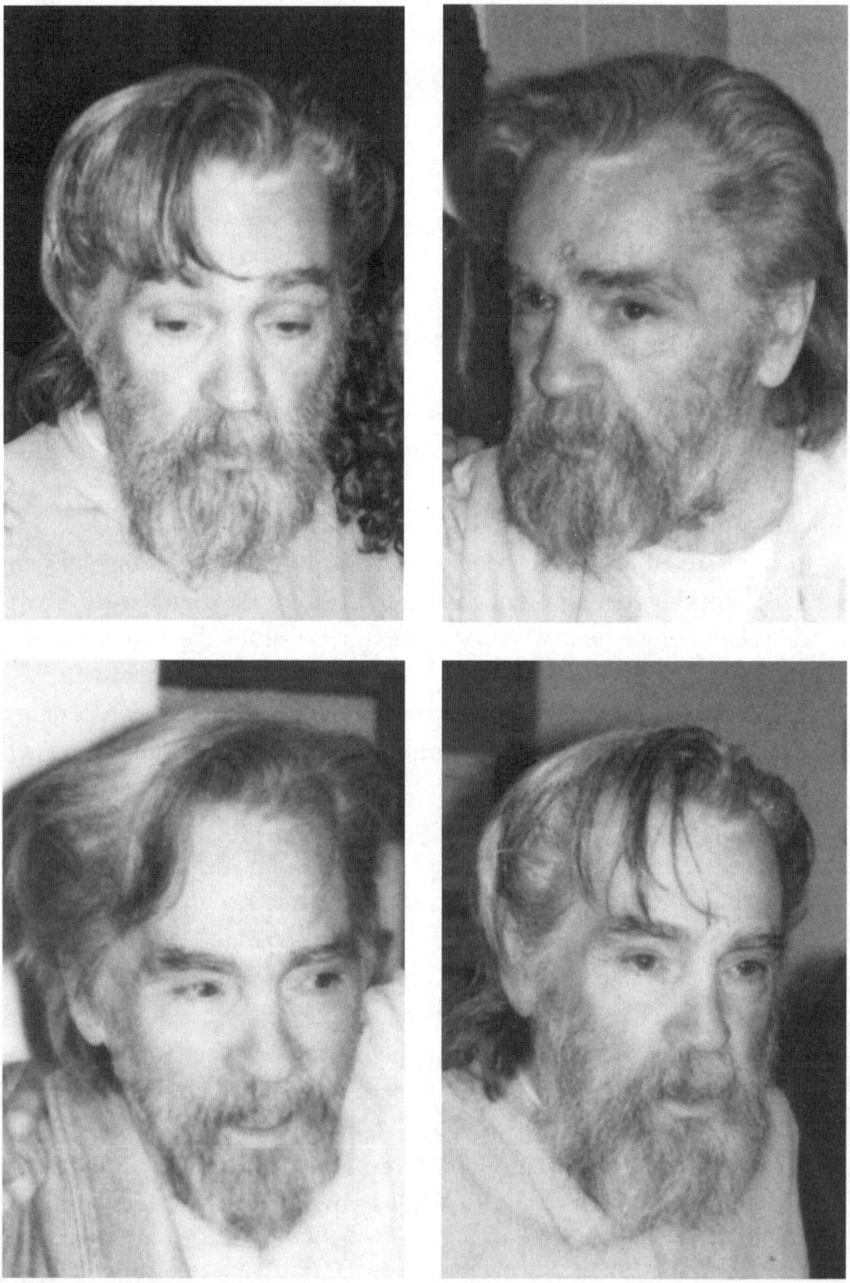

▲ Charles Manson, 2010

DIE BEGNADIGUNGSGESUCHE

Am 23. Mai 2007 wurde, zum elften Mal seit 1978, ein Antrag Mansons auf Begnadigung abgelehnt. Manson berief sich dabei wie jedes Mal auf seine Unschuld einerseits und die Schuld der Gesellschaft andererseits.

Charles Mansons Behauptungen und Argumente für eine vorzeitige Entlassung auf Bewährung:

„Die Urteile und Schuldzuweisungen, die auf mich abgewälzt wurden, werden zurückgeworfen werden von den Flammen des Heiligen Krieges, den sie Verbrechen nennen. (…) Ich habe ein Gleichgewicht für das Leben auf der Erde heraufbeschworen. Hinter den Zeitschlössern der Gerichtssäle und in den Welten der Dunkelheit habe ich Teufel und Dämonen mit der Folterkraft von Skorpionen entfesselt. Ich brach sieben Siegel und sieben Krüge nach den Urteilen, die über mich gefällt wurden. (…) Ihr habt mich mit Drogen vollgepumpt, Gefängnisflure entlanggeschleift, meinen Kopf auf jeden möglichen Henkersblock gelegt, mich angekettet, angezündet, aber ihr könnt mich nicht brechen. Bei allem, was über mich gesagt wurde: Ich habe gar nichts gesagt, und wenn man einen falschen Propheten sieht, dann ist er nur ein Spiegel der eigenen Urteile.

Ich akzeptiere die Entscheidung, mich nicht auf freien Fuß zu setzen. Das ist okay. Aber ich würde Ihnen gern einige Worte mitgeben, die Sie in Ihren Köpfen bewegen können, falls Sie noch selbstständig denken können. Überlegen Sie: Je länger Sie dieses Urteil aufrecht halten, das auf der Helter-Skelter-Geschichte basiert, die der Staatsanwalt als seine persönliche Realität in dieses Spiel mit eingebracht hat, so lange bleibt dies als Realität bestehen. Aber das geht nicht von mir aus.

Ich sage nicht, dass ich nicht beteiligt war. Ich sage nicht, dass ich kein menschliches Gesetz oder göttliches Gesetz gebrochen habe. Bedenken Sie das bei den Urteilen, die Sie selbst fällen. Vielen Dank und guten Tag.

Ich kann niemanden von Ihnen beurteilen. Ich bringe Ihnen keine bösen Gedanken entgegen, ich will Ihnen keine Orden anheften. Aber ich denke, es ist höchste Zeit, dass Sie alle einmal sich selbst betrachten und die Lüge beurteilen, die Sie leben.

Ich habe niemanden getötet und ich habe auch keinen Mord befohlen.

Charles Manson, B-33920
4A 4R-23
P. O. Box 3476
Corcoran, CA 93212

December 22, 2007

Dear Mr. Manson,

This is a belated letter of thanks. You probably do not recall, but back in 1998 I wrote you a letter seeking advice on whether or not to drop out of elementary school (see attached). Your wise counsel persuaded me to continue with my education and today I am an undergraduate at Harvard University. I am at home for the winter break and I came across your letter today while going through some of my papers. It occurred to me at this time just how much I owe you.

Thanks to your timely response to my letter nine years ago, I am now well on my way to realizing my dream of getting my college degree and then going on to law school (my goal is to eventually become a prosecutor).

I bet you never realized that you had that kind of influence on people, did you?

I could go on and on, but I think I should probably just leave it at "thanks."

There is, however, one question that I have for you: what was the deal with the photo of that shack that you sent along with your letter back in '98? I've often pondered its significance.

I look forward to hearing back from you. Thanks again for helping me find my path.

Kindest Regards and Happy Holidays,

Bill

II. BRIEFE AN CHARLES MANSON

Sehr geehrter Mr. Manson,
hiermit möchte ich mich nachträglich bei Ihnen bedanken. Sie erinnern sich vermutlich nicht mehr, aber ich hatte Ihnen 1998 einen Brief geschrieben und um Rat gebeten, ob ich die Schule abbrechen sollte oder nicht. Ihr weiser Ratschlag lautete, ich solle meine Ausbildung fortsetzen, und heute studiere ich in Harvard. (…)
Vielen Dank für Ihr Schreiben vor neun Jahren. Ich bin dabei, meinen Traum zu verwirklichen, meinen College-Abschluss zu machen und anschließend Jura zu studieren (ich möchte Staatsanwalt werden). Ich wette, Ihnen war nicht klar, dass Sie einen solchen Einfluss auf Menschen haben, oder? (…)
Vielen Dank, dass Sie mir geholfen haben.
Mit herzlichsten Grüßen
Bill, 2007

Lieber Charlie,
‚ich bin von der gleichen Art', ich habe mich ausgeixt. Ich durchschaue die Fassade der Anzugtypen, die Lügen der Vorstädte. Ihre Liebe ist Terror, dein Terror ist Liebe. Ich bin 26 und komme aus Christchurch in Neuseeland. Ich heiße Nick, und ich bin dein Sohn. Von Ken Kornig habe ich eine Haarsträhne von dir gekauft, die ich nun in einer kleinen Phiole um den Hals trage, damit du mich stets begleitest. Charlie, ich finde dich ziemlich attraktiv. Ich bin nicht schwul, aber Sex ist Sex, und Liebe ist Liebe, nicht wahr. Alles an dir ist sexy und faszinierend, Charlie. Ich möchte ein Teil deiner Family sein, damit du ein Teil von mir wirst.
Im September oder Oktober dieses Jahres komme ich nach Kalifornien. Dann würde ich mich gern mit dir treffen, wenn es dir recht wäre.
Wenn ich irgendetwas für dich tun kann, dann sag es mir. Ich hoffe auf eine Antwort, Charlie, ich brauche deine Weisheit.
Nick, 2008

Hey Charlie,
ich bin schon lange ein großer Fan von dir. Ich bin 41 und wohne in Vancouver. Ich bin der Meinung, du solltest entlassen werden, du bist ein politischer Gefangener!

Ich glaube, du hast sehr viel Talent und hättest ein völlig anderes Leben führen können. Wie ich schon sagte, ich bin ein großer Fan und würde mich sehr geehrt fühlen, eine Antwort von dir zu bekommen. Wenn ich irgendetwas für dich tun kann, sag Bescheid.
Ich komme auch aus zerrütteten Verhältnissen und kann dich gut verstehen! Ich schreibe auch und spiele Gitarre! Du hast eine Aufgabe hier auf Erden, und du bist nicht der Abschaum, als den man dich darstellt!
Bitte schreib zurück,
dein Freund Jim
Jim, 2008

Ich habe viel geschrieben, über die Vergangenheit, über Dinge, die ich gern hätte, über Liebe und Wahrhaftigkeit – ich bin mir nicht sicher, was sie genau bedeuten. (…)
Als ich zum ersten Mal Acid nahm, wusste ich nicht, was mir bevorstand, also habe ich nur einen halben Trip eingeworfen und gewartet, und als dann nichts passierte, nahm ich die andere Hälfte. Meine Freunde saßen auf dem Boden und haben eine Wasserpfeife geraucht. Als ich auch einen Zug nahm, spürte ich so einen körperlichen Kick. (…) Plötzlich war ich oben an der Decke und sah auf alle hinab. (…) Es war das beste Gefühl überhaupt (…) ich stand direkt neben einem anderen Wesen, das ich gern Gott nenne. Es wurde nicht gesprochen. Worte waren nicht nötig (…) die meisten denken, ich hätte auf LSD Halluzinationen gehabt.
Mir ist nun klar, dass der ganze Quatsch, der in der Welt geschieht, eigentlich keine Rolle spielt. Vielleicht ist das eine Lernerfahrung auf dem Weg zu etwas Höherem. Ich weiß nun, wohin ich gehe, wenn ich sterbe. Manche glauben an Wiedergeburt, aber das kann ich mir nicht vorstellen. Ich werde nie wieder hierher zurückkehren wollen. Das hier ist nicht meine Welt. Ich möchte tausend Jahre lang zur Rechten Gottes sitzen. Dann werde ich sehen, was passiert, gläubig und vertrauend. (…)
Das hier kann doch nur die Spitze des Eisbergs sein. Wir müssen noch so viel lernen. Ich habe alles dadurch erfahren: böse Gedanken, schreckliche Gefühle, Schuld, Kraft, Schwäche, Hochgefühle, Loyalität. (…)
Ich versuche, alles zu geben … all diese Dinge sind in meinen Briefen. Inzwischen solltest du wissen, wer Jeff Rogers früher war und heute ist. Meine gute Seite, meine schlechte, und wonach ich suche. (…)
Ich sehne mich nur nach Seelenfrieden. Wer den hat, kann alles erreichen.
Jeff, 2009

21 May '08

Dear Charlie

"I'm your kind" I've X'd Myself. I see through the facades of the black suits, the lies of Suburbia. Their love is terror, your terror is love.

I'm a 26 year old from Christchurch, New Zealand. My name is Nick, I am your Son. I bought Some of your hair from Ken Karnig which I wear in a vial around my neck, to walk with you.

I find you very attractive Charlie. I am Not gay but Sex is Sex, love is love right. Everything about you Charlie is Sexy, mesmerizing. I want to be a part of your family, for you to be a part of me.

I am coming to California around September or October this year. I would love to meet with you Charlie if you permit it. I would do anything for you Charlie, if there is anything I can do for you please don't hesitate to ask. I hope to hear back from you Charlie, I need your wisdom.

Nick

I have write many words. Things about the past, things I want. Love and truth, what do these mean. Im not sure. I feel that I experience these two things once long ago. The first time I took acid I had no experience with the drug and didn't know what to expect. a virgin. I took ½ and waited. Nothing, so I took the other half. My friends were on the floor smoking a water pipe. Then I smoked the pipe. I could feel the smoke expaning in my lungs, and higher with every hit. My friends told me the next day that the pipe was ~~and~~ empty while I smoked. I went back to the bed and layed down. Then I recieved a body rush. Starting in my toes and traveling to my head. when it reached the head it kept going. I found myself by the ceiling, looking down at everyone, including myself. Then there was an upward sensation. You know how a big thunder head cloud in the sun is white and glistening. That how the cloud was on the inside. There was a bright light. I was drawen to this light. When I stopped, I was in a ~~&~~ glistening cloud. Standing next to another being, who I prefer to call God. There were no words spoken, no need for words. I had this feeling inside of me, one of peace, serien, one of being at peace within and without. It was the best feeling I ever had. After a while I got a downward sensation till I found myself in a hole. This hole was uncomfortable. So I tried to climb up and out. I'd get up a ways then slip to the bottom, climb, slip, climb untill I finally made it up to the top, and was back again. I have always know that this experience was true. Most think Im crazy or halucinating from the LSD

▲ Brief von Jeff R.

I realize now that all this bullshit going on around us hardly matters. Maybe this is a learning experience to go on to something better. I now know where I'll go when I die. Some believe in re incarnation. I don't know anything about these things. I know this, when I go back there I never want to come back here again. This is not my world. I want to sit on the right side of God for thousands of years. Then we will see whats happening. Now I have faith and trust. People I used to know in Chatsworth that said simular things. all the rest is bullshit. there have been other experiences. I know these to be the truth and the real love. These things cant be all there is. This must be just the tip of the ice berg. So much more to learn. I have given about all of it. The bad thinking and terrible feelings, the best thinking and most wonderful feeling, guilt, strength, weakness, loyalty, dis loyal to self, past experiences, todays, love, mis trust, trust etc. I try to give all I have. all these things are in my letters. You should now know who and what Jeff Rogers is before and today. My good side and my bad side, what I'm searching for. The head feels empty now, all is laid out for others to see your sight, I havent been around for a very long time, maybe our feelings can meet. Maybe we travel different roads today, maybe our thoughts will become the same. If it is meant to be, then it will happen. Either way will be alright with me. You now know one of the people that showed up at the ranch after the big bust in the desert. What I'm searching for is peace of mind. With that someone could do anything

OVER

Sept 11/08

Hey Charlie

I've Been a big Fan of your's For Quite A while I'm 41 years old From Vancouver B.C. Canada

I Think you should be released you are totally some type of political prisoner!

I think you are very Talented and could have had a very different life!

like I said I am a big Fan and I would consider myself very priviliged to recieve a letter from you!

If there is anything I can do for you let me know and I will do what I can to help, I also come from a broken home and sypathise with you!

I also write and play Guitar!

You do have a purpose on this earth and you are not the Garbage that some portray you as!

please write back

Your Friend Jim

p.s. Excuse the paper written on
Don't know if this will reach you?

III. ERINNERUNGEN AN CHARLES MANSON

LYNETTE FROMME – CHARLIE, MEIN CHARLIE*

Charlie ist alles. Er kann dein Herz singen lassen und deinen Körper zum Leben erwecken. Bis zum heutigen Tag streichelt seine Liebe meine Einsamkeit und schmeckt nach süßer Hoffnung. Die Liebe, die wir teilten, und der Ruhm, den wir zu erlangen hofften, rühren immer noch mein Herz und geben mir einen Grund, lebendig zu sein an diesem schrecklichen Ort, der sich Bundesgefängnis nennt. Charlie hatte nie die geringsten bösen Absichten, sondern vielmehr echtes Mitgefühl und naives Vertrauen. Sandy und ich waren an den Morden nicht beteiligt, und wir wissen, dass Charlie keine Schuld trifft. Es ist ganz und gar unmöglich, dass dieser Mann es geplant haben könnte, Menschen zu ermorden und sie dabei sogar zu foltern. Dazu ist er gar nicht fähig.

Charlie hat nie versucht, Menschen zu Gewalt oder Hass anzustacheln oder sie irgendwie zu verbiegen. Er sagte, woran er glaubte, und das war alles, wonach er lebte. Er predigte das, was er selbst auch praktizierte, und es ging ihm nur um Liebe und Musik. Ich weiß nicht, wie es kam, dass die anderen so viel Zorn entwickelten und so gewalttätig unschuldige Menschen bestraften, aber sie taten es nicht auf Charlies Befehl hin.

Die Welt ist so falsch und gefährlich, heute noch mehr als früher, und ich glaube wirklich, dass wir uns von ihrer Bösartigkeit abwenden und viel mehr von dem, was geschieht, verhindern müssen. Wir töten uns gegenseitig und zerstören den Planeten und verschwenden das ganze Wasser (…) und wollen mehr (…) Geld und Bequemlichkeit und Macht. Sonst nichts. Ich wurde für schuldig befunden, einen Mordversuch an Präsident Gerald Ford verübt zu haben. In meiner Pistole war keine Kugel. Es ist völliger Quatsch, dass ich versucht haben soll, jemanden mit einer leeren Waffe zu ermorden, aber sie wollten mich eben verurteilen, und da spielte nichts anderes mehr eine Rolle. [Die Waffe war keineswegs „leer", sondern enthielt vier Kugeln; das

* Bei dem Titel handelt es sich vermutlich um eine Anspielung an Walt Whitmans Gedicht über Abraham Lincoln, „O Captain! My Captain!".

Attentat scheiterte nur, weil die schussbereite Kammer keine Kugel enthielt – Anm. des Lektors]

Wir hatten damals kein anderes Ziel, als eine Platte herauszubringen und glücklich zu sein, indem wir uns selbst verwirklichten und einander liebten und uns für alle öffneten, die an unseren Augenblicken der Wahrhaftigkeit teilhaben wollten. Als ich klein war, waren in allen Dingen Lieder und Versprechungen verborgen, und damals glaubte ich, ich müsste sie nur finden. Als ich dann älter wurde, veränderte sich das. Meine Eltern wussten genau, was ich für ein Mensch werden sollte.

Als ihnen klar wurde, dass ich kein Interesse daran hatte, dieser Mensch zu werden, kamen sie zu dem Schluss, ich sei gefährlich und viel wilder, als gut für mich war. Als ich 18 war, erklärte mir meine Mutter, dass sie und mein Vater mich nur noch unterstützen würden, wenn ich etwas Sinnvolles studieren würde. Und in diesem Augenblick begriff ich, dass ich zu Hause raus musste. Das tat ich auch.

Ich zog mit meinem Freund durch die Straßen von Berkeley, und eines Tages bekamen wir Streit, bei dem erst Kraftausdrücke und dann die Fäuste flogen. Ein dünner Mann stand in der Nähe und spielte Gitarre, und als die Situation eskalierte, kam er mir zu Hilfe. Er sagte meinem Freund, er solle verschwinden, sonst würde es ihm für den Rest seines Lebens Leid tun. Das war meine erste Begegnung mit Charles Manson. Von diesem Augenblick an wusste ich, dass dieser Mann etwas Besonderes war, ein machtvoller Mensch. Ich verlor sofort mein Herz an ihn. Niemals war in ihm auch nur ein Funken Gier, und er hat niemals irgendwelche Spielchen gespielt, um Macht über andere zu erlangen. Und davon abgesehen – wieso gebt ihr euch alle so viel Mühe, um zu ergründen, wie böse er ist, wo doch eure Kultur noch nicht einmal die Begegnung mit der Natur und wahrer Individualität aushält?

Nur wenige Menschen wissen von der schrecklichen Kindheit, die Charlie erdulden musste. Er behält die Geschichten über seine Mutter für sich und erzählt höchstens denen, die ihm sehr nahe stehen, davon. Sie hat kleine Kaninchen vor seinen Augen getötet, als er erst fünf Jahre alt war, hat ihm das Blut über die Füße laufen lassen und dann darüber gelacht, dass er so viel Angst hatte. Dieser Junge wurde ein echter Tiernarr und ein Mann, dem das Töten ganz unmöglich ist, erst recht zum Vergnügen oder aus Gier.

Welche Umstände einige Mitglieder der Family zu Mördern werden ließen, weiß ich nicht. Es muss an den Drogen gelegen haben und an Tex, sie wollten wohl Charlie beweisen, dass sie zu allem in der Lage waren, falls sie eines Tages gebraucht werden würden für den Krieg oder wozu auch immer. Tex stand mehr auf diese Machoattitüde und Gewalt, er war in vieler Hinsicht einfach ein unverständiger Texaner.

Eine romantische Beziehung zu Charlie ist wie ein Orchester. Er spricht mit sanfter Stimme, versucht es einem recht zu machen und Liebe zu geben. Seine Liebe ist so intensiv und mächtig, dass man plötzlich ganz und gar in sich ruht und sich gut fühlt mit dem, was man hat. Er ist noch immer die große Liebe meines Lebens.

Lynette Fromme wurde 2009 aus dem Gefängnis entlassen und zog nach Texas. „Red", wie sie von Manson wegen ihrer roten Haare genannt wurde, hat inzwischen gelernt, ihre Liebe zu Manson für sich zu behalten, um sich selbst nicht zu schaden. Aus ihren Briefen an mich [Michal Welles] und aus Gesprächen mit Freunden geht jedoch hervor, dass sie Charles Manson und allem, wofür er steht, nach wie vor treu ergeben ist. Lynette glaubt immer noch an das, was sie und die anderen Family-Mitglieder der Sechziger in Manson hineininterpretierten. Sie alle suchten ein neues Wertesystem und Selbstwertgefühl, die ihnen den Weg aus Verwirrung und Entfremdung weisen sollten. Indem er die Rolle als Retter akzeptierte, wurde Manson für sie zur Leitfigur und schließlich zum Herrscher ihrer Welt. Für Lynette Fromme besitzt er noch immer den Schlüssel zu ihrem Herzen und das Geheimnis ihrer Identität.

2002 erklärte sie: „Bei Charlie geht es um etwas, das niemals zerstört oder geschwächt werden kann. Er ist ein Teil meiner Seele und hilft mir stets durch Zeiten von Trauer und Schmerz. Ich bin nicht so naiv zu hoffen, dass die Welt unsere Liebe akzeptieren und unterstützen wird. Sie wird auf ewig die Wahrheit meines Herzens und der Wille meiner Seele bleiben, auch wenn sie niemals außerhalb dessen zur Realität werden kann. Ich akzeptiere das. Es liegt in meiner Macht, ich zu bleiben, im Angesicht aller Widerstände, bei allen Prüfungen meines Charakters und auf Kosten meiner Integrität."

SANDRA GOOD – CHARLIE, EIN MÄCHTIGER MANN

Wenn ihr diesen Mann jemals trefft, werdet ihr die Kraft spüren, die von ihm ausgeht. Allein seine Gegenwart ist bewegend und herzerwärmend und verleiht anderen Menschen Kraft. Er hat es geschafft, sich nicht brechen zu lassen und sich unter den schwierigsten, wenn nicht unmöglichsten Umständen immer wieder neu zu erschaffen.

Ich habe mich beinahe sofort in ihn verliebt. Er war durch und durch wahrhaftig, und er war bereit, mich als das zu erkennen, was ich war. Er gab mir, was ich brauchte, um Sicherheit zu spüren. Charlie hat nie jemanden aufgefordert, ihn zu lieben oder zu begehren oder auch nur zu akzeptieren. Es war in den Sechzigern, in Berkeley, er stand an einer Straßenecke mit seiner Gitarre und sang davon, eine Frau zu lieben, die keine Spielchen spielte. Mary, die ihn schon seit ein paar Monaten kannte, stellte uns einander vor. Er trug ein altes Paar Levi's und ein zerrissenes schwarzes T-Shirt, und sein Lächeln war eine Einladung in seine Welt; es vermittelte die Sanftheit eines versprochenen Morgens. Von diesem Tag an waren wir zusammen – als Freunde, als Musiker, als Liebende, in jeder Beziehung.

Es dauerte nur wenige Monate, da waren wir 13 Leute, die alle zusammen lebten und daran arbeiteten, eine Platte zu veröffentlichen. Bei Charlie gab es keine versteckten Absichten, und seine einzige Bedingung lautete, dass wir unserem wahren Ich gegenüber treu blieben. Er war erst vor wenigen Monaten aus dem Gefängnis gekommen, und zum ersten Mal in seinem Leben war er umgeben von Menschen, die zu ihm aufsahen und ihn aufrichtig liebten. Wir, die fünf Frauen, die stets in seiner Nähe waren, liebten seine Musik und arbeiteten hart daran, dass sie aufgenommen und veröffentlicht werden konnte. Ich musste ihn immer wieder davon überzeugen, dass das für uns der richtige Weg war. Musik zu schreiben und Gitarre zu spielen, mehr zählte nicht für ihn.

Doch je mehr wir die Szene in Hollywood kennen lernten, desto mehr stieß sie uns ab und desto mehr wollten wir raus aus dieser falschen, heuchlerischen Showbiz-Welt. Uns wurden so viele Plattenverträge versprochen, zum Beispiel von Terry Melcher. Er war damals ein großes Tier im Musikgeschäft und gab uns sogar sein Wort, dass er uns weiterhelfen würde. Wir hatten keine Ahnung, dass manche Leute manchmal einfach nur irgendwas sagen, ohne es wirklich so zu meinen. Monate vergingen, und schließlich merkten wir, dass sich in naher Zukunft nichts tun würde. Allmählich ging uns das Geld aus, und Tex brachte uns in Kontakt mit den Hells Angels.

BENNIE JAY TEAL – EIN FREUND

Jemandem wie mir, der in den Sechzigern in Los Angeles aufgewachsen ist, war der Name Charles Manson sehr vertraut und mit den schlimmsten Gräueltaten verbunden, die sich je in den USA ereignet hatten. Als Kind fand ich diese Geschichten sehr beängstigend. Jahre später, mit 24, saß ich in Folsom Prison ein. Das Gefängnis war bekannt für die Gewalt, die dort herrschte, und ich wurde schon bald, im Juli 1986, ins Staatsgefängnis von San Quentin verlegt und kam in den Nordblock, in dem sich auch die Todeszellen befanden. Dort lernte ich Charles Manson kennen.

Als ich erfuhr, dass er zwei Zellen weiter links von mir untergebracht war, wusste ich nicht so recht, was ich davon halten sollte. Monatelang sprachen wir auch gar nicht miteinander. Ich hörte, wie er anderen Insassen von den Püppchen erzählte, die er fertigte, und er klang total glücklich und sagte immer wieder, wie viel Spaß ihm das machte. Er war so davon in Anspruch genommen, dass in seiner Welt sonst nichts mehr zu existieren schien.

Als Charlie eins dieser Püppchen in die zweite Etage hinaufschickte, bekam ich das erste Mal eins davon zu Gesicht. Wir hatten eine Möglichkeit entwickelt, uns gegenseitig Sachen zukommen zu lassen: Wir webten Schnüre, verknüpften sie miteinander und benutzten sie dann, um Gegenstände zu transportieren, weil wir ja ständig in unseren Zellen eingeschlossen waren. Es war eine wirklich niedliche Puppe, eine kleine Spinnenpuppe. Jahre später konnte ich eine dieser Puppen, einen Skorpion, für Michal nach draußen schmuggeln.

In San Quentin gab es im D-Trakt des Südblocks einen Innenhof, in dem wir drei Mal die Woche Ausgang hatten. Dort stand ich Charles dann das erste Mal gegenüber. Er war völlig cool und ruhig; ich fühlte mich entspannt in seiner Gegenwart. Er machte überhaupt keinen gefährlichen oder bedrohlichen Eindruck. Er sagte, ich sähe viel zu gut aus für den Knast, und er wollte wissen, wie ich das machte. Ich versicherte ihm im Gegenzug, für einen kleinen und dünnen Mann hätte er überhaupt nicht besser aussehen können. Er sah ganz anders aus als auf den Fotos, die in den amerikanischen Zeitschriften abgebildet gewesen waren. Ich muss es noch einmal wiederholen: Charles Manson wirkte überhaupt nicht wie ein gefährlicher Verbrecher.

Er bot mir sofort was von seinen „Naturalien" an und erklärte, er habe immer mehr, als er selbst brauche. Nachdem ich von ihm so viel Kaffee bekommen hatte, dass er ein paar Wochen reichen würde, lächelte er, und seine lustigen Augenbrauen nahmen die Form von Fragezeichen an. Einen

▲ Bennie Jay Teal, 1997

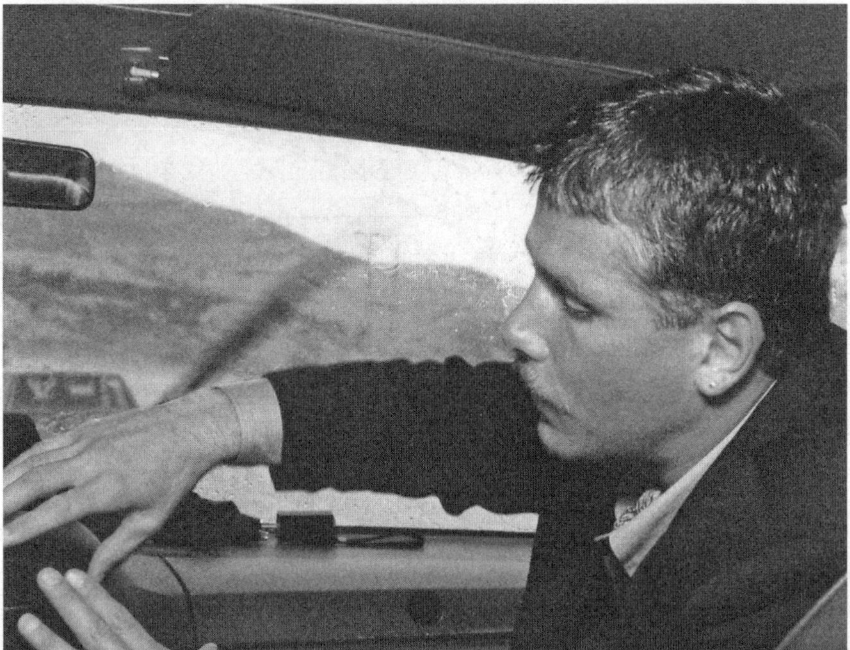

▲ oben: Bennie Jay Teal
unten: Bennie Jay Teal (links), Michal Welles (rechts) und ein Fotograf vor dem Manson-Interview 1995

ABSTRACT OF JUDGMENT - PRISC - MMIT NT
INDETERMINATE SENTE...

000247

FORM CR 292

XX SUPERIOR
☐ MUNICIPAL
☐ JUSTICE
} COURT OF CALIFORNIA, COUNTY OF LOS ANGELES

COURT (I.D.) 1,9,0,C,0,8

BRANCH OR JUDICIAL DISTRICT: LONG BEACH

PEOPLE OF THE STATE OF CALIFORNIA versus
DEFENDANT: TEAL, BENNIE JAY
AKA:

XX PRESENT
☐ NOT PRESENT

NA026415-01 -A
-B
-C
-D
-E

COMMITMENT TO STATE PRISON
ABSTRACT OF JUDGMENT

AMENDED ABSTRACT ☐

DATE OF HEARING (MO) (DAY) (YR)	DEPT. NO	JUDGE	CLERK
11-18-96	SOC	R CHARVAT	C CARPER

REPORTER	COUNSEL FOR PEOPLE	COUNSEL FOR DEFENDANT	PROBATION NO. OR PROBATION OFFICER
B MATSUKANE	S RANDOLPH	NONE	

1. DEFENDANT WAS CONVICTED OF THE COMMISSION OF THE FOLLOWING FELONIES:
☐ ADDITIONAL COUNTS ARE LISTED ON ATTACHMENT ________ (NUMBER OF PAGES)

COUNT	CODE	SECTION NUMBER	CRIME	YEAR CRIME COMMITTED	DATE OF CONVICTION MO	DAY	YEAR	CONVICTED BY JURY TRIAL	COURT TRIAL	PLEA	CONCURRENT	CONSECUTIVE	654 STAY
1	PC	422	TERRORIST THREATS	95	04	01	96	X			X		

2. ENHANCEMENTS charged and found true TIED TO SPECIFIC COUNTS (mainly in the § 12022-series) including WEAPONS, INJURY, LARGE AMOUNTS OF CONTROLLED SUBSTANCES, BAIL STATUS, ETC. For each count list enhancements horizontally. Enter time imposed for each or "S" for stayed or stricken. DO NOT LIST enhancements charged but not found true or stricken under § 1385. Add up time for enhancements on each line and enter line total in right-hand column.

Count	Enhancement	Yrs. or "S"	Enhancement	Yrs. or "S"	Enhancement	Yrs. or "S"	Enhancement	Yrs. or "S"	Enhancement	Yrs. or "S"	Total

3. ENHANCEMENTS charged and found true FOR PRIOR CONVICTIONS OR PRIOR PRISON TERMS (mainly § 667-series) and OTHER:
List all enhancements based on prior convictions or prior prison terms charged and found true. If 2 or more under the same section, repeat it for each enhancement (e.g., if 2 non-violent prior prison terms under § 667.5(b), list § 667.5(b) 2 times). Enter time imposed for each or "S" for stayed or stricken. DO NOT LIST enhancements charged but not found true or stricken under § 1385. Add time for these enhancements and enter total in right-hand column. Also enter here any other enhancement not provided for in space 2.

Enhancement	Yrs. or "S"	Enhancement	Yrs. or "S"	Enhancement	Yrs. or "S"	Enhancement	Yrs. or "S"	Enhancement	Yrs. or "S"	Total
Enhancement	Yrs. or "S"	Enhancement	Yrs. or "S"	Enhancement	Yrs. or "S"	Enhancement	Yrs. or "S"	Enhancement	Yrs. or "S"	Total

4. Defendant was sentenced to State Prison for an indeterminate term:
A. ☐ For LIFE WITHOUT THE POSSIBILITY OF PAROLE on counts ________
B. XX For LIFE WITH POSSIBILITY OF PAROLE on counts ONE
C. ☐ For 15 years to life, WITH POSSIBILITY OF PAROLE on counts ________
D. ☐ For 25 years to life, WITH POSSIBILITY OF PAROLE on counts ________
E. ☐ For other term prescribed by law on counts ________ . (Specify term on separate sheet if necessary.)

PLUS enhancement time shown above.

5. ☐ Indeterminate sentence shown on this abstract to be served ☐ consecutive to ☐ concurrent with any prior incompleted sentence(s).

6. Other Orders: *(List all consecutive/concurrent sentence relationships, fines, etc. if not shown above)*

As to count 2 defendant is sentenced to 180 days county jail, deft received credit for time served as to count 2.

Defendant is sentenced Pursuant to Penal Code section 1170.12(A)-(D) AND 667(B)-(I).

(Use an additional page if necessary.)

EXHIBIT L - 738

7. ☐ The Court advised the defendant of all appeal rights in accordance with rule 470, California Rules of Court. (AFTER TRIAL ONLY)

8. EXECUTION OF SENTENCE IMPOSED:
A. XX AT INITIAL SENTENCING HEARING
B. ☐ AT RESENTENCING PURSUANT TO DECISION ON APPEAL
C. ☐ AFTER REVOCATION OF PROBATION
D. ☐ AT RESENTENCING PURSUANT TO RECALL OF COMMITMENT (PC § 1170(d))
E. ☐ OTHER ________

9. DATE OF SENTENCE PRONOUNCED (MO) (DAY) (YR)	CREDIT FOR TIME SPENT IN CUSTODY TOTAL DAYS	INCLUDING: ACTUAL LOCAL TIME	LOCAL CONDUCT CREDITS	STATE INSTITUTIONS
11-18-96	589	383	196	☐ DMH ☐ CDC

10. DEFENDANT IS REMANDED TO THE CUSTODY OF THE SHERIFF, TO BE DELIVERED:
XX FORTHWITH
☐ AFTER 48 HOURS, EXCLUDING SATURDAYS, SUNDAYS AND HOLIDAYS
INTO THE CUSTODY OF THE DIRECTOR OF CORRECTIONS AT THE RECEPTION-GUIDANCE CENTER LOCATED AT:
☐ CALIF. INSTITUTION FOR WOMEN—FRONTERA
☐ WASCO
☐ OTHER (SPECIFY)
☐ CCWF—CHOWCHILLA
☐ SAN QUENTIN
XX CALIF. INSTITUTIONS FOR MEN—CHINO
☐ R.J. DONAVAN
☐ DEUEL VOC INST

CLERK OF THE COURT

I hereby certify the foregoing to be a correct abstract of the judgment made in this action.

DEPUTY'S SIGNATURE | DATE 11-19-96

009

This form is prescribed under Penal Code § 1213.5 to satisfy the requirements of § 1213 for indeterminate sentences. Attachments may be used but must be referred to in this document.

Form Approved by the ...

▲ Die Gefängnispapiere von Bennie Jay Teal, verurteilt zu lebenslänglicher Freiheitsstrafe

Tag später erzählte mir Charles ohne große Vorrede, der Geist von Sharon Tate spräche jede Nacht zu ihm, bevor er einschliefe, und sie klänge sehr verloren und schmerzerfüllt. Er habe das Gefühl, der Geist sei hinter ihm her, dabei habe er erklärt, dass er mit dem Mord an ihr nichts zu tun gehabt hatte. Nie hätte er eine Frau töten können, betonte er, schon gar keine schwangere Frau.

Der Block mit den Todeszellen, in denen wir uns befanden, war ein sehr übler Ort. Die Gaskammern warfen einen langen Schatten. Viele Insassen begingen Selbstmord, und Messerstechereien und Morde waren an der Tagesordnung. Ich habe Charlie nie gebeten, mir auch so ein Püppchen zu basteln, aber trotzdem sagte er eines Tages, für mich würde er einen Löwen machen. Dieser kleine, äußerst freundliche Mann geriet sehr oft mit den schwarzen Schließerinnen aneinander, die ihn ganz offensichtlich hassten und ihn das auch fühlen ließen. Sobald er sie beschimpfte, „fette Sau" oder „Hohlbirne", wurde er in die Secure Housing Unit verlegt, einen Bereich mit absoluter Kontaktsperre und verschärften Haftbedingungen, und verlor alle Vergünstigungen. Charlie geriet auch oft in Schwierigkeiten, weil er sich für andere Insassen einsetzte, die von eben diesen Aufseherinnen nicht gut behandelt wurden. Es gab beispielsweise einen jungen Gefangenen, der in seiner Zelle dauernd weinte, weil er neu war und Angst hatte. Die Aufseherin erniedrigte ihn zusätzlich und nannte ihn ein Weichei. Charlie rastete richtig aus deswegen.

In den 60 Tagen, die Charlie in der Secure Housing Unit verbrachte, war das Gefangenenleben völlig anders. Im Block war insgesamt viel weniger los, und es kursierten nicht so viele interessante Geschichten. Bei der Unterbringung in Einzelhaft verlor Charlie auch das Privileg, Gitarre spielen zu dürfen, und ich wusste, dass ihn das am härtesten traf. Musik schien seine Antriebsfeder und sein Anker in der Realität zu sein, und sie half ihm, nicht zu zerbrechen und nicht unterzugehen. Eines Tages, als wir in seiner Zelle saßen und Kaffee tranken, erzählte er mir von seiner Zeit im Knast von Vacaville. Dort hatte ihn einmal so ein Religiöser mit Feuerzeugbenzin überschüttet und angezündet. Charlie rannte den Flur entlang und brüllte: „Ich brenne! Ich brenne!", aber es dauerte eine Weile, bis die Schließer kamen und ihm halfen, die Flammen zu löschen. Sie fanden es garantiert großartig, ihn leiden zu sehen, und sie witzelten noch herum, bevor sie sein Leben retteten.

Ein anderes Mal erzählte er mir von einem verrückten Zellengenossen, der Glühbirnen zum Explodieren brachte, bis der ganze Raum brannte.

Wieder dauerte es mindestens 20 Minuten, bis die Wachmänner zu lachen aufhörten und ihnen zu Hilfe kamen. Sie finden es immer großartig, wenn Charles Manson sie um Hilfe anflehen muss. Das macht sie gerade bei ihm besonders heiß. Monate später wurden wir beide ins Eingewöhnungszentrum des Todestrakts verlegt. Hier liegt wirklich über allen Gesichtern, so düster sie ohnehin schon sind, zusätzlich Trauer und Hilflosigkeit. Es roch nach Untergang. Ein schrecklicher, hoffnungsloser Ort.

Einige Jahre später wurden wir beide ins Staatsgefängnis Corcoran überführt. Hier lernte ich Charlie richtig kennen und freundete mich mit ihm an. Er hat so eine originelle Art, sich auszudrücken, und die ist es, die ihn zu etwas so Besonderem macht. Und er würde nie jemand verraten. Um nichts in der Welt würde Charlie andere ausspionieren. Nachdem ich es zwei Jahre vergeblich versucht hatte, gelang es mir schließlich auch, ihn aus der Zelle in den Hof zu locken. Der Geist von Sharon Tate suchte ihn nicht mehr heim, und ich konnte ihm nun wenigstens beibringen, wie man Handball spielt. Der Mann hat überhaupt keinen sportlichen Ehrgeiz und interessiert sich nicht im Geringsten für Wettkämpfe. Er wirft den Ball in eine Richtung und guckt in die andere. So ist er nun einmal.

Charlie bekommt heute noch mindestens 100 Briefe die Woche. Er hat mich gebeten, einen Großteil davon für ihn zu beantworten, denn er kann in ein Wort mit vier Buchstaben drei Schreibfehler einbauen. Ich habe das allerdings abgelehnt, ich wollte nicht für das Ameisenheer rekrutiert werden, das im Austausch für Kekse, Kaffee oder Kantinengeld für ihn arbeitet. Vielleicht habe ich drei Briefe für ihn geschrieben, aber ich habe mich nie für seine Sache engagiert oder versucht, irgendwen von seinen großen Ideen wie ATWA zu überzeugen. Davon habe ich stets Abstand gewahrt.

Wenn ich jetzt darüber nachdenke, dann hat er mich nie gefragt, wofür ich verurteilt wurde, bis ich eines Tages einen Brief von meiner Ex-Frau Debra bekam, dem ein Foto von meinen Söhnen beilag. Daraufhin erzählte ich Charlie von meiner Anklage wegen Vergewaltigung in der Ehe, was Debra und der Staatsanwalt so hingebogen hatten, dass ich aufgrund falscher Anschuldigungen eingebuchtet wurde. In der Nacht hörte ich, wie er einen neuen Song spielte, den er mir gewidmet hatte. Es ging irgendwie so: „B is alone, after a woman has gone … gone to her mourn of a love never born …“ Später erklärte er mir, was er als meine persönliche Schwäche ausgemacht haben wollte, und er meinte, dass das immer wieder ein Problem werden würde, wenn ich es nicht in den Griff bekäme. „Wenn du eine

Frau liebst, bist du von ihr besessen“, sagte er mir. „Und eines Tages, wenn sie dich nicht mehr will, dann tust du alles, um sie dazu zu bringen, dass sie dich wieder begehrt. Pass auf dich auf. Das wird dich reinreißen.“

Charlie war immer ein lockerer Typ, der sehr viel gab. Er hatte eine gute Art der Kommunikation und versuchte, seinen Angelegenheiten nachzugehen, ohne andere zu stören. Aber wenn jemand seine Gefühle verletzte und ihm zu nahe kam, dann ging er plötzlich auf ihn los, als ob es ihn ärgerte, dass es ihm nicht gelungen war, den betreffenden Menschen unter seinen Bann zu bringen. Aber bei den Typen im Knast, den meisten jedenfalls, verfängt Charlies Quatsch über das Finden des wahren Ichs und den Kampf für ATWA nicht. Wenn man den Leuten hier davon erzählt, sich selbst zu finden und was gegen die Umweltverschmutzung zu tun, dann kommt man damit nicht weit. Wegen seiner Musik und den Texten und den lockeren Sprüchen haben ihn die Jungs meist als lustigen, sehr eigenwilligen Clown betrachtet. Wir finden ihn amüsant.

Als ich ihn einmal gefragt habe, was mit der Manson Family und so passiert ist, wurde er plötzlich ganz ernst und deutete mit dem Finger auf mich. „Wenn du das wirklich wissen willst“, sagte er, „dann werde ich es dir sagen.“ Und dann erzählte er mir, dass es um Menschen ging, die sich wirklich liebten und für eine bessere Welt kämpften. Für andere innere Einstellungen und äußere Bedingungen. Er versicherte mir, es sei nie seine Absicht gewesen, und er hätte auch nicht im Traum daran gedacht, was sich daraus entwickeln würde – eine mörderische Reise von Verrückten, die aus Mordlust töteten und ihn später zum großen Drahtzieher dahinter erklärten. Er sagte, er habe lediglich dafür sorgen wollen, dass sie alle glücklich waren, aber er habe keine Antworten für sie gehabt, abgesehen von seinen Sprüchen, von wegen, aus der Gesellschaft aussteigen und das tun, was sie nicht lassen können. Aber daraus konnte man keine Richtung ablesen, und als ihnen das Geld ausging und die Drogen kamen, wurden die Blumen zu Waffen und die Liebe zu Hass.

Als ich 1992 ins Old Folsom Prison verlegt wurde, hatte Charlie Tränen in den Augen. Er bat mich, ihm zu versprechen, dass ich mich nicht in die falsche Frau verliebte: Es wäre das Letzte, was er bräuchte, wenn ich wieder in Corcoran landen würde. Später, als ich mit Handschellen gefesselt im Bus saß, musste ich darüber nachdenken, was an diesem kleinen, dürren Mann so besonders war, der mir aus der Ferne noch nachwinkte. Es war einfach seine Veranlagung. Er ist total locker und macht nie aus einer Mücke einen Elefanten. Er wird sich auch nie gegen andere wenden, um der Liebling der Aufseher zu werden oder Vergünstigungen zu bekommen. Er ist ein Mann, der zu seinem Wort steht, und verdammt, er kann keiner Fliege etwas zuleide tun.

JONATHAN WAYNE WILKERSON – KEIN TYP WIE ALLE ANDEREN

Jeder, der mit Charlie gesessen hat, kann irgendeine Geschichte erzählen. Ich habe ihn ziemlich gut kennen gelernt, und eins kann ich wohl sagen, es gibt nicht viele Leute, die das von sich behaupten können, weil er so oft falsch dargestellt wird und ihn so viele Mythen umgeben. Aber ich weiß, dass viele mehr über ihn wissen wollen! Er ist das Schreckgespenst, das ihre Ängste bestätigt oder ihre Phantasie befeuert. Ich weiß das, denn ich habe ihm über die Jahre mindestens vier- oder fünftausend Briefe vorgelesen, und darin gab es zwei immer wiederkehrende Themen: Neid oder Angst!

Charlie hat immer gesagt: „Sie sind wie Piranhas. Alle wollen ein Stück von mir, und wenn sie es aus mir herausreißen müssten. Weißt du, Soul (so nennt er mich), ihnen ist es scheißegal, ob sie einen dabei umbringen. Hauptsache, sie kriegen ihr Stückchen von dem Kuchen! Sie wollten über mich urteilen, mir ein Etikett aufdrücken und mich in eine Schachtel stecken wie einen Springteufel, um ihre Kinder damit zu erschrecken. Und sie wollten mich hinter Glas, damit sie mich aus sicherem Abstand anstupsen können, wenn sie neugierig gucken wollen, was ich mache. Sie wollten mein Leben total kontrollieren. Wer kann mit dieser Scheiße leben? Ich versuche einfach nur zu überleben, und sie wollten mich kastrieren, noch bevor ich geboren wurde." Scheiße! Ich bekam manchmal schon vom Zuhören Kopfschmerzen, aber am Schluss habe ich dann meistens doch kapiert, was er meinte. So redete Charlie eben immer!

Wir waren in Corcoran in einem Trakt für 48 Personen untergebracht. Zwölf Zwei-Mann-Zellen auf der oberen Ebene und dann noch mal dasselbe ein Stockwerk darunter, mit einer Dusche in der Mitte vom Korridor. Ich hatte eine Zelle neben der Dusche auf der zweiten Ebene, und bei mir oben waren noch Juan Corona, Sirhan Sirhan, Jimmy Mack, ein paar hochrangige ehemalige Gang-Mitglieder und noch ein paar andere Idioten. Unten auf Ebene Eins waren noch mehr hochrangige ehemalige Gang-Mitglieder und noch mehr Idioten, ein Serienmörder und dann noch Charlie, zwei Zellen von der Dusche entfernt – die er aber nie benutzte. Für Charlie diente Wasser allenfalls dazu, Getränkepulver aufzulösen, Kaffee zu kochen oder japanische Nudelsuppen aus der Tüte aufzugießen. Körperhygiene war nicht seine starke Seite, er hielt es mehr mit dem starken Geruch. Wobei es vielleicht ein bisschen übertrieben wäre zu sagen, dass er gar nicht duschte, denn wenn er Besuch bekam, der ihm wichtig war, tat er das doch.

Aber um noch mal auf Charlies Zelle zurückzukommen: sie lag so, dass die Schließer direkt hineinsehen und ihn im Auge behalten konnten. Sie wollten ihn eben mit nichts durchkommen lassen. Die haben keinen einzigen Schiss von ihm verpasst, ha ha. Ich wette, ein paar von den Jungs haben auch Videos gemacht, die garantiert nach Charlies Tod an die Öffentlichkeit kommen werden. Jedenfalls hat Charlie seine Fenster immer mit Pappe zugepflastert und tagsüber kein Licht angemacht, damit man ihn von außen nicht so leicht sah, er selbst aber ein bisschen rausgucken konnte. Das kam beim Wachpersonal allerdings nicht so gut an, deswegen sind sie dauernd rein in seine Zelle, haben irgendwelche Sachen von den Wänden gerissen und so.

Seine Zelle? Die war mehr eine Höhle als alles andere. Charlie war immer mit allen möglichen Basteleien und seltsamen Projekten beschäftigt. Er bastelte Skorpione und Spinnen aus den geschredderten Bündchen von Unterhosen, und er baute seine eigenen Instrumente aus Pappmaché, das er mit Getränkepulver bunt färbte. Die Nylonfäden, die er als Saiten benutzte, stimmte er mit einem Bleistift, und den Resonanzkörper verstärkte er mit den Überresten eines zerbrochenen Besenstiels. Er hatte Flaschen und Gläser mit allem möglichen Zeug in der Zelle stehen, und überall lagen kaputte Stifte, Büroklammern und irgendwelcher Müll! In einer Ecke seiner Zelle, hinten bei dem Metallwaschbecken, war ein Spinnennetz mit einer dicken Spinne drin, und Charlie machte allen Insassen und Schließern klar, dass die sein Haustier war. Er flippte richtig aus, wenn er auch nur das Gefühl hatte, man wollte dem Viech was tun. Mit meiner Hilfe konnte Charlie die Spinne ein paar Monate behalten.

In Corcoran gibt es eine Gefängnisordnung, ein ziemlich umfangreiches und langweiliges Papier, in dem unter anderem steht, dass man seine Zelle sauberhalten muss und so. Haustiere sind auch nicht erlaubt, noch nicht mal so kleine. Von daher war klar, dass Charlie irgendwann Ärger kriegen würde, weil er nicht mal sein Besteck saubermachte, egal, ob er damit was gegessen oder sich am Arsch gekratzt hatte. Jedenfalls fragte er mich oft, ob ich ihm helfen würde, wenn die Wärter ihn wegen der Zelle drankriegten, und meist durfte ich dann mal für eine schnelle Reinigung rein – wenn man das so nennen konnte. Ich sortierte dann seinen ganzen Müll ein bisschen, damit es nicht mehr ganz so wild aussah, aber er war total eigen mit dem ganzen Kram. Dann fegte ich einmal aus, warf den gröbsten Dreck weg, bezog das Bett neu und sah zu, dass ich da wieder rauskam. Natürlich kamen dauernd irgendwelche Penner vorbei, klopften Sprüche, von wegen, ich wäre ja wohl

Charlies Schnalle, dass ich bei ihm saubermachte, und dann wollten sie meist noch wissen, was Charlie denn so hatte, was man ihm vielleicht klauen oder abschwatzen könnte. Für die „Schnalle"-Kommentare bedankte ich mich irgendwann mit ein paar zerquetschten Eiern, und mit dem Gebettel war auch Schluss, nachdem ich ihnen etwas angeboten hatte, womit ich mir vorher den Arsch abgewischt hatte.

Ich selbst hätte nichts gegessen, getrunken oder geraucht, was aus dieser Zelle kam, nicht mal, wenn es noch originalverpackt gewesen wäre. Ich trug beim Saubermachen Latexhandschuhe, weil ich schon mal gesehen hatte, wie er aus Getränkepulver und seinem eigenen Urin Farben anrührte. Und er wusch sich nach dem Kacken nie die Hände. Nichts hätte ich da ohne Handschuhe angefasst! Ich sag nicht, dass er oder seine Sachen irgendwie nach Kacke gestunken hätten, aber ich wollte halt auch kein Risiko eingehen.

Zwar wollten ja immer alle was von ihm, aber keiner war bereit, Charlie zu helfen, und wenn er seine Zelle nicht in Ordnung hielt, dann kamen die Wachleute mindestens einmal die Woche, machten noch mehr Unordnung und schmissen alles, was der arme Kerl hatte, in den Müll, während sie noch irgendwelche Scheiße erzählten, um ihn zu provozieren. Und das Komische war: Charlie lag mehr an seiner Spinne als an seinen ganzen Besitztümern, inklusive Fernseher!

Also, diese Spinne, keine Ahnung, wo er die herhatte. Sie bekam sogar einen Namen, und er hat sie wirklich gut gepflegt. Er zahlte was dafür, wenn andere Leute dem Viech Insekten brachten. Es war eine große Gartenspinne, die verdammt hässlich aussah. Charlie erzählte immer, dass er sich mit ihr unterhalten könnte, dass die beiden eine Übereinkunft miteinander hätten und sich total respektierten. Irgendwann hatten die Wachleute aber genug von Charlies Gequatsche und warfen alles aus der Zelle raus, was nicht Staatseigentum war. Auch Frau Spinne! Charlie flippte dermaßen aus, brüllte rum, dass ihm die Spucke vom Mund flog, und wedelte mit den Armen, bis er einen Disziplinarverweis bekam und für über eine Woche in Einzelhaft musste, damit er sich beruhigte. Als er wieder rauskam, brauchten ein paar andere Insassen und ich einen ganzen Tag, um ihn ein bisschen runterzuholen. In seiner Einzelzelle hatte er die ganze Zeit an der Tür gestanden und die wildesten Verwünschungen gegen die Wächter ausgestoßen. Und das alles wegen einer Spinne!

Aber das ist gar nichts. Solange ich Charlie kenne, hat er immer rumgebrüllt.

Das erste Mal sah ich ihn, als er über den Hauptkorridor des Gefängnisses in Vacaville gerannt kam und sein Kopf in Flammen stand. Und verdammt, da hat er wirklich geschrien und getobt wie ein Wilder. Das war 1984. Er hatte irgendwie Zoff mit so einem Hare-Krishna-Typen, und als die beiden in der Knastwerkstatt waren, hat der Charlie mit Feuerzeugbenzin getauft und dann mal schnell ein Streichholz rangehalten. Es rannten mindestens 20 Wachleute hinter Charlie her, um das Feuer zu löschen, und er war kaum einzuholen.

Jahre später hat Charlie mir gesagt, es wäre eine erleuchtende Erfahrung gewesen. So völlig trocken und ohne eine Miene zu verziehen. Ich musste so lachen, ich bin fast zusammengeklappt. Erleuchtend! Garantiert, und sicher auch erhellend! Aber damals hatten wir uns noch gar nicht richtig kennen gelernt. Das geschah erst Mitte der Neunziger, als ich in der PHU, dem Hochsicherheitstrakt, als Frisör arbeitete. Charlie kam dauernd an und wollte eine Schere haben, und zuerst wollte ich ihm keine geben. Scheiße, ich wusste ja nicht, wozu dieser Irre in der Lage war! Charlie machte sich prompt an ein paar Leute ran, mit denen ich befreundet war und denen ich vertraute, und die borgten sich dann die Schere aus und gaben sie ihm. Zunächst hielt ich ziemlich viel Distanz zu ihm, aber so nach einem Jahr wurde ich locker. Ich half ihm sogar, ein paar seiner komischen Instrumente zu bauen, und eins hat er mir später geschenkt.

Das haben mir die Wachleute inzwischen abgenommen, genau wie ein paar Fotos, die uns beide zeigten, weil ich und auch noch ein paar andere angeblich „Manson-Souvenirs" vertickt hätten. So'n Blödsinn. Die Wachleute haben den ganzen Scheiß eingesackt, und das Instrument, das er für mich gemacht hat, habe ich später auf eBay wiedergesehen. Das Ding hat 22.000 Dollar eingebracht! Die Schließer sind allesamt Lügenärsche. Ich bekam 32 Tage Einzelhaft wegen dieses angeblichen Handels mit Manson-Souvenirs und mir wurde Haftverschärfung und alles angedroht, und sie selber haben den Kram im Internet verkauft! Die wollten sich doch nur bereichern. Den Bullen darf man nie trauen – frag mal Charlie, der kann dir einiges erzählen, aber wer glaubt ihm schon. Ich hab's mal geschafft, einen handgeschriebenen Songtext mit Noten und Akkorden rauszuschmuggeln, den sich aber jemand aus meinem nächsten Umfeld – diejenige weiß schon, wen ich meine – unter den Nagel gerissen hat. Und der Titel war besser als der, den Guns N'Roses „bekommen" haben.

Bei ein paar von den Spinnen und Skorpionen, die er aus den Unterwäschebündchen gebastelt hat, habe ich während meiner Zeit in Corcoran mitgeholfen, und wenn ich ein Lügner, Dieb oder Betrüger wäre, könnte ich sie wohl auch nachbasteln. Sie waren ziemlich begehrt, wie du wahrscheinlich weißt. Man kann mit ein paar zerfetzten Gummis aus Staatsunterhosen und ein bisschen Phantasie wirklich viel Geld verdienen. Ein paar von denen, die er mir gegeben hat, sind mir verloren gegangen, weil ich sie nicht mit rausbringen konnte. Aber Charlie hat wirklich versucht, mir auf jede erdenkliche Weise zu helfen. Als er hörte, dass ich rauskommen würde, organisierte er, dass Freunde mir einen alten VW-Bus besorgten, Baujahr '69 oder '70, zugelassen und alles. Gehörte leider auch zu den Dingen, die ich verloren habe, seit ich 1999 auf Bewährung rauskam. Tja, so ist das halt.

Charlie ist echt ein großzügiger Typ, wenn man ihn ein bisschen kennt. Ich mag ihn, das muss ich noch einmal ganz deutlich sagen. Und trotzdem, er hätte mich sofort in den Arsch gefickt, wenn ich ihm die Gelegenheit gegeben hatte, was ich allerdings nie tat. Der hätte ganz schön was erleben können, wenn er versucht hätte, bei mir einen wegzustecken. Wir haben mal versucht, zusammen in eine Zelle zu kommen, aber das hatte andere Gründe. Ich ließ nie zu, dass die Leute ihn ausnutzten. Zwar bin ich keiner von den ganz harten Typen, aber ich kann mich schon durchsetzen. Als hübsches Kerlchen habe ich auf die harte Tour lernen müssen, wie man im Knast überlebt, und ich habe über 18 Jahre lang gesessen, meist in Blöcken von fünf Jahren. Ich wollte meine eigene Tour fahren und alle fertigmachen, die Charlie ausnutzten. Dabei musste ich ihm mit Leuten helfen, die mir eine Scheißangst einjagten. Ich habe sogar die großen Gangs für ihn zugequatscht. Keiner von den Typen hatte auch nur das kleinste bisschen Angst vor mir. Ohne einen guten Grund hätte ich mich denen niemals genähert, aber ich konnte sie belabern, Charlie in Ruhe zu lassen. (…) Das habe ich ziemlich gut hingekriegt! Vor diesen Typen hatte ich echt Schiss, genau wie er. Also wurde ich zum Meisterbequatscher, darin war ich wirklich gut. So was ist heute echt nicht mehr so einfach – nicht, wenn man weiterleben, seine Zähne behalten und vielleicht auch noch Jungfrau bleiben will. Und wenn du glaubst, ich erzähl dir einen, dann frag mal einen von den Ärzten hier!

Trotzdem hat es Spaß gemacht, vier Jahre mit ihm im gleichen Trakt zu sein. Wenn es morgens was zu beißen gab, saßen wir manchmal zusammen, er, ich, Jimmy Mack und Sean, mein Zellengenosse, der Charlie aber nicht ausstehen konnte. Charlie schlurfte morgens mit einem Plastikbecher aus seiner Zelle, stellte sich an und holte sich seinen Kaffee in genau denselben Klamotten, die er am Abend vorher auch schon angehabt hatte. Und sein Getränk ließ er sich in demselben Becher einschenken, den er beim Hofgang zum Pinkeln nahm, wenn man ihn nicht aufs Klo lassen wollte. Er pisste in den Becher, kippte ihn dann aus, wenn wir wieder drinnen waren, spülte mal kurz mit Wasser hinterher und kochte sich dann wieder Kaffee darin. Du glaubst ja gar nicht, was ich am liebsten mit ihm gemacht hätte, als er mir den Becher mal angeboten hatte und ich tatsächlich daraus trank, weil ich nicht wusste, wofür er ihn sonst noch benutzte! Und meine so genannten Kumpels haben mir dabei noch zugeguckt, ohne was zu sagen! Nachdem ich das dann rausgefunden hatte, haben sie mich dauernd verarscht, ihre Pimmel rausgeholt und gesagt: „Hey, Alter, willste noch mal hiervon, bevor ich einen Kaffee mache?“ Sehr witzig! Ich wünschte, ich hätte mitlachen können! Und der gute alte Charlie stand dabei und sagte: „Hey, Soul, das ist schon okay, die sind nur neidisch, weil wir ein Paar sind!“ Ich hätte den kleinen Drecksack umbringen können.

Wenn Charlie sich mit seinem Frühstück zu uns an den Tisch setzte, dann verteilte er gern alles, was er selbst nicht wollte, und ging dann wieder in seine Zelle, weiterpennen. Charlie schlief ziemlich viel, aber da der Mittagsimbiss immer schon zusammen mit dem Frühstück ausgegeben wurde, stand man besser früh auf. Manchmal war ein netter Schließer im Dienst, der erlaubte, dass ich Charlie das Mittagessen mitbrachte, aber darauf konnte man nicht vertrauen. Es hatte durchaus seine Vorteile, dass wir in einem so kleinen Trakt untergebracht waren – man musste sich beim Essen nie so lange anstellen. Es nervte nur dann, wenn man so faul war wie Charlie. Der schlief am liebsten bis Mittag, wenn er nicht gerade Besuch bekam.

Für einige dieser Besuche ging Charlie sogar duschen. Vor allem freute er sich über Damenbesuch, und wer konnte ihm das verdenken – er musste ja immer ohne auskommen. Fast jede Frau, die zu ihm kam, hätte bei erster Gelegenheit willig die Beine breit gemacht, bloß um sagen zu können, sie hätte es mit Charles Manson getrieben. Scheiße, ich mag Charlie wirklich, aber er ist echt einer der unattraktivsten Männer, die man sich vorstellen kann. Trotzdem gibt's jede Menge Groupies, die bei Charlie Schlange stehen, und viele neidische Knastkumpels, die sich freuen, wenn sie ein paar von den Briefen bekommen, die er nicht selbst beantworten will. Charlie war als Goldmine bekannt, was Frauen anging. Wenn die Post verteilt wurde, dann bekam er jeden Tag einen ganzen Stapel. Andere Insassen bekamen dann eine oder mehrere Adressen von ihm und versuchten aus diesen Kontakten alles rauszumelken, was ging. Einmal im Vierteljahr ein Päckchen, Geld, Dope, schnelle Nummern im Besucherraum, Pornos, was auch immer – die Leute draußen waren zu allem bereit, nur um sagen zu können: „Ich kenne Charles Manson!“

Jeden Abend, wenn er nach dem Essen aus seiner Höhle kam, drehten wir noch ein paar Runden im Hof, bevor wieder Einschluss war, und arbeiteten den neusten Stapel Post durch. Zusammen mit Jimmy Mack überlegten wir, wer eine Antwort bekommen sollte und wer nicht. Wen wir weiterreichen und wen wir selbst behalten würden. Viele der Leute, die in diesen vier Jahren einen Brief von Manson bekommen haben, wissen nicht, dass er in Wirklichkeit in meiner Handschrift geschrieben war. Ich sag ja, Charlie ist ein fauler Strick, sogar bei der Beantwortung seiner eigenen Post. Und vor allem, wenn er merkt, dass der Schreiber wirklich was über ihn wissen will. Solche Leute machen ihm Angst. Er ist nun mal berühmt geworden, ob er das wollte oder nicht, aber es macht ihm Angst. Ich will ihn nicht runtermachen, seine Angst war definitiv echt, aber er war nie ein harter Kerl, ganz im Gegenteil zu dem Image, das er in den Medien zeigt.

Sobald eine Kamera oder ein Reporter auftauchte oder es eine Führung durchs Gefängnis gab, vor der er sich nicht verstecken konnte, lief die Show. Dann fing er an zu labern und zu erzählen, von der Vergewaltigung dieser weißen Frau durch den schwarzen Typ, der auf dem Rücken einer Schlange aus dem Wald kam und bla, bla, bla, bla, bla. Ich hab mir nie die Mühe gemacht, diesem ganzen Scheiß richtig zuzuhören. Das war einfach irgend so ein rhetorisches Kauderwelsch, das er wild gestikulierend herausschleuderte. Wenn die Gaffer kamen, um sich das Ungeheuer anzusehen, legte er die perfekte Show hin. Und wenn er das tat, bekamen meine Kumpels und ich eine Vorstellung umsonst, und wir lachten und feuerten ihn zu noch größeren Höhenflügen an, denn Charlie war die beste Unterhaltung, die wir hatten. Und wir saßen in der ersten Reihe, Baby! Eminem rappt nicht so gut wie Charlie. [Wer's glaubt … – Anm. des Lektors] Er war gut. Er hatte einen tollen Flow. Er war bekloppt. Aber er zog sein Ding durch. Man hörte ihn aus dem Besucherraum quer über den ganzen Hof.

Die Zeit mit Charlie war jedenfalls nicht langweilig. Nachdem ich ihn kennen gelernt hatte, verging die Zeit ziemlich schnell. Jetzt, wo ich wieder draußen bin, mag ich ihn immer noch, aber es ist schwer, das den Leuten hier draußen begreiflich zu machen. Er ist nicht unbedingt jemand, mit dem man in Verbindung gebracht werden sollte, weil das doch eine Menge Nachteile bringen kann. Ich bin aus einem Job rausgeflogen, nachdem man mich fragte, ob ich wirklich mit ihm im Knast gesessen hätte, und ich blöd genug war, „ja“ zu sagen. Natürlich nannten sie bei den Gründen für die

Entlassung irgendwelchen anderen Scheiß. Aber vor der Manson-Info hatte ich mit den Geschäftsführern im Hinterzimmer gesessen und Bier getrunken, während die ihre Joints rauchten. Die Arschlöcher schulden mir noch 3600 Dollar nicht gezahlten Lohn, den ich vermutlich nie bekommen werde. Und das nur, weil ich zugab, Charlie gekannt und gemocht zu haben! Eines habe ich jedenfalls gelernt – man erwähnt seinen Namen nicht ungestraft.

IV. DIE MITWIRKENDEN

SUSAN ATKINS

Sadie Mae Glutz, wie sich Susan Atkins in der Manson Family nannte, arbeitete als Nackttänzerin, dealte mit Drogen und wirkte in Bühnenstücken des Satanisten Anton LaVey mit, bevor sie Charles Manson auf einer Party kennen lernte. Atkins war an den Tate-Morden beteiligt und schilderte einer Zellengenossin genüsslich, wie sie auf Sharon Tate eingestochen hatte: „Es tat so gut, als ich sie das erste Mal stach."

1971 wurde sie zum Tode verurteilt, das Urteil wurde nach einer Gesetzesänderung aber in eine lebenslange Freiheitsstrafe umgewandelt. Drei Jahre darauf hatte sie in ihrer Zelle eine religiöse Vision und wurde, wie so viele Mitglieder der Family, zur Wiedergeborenen Christin. Später distanzierte sie sich von Manson und heiratete den Harvard-Absolventen James Whitehouse. Ihre Anträge auf Begnadigung wurden zwölf Mal abgelehnt, im September 2009 starb die am längsten einsitzende Strafgefangene der USA an Krebs.

BOBBY BEAUSOLEIL

Der Gitarrist spielte in Hippie-Bands mit Musikern wie Arthur Lee und David LaFlamme zusammen, die später mit Love und It's A Beautiful Day Karriere machten, und wirkte in einer unveröffentlichten Version von Kenneth Angers Film *Lucifer Rising* mit. Beausoleil erstach am 27. Juli 1969 den Musiklehrer und Soziologen Gary Hinman und wurde dafür 1970 zum Tode verurteilt, das Urteil wurde aber in eine lebenslange Freiheitsstrafe umgewandelt. Im Knast nahm er zwei Instrumentalalben auf und widmete sich nach der Hochzeit mit der Künstlerin Barbara Ellen Baston der Malerei; 2005 stellte eine Galerie in Los Angeles einige seiner Gemälde aus.

VINCENT BUGLIOSI

Als Stellvertretender Staatsanwalt des Bezirks Los Angeles war Bugliosi für die Beweisführung im Prozess gegen die Manson Family zuständig und überzeugte die Jury, die alle Angeklagten zum Tod in der Gaskammer verurteilte, darunter auch Manson, der sich nicht persönlich an den Tate-LaBianca-Morden beteiligt, aber den Auftrag dazu erteilt hatte. Die Todesurteile wurden 1972 in lebenslange Haftstrafen umgewandelt, nachdem der Staat Kalifornien die Todesstrafe – vorübergehend – für verfassungswidrig erklärt hatte. Bugliosi, der sein Jurastudium als Jahrgangsbester abgeschlossen hatte, wechselte später die Seiten und wurde Strafverteidiger. Unter dem Titel *Helter Skelter* veröffentlichte er eine Chronik der Ereignisse, in der er detailliert schildert, wie er Charles Manson und seine Family überführte und vor Gericht brachte.

MARY BRUNNER

Die ehemalige Bibliothekarin wurde auch Mother Mary genannt und warb vor allem rothaarige Frauen für die Manson Family an. Erstmals in Konflikt mit dem Gesetz kam sie, als sie im April 1968 ihr Kind in der Öffentlichkeit stillte; im Juni darauf wurde sie zu 60 Tagen Haft verurteilt, weil sie gemeinsam mit Atkins und Krenwinkel Jugendlichen LSD verabreicht hatte – die Presse verlieh ihnen daraufhin den Spitznamen „Die Hexen von Mendocino“. Im Prozess wegen Mordes an Gary Hinman sagte sie als Kronzeugin aus, weshalb sie für ihre Beteiligung daran nicht belangt wurde. Zusammen mit Sandra Good saß sie wegen Kreditkartenbetrugs im Gefängnis, sodass sie an den Tate-LaBianca-Morden nicht teilnehmen konnte. 1971 überfiel sie gemeinsam mit dem Family-Mitglied Catherine Share und drei Mitgliedern der Aryan Brotherhood ein Waffengeschäft und entwendete 143 Gewehre, wurde aber von der Polizei kampfunfähig geschossen; als die Täter verhört wurden, kam heraus, dass sie eine Flugzeugentführung geplant hatten, um Manson freizupressen. Nach ihrer Entlassung aus dem Gefängnis 1977 distanzierte Brunner sich von Manson und änderte ihren Namen.

PAUL CROCKETT

Auf der Suche nach Gold lernte der Scientology-Anhänger Crockett im Death Valley „Little Paul“ Watkins kennen, der sich von der Family abnabeln wollte, als die ersten Mordpläne kursierten, und hoffte, dass Crockett ihm dabei helfen könnte. Angeblich verhinderte Crockett kraft Hexenstrahlen, dass die Manson Family sich auf der Barker Ranch niederließ, auf der er sein Lager aufgeschlagen hatte.

BRUCE DAVIS

Der aus Louisiana stammende Davis hatte in Tennessee studiert, bevor er im November 1966 vorübergehend von der Bildfläche verschwand und sich dann der Manson Family anschloss. Davis wurde wegen Mordes an Gary Hinman und am Rancharbeiter Donald „Shorty“ Shea zu lebenslanger Haft verurteilt und konvertierte 1973 zum Wiedergeborenen Christen.

DANNY DECARLO

Donkey Dick Dan, wie DeCarlo wegen seiner gewaltigen Potenz von den Mädchen der Family genannt wurde, war ein großer Waffenexperte und Mitglied der Rocker-Gang Straight Satans, die auch mit Drogen dealte. Auf der Spahn Movie Ranch, auf der die Family 1969 lebte, richtete er sich im Salon des Bestattungsunternehmers eine Waffenkammer ein, die ihm als Munitionsfabrik diente.

LYNETTE „SQUEAKY" FROMME

Ehemaliges Mitglied der Manson Family, das versuchte, Zeugen einzuschüchtern und sich weigerte, gegen Manson auszusagen. Um ihre Zugehörigkeit zu ihm zu demonstrieren, benannte die rothaarige Fromme sich in „Red" um. 1975 wurde sie wegen des Versuchs, den US-Präsidenten Gerald Ford zu erschießen, zu einer lebenslangen Freiheitsstrafe verurteilt. Das Attentat scheiterte, weil ihre Pistole zwar vier Kugeln enthielt, die schussbereite Kammer aber leer war. 1979 wurde sie aus dem Frauengefängnis im kalifornischen Dublin verlegt, weil sie eine andere Insassin mit einem Hammer attackiert hatte. Nachdem sie 34 Jahre lang hinter Gittern verbracht hatte, wurde sie im August 2009 im Alter von 60 Jahren auf Bewährung aus dem Gefängnis entlassen.

SANDRA „SANDY" GOOD

Am 8. August 1969 wegen Kreditkartenbetrugs verhaftet, konnte die fanatische Manson-Anhängerin, die von ihm wegen ihrer blauen Augen „Blue" genannt wurde, nicht an den Tate-LaBianca-Morden teilnehmen. Nach dem Prozess gegen die Manson Family verteidigte sie deren „Krieg" gegen die Gesellschaft und bezeichnete die Inhaftierten als „gute Soldaten". Im Sommer 1974 propagierte sie, von Manson instruiert, den „Ökokill". Weil sie 170 Führungskräften von Industriefirmen drohte, sie zu ermorden, wenn sie nicht aufhörten, die Umwelt zu verschmutzen, wurde sie 1976 zu einer Freiheitsstrafe von 15 Jahren verurteilt, die 1985 aber zur Bewährung ausgesetzt wurde. Good durfte fünf Jahre lang nicht den Bundesstaat Kalifornien betreten, zog aber nach Ablauf der Frist in die Nähe des Corcoran State Prison, um Manson möglichst nahe zu sein, und unterstützte dessen ökologische Bewegung Air Trees Water Animals (ATWA). Nachdem ihr eine Besuchserlaubnis immer wieder verwehrt worden war, verließ sie schließlich Hanford.

STEVE GROGAN

Der in seinem Bekanntenkreis als „zurückgeblieben“ beschriebene Grogan war mit Dennis Wilson von den Beach Boys befreundet und lernte die Family kennen, nachdem er mit Wilsons rotem Mercedes in eine Scheune gerast war. Er avancierte zu einem engen Mitarbeiter von Manson, konnte dessen Gitarrenspiel und Stimme perfekt imitieren und sollte zusammen mit Atkins und Kasabian den indischen Schauspieler Saladin Nader töten; um den Mord zu verhindern, klingelte Kasabian, die bereits Zeugin der Morde an Sharon Tate und ihren Gästen gewesen war, jedoch an der falschen Tür, sodass der Plan nicht ausgeführt werden konnte. Als der Rancharbeiter Donald „Shorty“ Shea kurz darauf ermordet wurde, hatte Grogan, wie der Richter James Kolts 1971 in seiner Urteilsbegründung feststellte, „zu viele Drogen konsumiert“, zudem sei er „viel zu dumm“, um selbstständig Entscheidungen treffen zu können. Die beantragte Todesstrafe wurde deshalb in eine lebenslange Haftstrafe umgewandelt. Im Rahmen eines Resozialisierungsprogramms zeigte er 1977, wo man Sheas Leiche verscharrt hatte; 1985 wurde er aus dem Gefängnis entlassen, sodass Grogan das einzige Family-Mitglied ist, das wegen Mordes verurteilt und später begnadigt wurde.

LINDA KASABIAN

Ebenso wie Susan Atkins oder Leslie Van Houten stammte auch Linda Kasabian aus zerrütteten Verhältnissen. Kasabian chauffierte Atkins, Krenwinkel und Watson zum Haus von Sharon Tate, bestritt aber vor Gericht, sich an den Morden beteiligt zu haben. Als Kronzeugin der Anklage wurde sie auf Bewährung entlassen. In dem 2008 produzierten kanadischen TV-Doku-Drama erzählte Kasabian erstmals, wie es zu der Mordserie gekommen war.

PATRICIA KRENWINKEL

Die Tochter eines Versicherungsvertreters war sowohl an den Tate- als auch an den LaBianca-Morden beteiligt und zeichnete sich dabei durch besondere Kaltblütigkeit aus: auf Rosemary LaBianca stach sie unzählige Male ein und verunstaltete ihre Leiche, Leno LaBianca stach sie mit einer Gabel in den Unterleib und in seinen Bauch ritzte sie das Wort „War“. Nach der Verurteilung zum Tode und der Umwandlung des Urteils in eine lebenslange Haftstrafe distanzierte sie sich von Manson und bereute ihre Taten. Ihr 13. Gnadengesuch wurde im Januar 2011 abgelehnt.

DIANE „SNAKE" LAKE

Die Tochter zweier Hippies war auf der Hog Farm aufgewachsen, einer Kommune, die sich zum Beispiel in Woodstock um die Versorgung von Drogenopfern kümmerte. Bereits mit zwölf Jahren experimentierte sie mit halluzinogenen Drogen und wohnte Gruppensex-Partys bei. Mit der Erlaubnis ihrer Eltern schloss sie sich im Alter von 13 Jahren der Manson Family an, deren jüngstes Mitglied sie war und von der sie wegen ihrer schlangenartigen Bewegungen beim Geschlechtsverkehr Snake genannt wurde. Sie wurde von Manson fast täglich verprügelt, damit sie ihren Vaterkomplex bewältige, war an den Morden aber nicht beteiligt. Ein Polizeibeamter, der sie im Dezember 1969 auf der Barker Ranch im Death Valley verhaftete, wohin Teile der Family geflüchtet waren, adoptierte das verschreckte Mädchen. Später litt sie unter LSD-Flashbacks und wurde schizophren, unterzog sich aber erfolgreich mehreren Therapien. Heute arbeitet sie in einer führenden Position einer Aktiengesellschaft; sie ist verheiratet und hat mehrere Kinder.

CHARLES MANSON

Nachdem er im Juni 1960 u.a. wegen Zuhälterei zu zehn Jahren Freiheitsentzug verurteilt worden war, ließ er sich im Gefängnis von einem Doktor der Scientology Church in die Praktiken und Methoden dieser Sekte einweisen und beschäftigte sich mit Hypnose und Schwarzer Magie. Nach seiner Entlassung nahm er auf einem Grateful-Dead-Konzert LSD und hielt sich fortan für Jesus Christus. Er verachtete „schwarze Sklavenmusik" und verbot, dass Platten von Jimi Hendrix gespielt wurden. Ironischerweise wurde „der Hexer" ausgerechnet am Geburtstag von Aleister Crowley, dem Großmeister der Schwarzen Magie, festgenommen.

TERRY MELCHER

Der Sohn der Schauspielerin Doris Day hatte zahlreiche Hits geschrieben und arbeitete als Musikproduzent unter anderem für The Byrds und Paul Revere and the Raiders. Dennis Wilson von den Beach Boys machte ihn mit Charles Manson bekannt, mit dem er ein paar Probesessions aufnahm; als er es aber ablehnte, ihn auch zu produzieren, war Manson so verärgert, dass er ihn des Öfteren in seinem Haus am Cielo Drive aufsuchte. Nachdem Melcher dort ausgezogen war, wohnten darin der Regisseur Roman Polanski und seine Frau, die Schauspielerin Sharon Tate, die an seiner Stelle ermordet wurden. Melcher zog sich daraufhin schockiert für ein paar Jahre aus dem Musikgeschäft zurück. In den achtziger und neunziger Jahren arbeitete er eng mit den Beach Boys zusammen.

LESLIE VAN HOUTEN

Die einstige Ballkönigin ihrer Schule sang in einem Kirchenchor und wurde am 10. August 1969 zusammen mit Patricia Krenwinkel und Tex Watson losgeschickt, um Rosemary und LenoLaBianca zu ermorden; Manson wollte so den Eindruck erwecken, dass ein Serienmörder aktiv wäre, und damit von Bobby Beausoleil ablenken, der bei einer Polizeikontrolle in einem Auto festgenommen worden war, das Gary Hinman gehört hatte. Auch ihre Todesstrafe wurde in eine lebenslange Freiheitsstrafe umgewandelt. Van Houten begann im Knast Gefängnis-Prosa zu schreiben und entwickelte mit zunehmenden Abstand von Manson ein starkes Schuldgefühl für ihre Taten. Ihr 19. und bislang letztes Begnadigungsgesuch wurde im Juli 2010 abgelehnt.

„LITTLE" PAUL WATKINS

Der 16-jährige Watkins hatte auf einer Wanderung über den Summit Trail den schwarzen Bus der Manson Family und sechs nackte Mädchen entdeckt und sich ihnen daraufhin angeschlossen. Als erste Mordpläne erörtert wurden, versuchte Little Paul sich von der Gruppe abzusetzen, was ihm mit Hilfe des Scientologen Paul Crockett schließlich auch gelang.

CHARLES „TEX" WATSON

Der aus einer streng religiösen Familie stammende Watson wurde zweimal zum beliebtesten Schüler seiner Schule gewählt, hielt lange Zeit den texanischen Rekord im Hürdenlauf, arbeitete vorübergehend als Perückenverkäufer in Beverly Hills und lernte Manson über Dennis Wilson von den Beach Boys kennen. Watson wickelte für Manson größere Rauschgiftgeschäfte ab, war sowohl an den Tate- als auch an den LaBianca-Morden beteiligt und wurde 1971 in Texas, wohin er anschließend geflohen war, zum Tode verurteilt; auch dieses Urteil wurde in eine lebenslange Freiheitsstrafe umgewandelt. Im Gefängnis distanzierte er sich von Manson, wurde ein Wiedergeborener Christ, heiratete Kristin Joan Svelte und zeugte mit ihr während der Besuchszeiten vier Kinder.

DENNIS WILSON

Der Schlagzeuger der Beach Boys hatte 1967 die Tramperinnen Patricia Krenwinkel und Yeller alias Ella Bailey aufgelesen und war so in Kontakt mit der Manson Family gekommen, die sich schon bald auf seinem Anwesen am Sunset Boulevard von Los Angeles niederließ und sich monatelang auf seine Kosten durchschnorrte; angeblich kostete ihn die Bekanntschaft 100.000 Dollar. Wilson sorgte dafür, dass Manson das Heimstudio seines Bruders Brian nachts für Aufnahmen nutzen durfte. Um die untereinander zerstrittenen Beach Boys wieder miteinander zu versöhnen, schrieb Manson den Song „Cease To Exist“ (Hör auf zu sein) für sie, von dem eine stark überarbeitete Version schließlich auf der B-Seite einer Beach-Boys-Single unter dem Titel „Never Learn Not To Love“ erschien. Auf der England-Tournee im Sommer 1969 verkündete Wilson, dass das Label der Beach Boys eine Platte des Hexers Manson herausbringen werde, Terry Melcher, der einen Dokumentarfilm über die Family produzieren und finanzieren sollte, winkte jedoch ab. Als Wilson die ungebetenen Gäste schließlich nicht mehr los wurde, zog er aus seinem eigenen Haus aus und ließ die Family von seinem Manager auf die Straße setzen. Manson drohte ihm später, seinen Sohn Scotty umzubringen. Dennis Wilson ertrank am 27. Dezember 1983 beim Tauchen in der Nähe von Marina Del Ray.

QUELLENHINWEISE

Charles Mansons „letzte Worte“ wurden von Michal Welles über einen längeren Zeitpunkt hinweg aufgezeichnet, durch Auszüge aus Briefen ergänzt, thematisch zusammengestellt und sodann von Charles Manson autorisiert. Die in den Klammern genannten Jahreszahlen geben somit lediglich an, in welchem Jahr oder Zeitraum Manson von Welles zu den jeweiligen Themen interviewt wurde.

Über mich (1990–1995)
Keine Tränen mehr (2005)
Erinnerungen an ganz, ganz früher (2009–2010)
Vater (2000 und 2009–2010)
Es war einmal ein Junge (1998–2000)
Was hätte sein können (2001)
Ich bin's gewesen (2001, 2005 und 2008)
Du machst dir selbst nur etwas vor (1992–1998)
Wir sind in der Hölle, das Ende ist nah (1998–2003)
Ja, ich weiß, ich weiß, okay, es reicht! (2003–2004)
Lachend auf den Tod hoffen (2008–2009)
Aufgeben (2007, 2009 und 2010)
Lasst mich sterben (2008–2010)
Nicht mehr kämpfen (2001 und 2009)
Die Frauen, die ich liebte (2005–2007)
Sex und so (2010)
Das Gefängnis Hollywood (2007–2009)
Das Hakenkreuz (1995 und 1998)
Gestern ist vorbei (2007 und 2009)
Schon viel zu oft gesagt und getan (2009)
Meine Jugend, mein Ich (2009)
Nur noch diese letzten Worte (2009 und 2010)

Die Gedichte basieren auf Mansons Ideen und Wünschen aus den Jahren 2004 und 2007 und wurden von Liora Welles aufgezeichnet und gesammelt.

Die Briefe an Charles Manson wurden Michal Welles zur Veröffentlichung überlassen.

Bei den Erinnerungen von Lynette Fromme und Sandra Good handelt es sich um Texte aus dem Jahr 1998; kommentiert wurden sie von Michal Welles.

Die Erinnerungen von Bennie Jay Teal und Jonathan Wayne Wilkerson stammen aus dem Jahr 2010.

„Die Mitwirkenden“ wurden von Hollow Skai porträtiert; als besonders informativ erwies sich hierfür Ed Sanders’ Klassiker „The Family. Die Geschichte von Charles Manson“ (Rowohlt, 1995).

ÜBER DIE AUTORIN

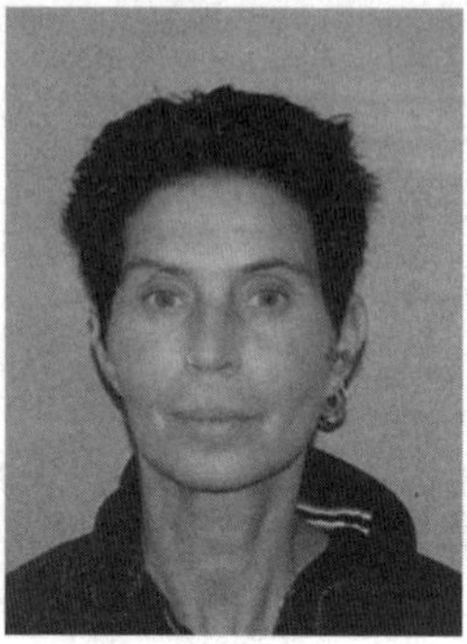

Michal Welles hat als freie Journalistin in den vergangenen 20 Jahren berüchtigte amerikanische Kriminelle wie Richard Ramirez und Charles Ing für verschiedene Fernsehsendungen interviewt. Sie lebt mit ihren zwei Töchtern in Israel.

Filmaufnahmen eines ihrer Interviews mit Charles Manson unter: www.themirroredman.com